现代图书馆服务创新研究

李冠华◎著

吉林文史出版社

图书在版编目（CIP）数据

现代图书馆服务创新研究 / 李冠华著 . — 长春：
吉林文史出版社 , 2024.4
ISBN 978-7-5752-0193-3

Ⅰ . ①现… Ⅱ . ①李… Ⅲ . ①图书馆服务－研究
Ⅳ . ① G252

中国国家版本馆 CIP 数据核字 (2024) 第 086102 号

现代图书馆服务创新研究
XIANDAI TUSHUGUAN FUWU CHUANGXIN YANJIU

著　　者：李冠华
责任编辑：李　丽
出版发行：吉林文史出版社
电　　话：0431-81629359
地　　址：长春市福祉大路 5788 号
邮　　编：130117
网　　址：www.jlws.com.cn
印　　刷：河北万卷印刷有限公司
开　　本：710mm×1000mm　1/16
印　　张：15.5
字　　数：240 千字
版　　次：2024 年 4 月第 1 版
印　　次：2024 年 4 月第 1 次印刷
书　　号：ISBN 978-7-5752-0193-3
定　　价：88.00 元

图书馆是人类社会根据需要建立的机构，从根本上说，服务是其第一属性。作为人类知识和文化的宝库，图书馆不仅保存着人类的"记忆"——历史、知识、思想、发明创造、文献等；更重要的是，它通过保存、整理、传递这些"记忆"，服务那些需要汲取这些"记忆"的人，从而促进社会的知识传播和文化发展，因此，服务既是图书馆的办馆宗旨，也是图书馆一切工作的出发点和归宿。

随着现代信息技术的不断进步和应用，图书馆领域迎来了前所未有的变革，尤其是数字图书馆的兴起，使得图书馆服务的形式和内容发生了深刻的变化，传统的图书馆服务方式已经无法满足读者和社会的要求。然而，这些技术的应用并不意味着图书馆服务宗旨的改变。相反，它们为图书馆提供了先进的技术支持和广阔的服务平台，使得服务更加高效、便捷和多元化。在这样的背景下，图书馆作为知识和文化的传播中心，如何利用新技术在服务内容和方式上进行创新，提升服务质量和效率，从而满足不断变化的知识获取和信息需求，是摆在图书馆面前，迫切需要解决的问题。

本书从不同角度和层面展开讨论，旨在深入探讨图书馆服务的本质、发展趋势及其在现代社会中进行服务创新的途径和方法。本书共分八章，第一章阐述了有关图书馆服务的相关概念；第二章到第六章分别从知识服务、学科服务、阅读推广服务、社会化服务、个性化服务的角度探讨了图书馆如何在现代化社会的服务中创新读者服务，有针对性地介绍了一些创新技术和创新措施；第七章从图书馆部门管理创新的角度，分析了图书馆办公室以及图书馆采访、编目、流通部门如何利用现代技术进行工作优化，丰富服务内容，满足社会和个人日益增长的知识需求；第八章介绍了国内外一些图书馆创新案例以供借鉴和参考。

本书涵盖多个方面的内容，包括但不限于服务理念与原则、服务创新与实践、数字化服务与技术应用、读者需求与服务定制等，探讨了图书馆应对现代技术带来的挑战，创新服务的途径方法，既有理论探讨，也有丰富的实践案例，以期为图书馆领域的学者、从业者以及对图书馆服务感兴趣的各界人士提供有益的理论和实践参考，为图书馆服务创新提供思路。限于水平，书中如有不妥之处，欢迎批评指正。

目录

第一章 图书馆服务概述

第一节 图书馆概念与职能

一、图书馆的概念

（一）图书馆的定义

图书馆的英文为"Library"，这个词源自拉丁语"librarium"[①]，其原意为"藏书之所"。中国古代一直将各种图书保存的场所称为藏书楼，19世纪末之后"图书馆"这一名称才开始在中国出现[②]，由此可见，不论在何种文化背景下，图书馆最原始的用途就是藏书。

图书馆作为藏书之地的历史源远流长。其国外的起源可追溯到公元前3000年的美索不达米亚[③]，那时的图书馆已经开始保存泥板文献。在古代埃及、中国和古希腊等人类文明的摇篮中，图书馆作为一种文献资料的收集、整理、保存和利用的机构，对文明的传承起到了极其重要的作用，是人类文明、知识和文化得以延续至今的保障。

---

① 孙振强，刘慧.图书馆特设资源建设研究[M].北京：北京工业大学出版社，2022：1.

② 张玉慧.网络信息检索与利用[M].北京：北京理工大学出版社，2014：13.

③ 周和平.我国城市化进程中的图书馆建设[J].新华文摘，2010（22）：133-135.

尽管图书馆历史悠久，图书馆的定义却在很长一段时间内没有统一的标准。1808 年，德国学者施莱廷格在其著作《试用图书馆学教科书大全》中首次提出了对图书馆的严格定义，他将图书馆描述为一种将大量图书收集起来，经过整理后，能够根据求知者的各种要求，"不费时间地提供给他们利用"①的场所。这一定义凸显了图书馆在为用户提供快捷、高效服务方面的重要性。之后，各国学者纷纷在此基础上提出了自己的观点，但各学者认识和侧重不同，对图书馆定义的表述也不尽相同。截至目前，可以说没有一个公认的标准化定义。

因此，这里我们参考辞典类工具书，对图书馆定义进行归纳研究。《英国百科全书》将图书馆描述为集众多图书于一处，供阅读、研究或参考之用的场所。这一定义强调了图书馆在为公众提供文献资源方面的基本职能。法国《大拉鲁斯百科全书》进一步阐释了图书馆的任务，即保存和组织各类文献资料，支持学习和研究活动。这突出了图书馆在保护和传承人类思想文化遗产方面的重要作用。日本《广辞苑》和苏联的《苏联大百科全书》的释义中，图书馆被视为一种文化教育和科学辅助机构，旨在搜集、保管图书并为公众提供阅读服务。《美国百科全书》则从时间的维度，强调图书馆长期以来在收集、保存和提供资料方面的核心职能。中国《图书馆百科全书》和《辞海》对图书馆的定义，不仅强调了其在搜集、整理和保存文献信息方面的作用，还明确了其向读者提供利用服务的职责。这体现了图书馆作为一个服务导向的文化和教育机构的本质。吴慰慈在《图书馆学概论》中提出的定义，综合了图书馆的多种功能和职责，将其定位为一种服务于特定社会、政治、经济需求的文化教育机构。这个定义反映了 20 世纪 90 年代以前人们对传统图书馆的认识，但其对图书馆工作程序、对象、目的和性质的总结，依然对理解图书馆的本质和功能具有重要意义。

虽然对图书馆的各种定义存在差异，但可以从中归纳出图书馆共同的核心要素和功能。即在工作程序上，图书馆主要是对书籍和期刊资料的搜集、整理、保管以及利用。这不仅包括实体书的管理，还包括数字化资源的维护和更新。搜集是指积极获取各种信息资源；整理则是指对这些资源进行分类

---

① 王广泽.当前我国高校图书馆服务与管理微探[M].成都：电子科技大学出版社，2020：1.

和编目，以便用户容易查找；保管涉及维持图书资料的完好，保证长期可用性；利用则强调图书馆提供的资源应对公众开放，供阅读和学习。在工作对象上，图书馆主要面向是信息资料以及读者，图书馆使用信息资料为读者提供广泛的信息资源，满足不同用户的需求。在活动目的上，图书馆服务是为特定社会的政治、经济等领域服务，这意味着图书馆不仅是信息和知识的仓库，也是推动社会进步和文化传播的重要机构。它们通过提供相关的信息资源，帮助人们了解政治经济动态，提高公民意识，支持教育和研究。在性质上，图书馆是一种文化教育机构，它们不仅提供图书资料，还可能举办各种文化和教育活动，如读书会、讲座、展览等。图书馆的目标是促进知识的传播和终身学习，为所有年龄和背景的人们提供学习和个人发展的机会。

然而图书馆作为一种文献资料的收集、整理、保存和提供利用服务的机构，历经世纪演变，其定义和内涵亦随着时代的变迁不断发展、丰富。当今信息时代带来的技术革新，特别是计算机技术的广泛应用，对图书馆的传统形态和运作方式产生了深刻影响。图书馆从过去的实体空间逐渐转变为网络中的虚拟空间，文献载体也正经历从传统纸质向数字化方向的深刻转变。然而，尽管外在形态经历了显著的变革，图书馆的根本属性和功能却未发生根本性改变，即图书馆在知识传播和文化保存方面的基本职能和社会地位并未改变。通过不断适应时代的变革，图书馆仍然是知识和文化传承的重要场所，是社会文明进步不可或缺的一部分。

因此，笔者提出：图书馆的定义，可以综合概括为一个以文献信息搜集、整理、保存和利用等为核心中心活动，通过专业化的管理和服务，满足公众的阅读、学习和研究等知识需求，同时在文化传承、知识创新、服务于社会文化方面发挥着不可替代作用的社会机构。

（二）图书馆的构成要素

"综合、层次、科技"是综合型图书馆的三个必备要素：综合，包含了所有的资源和学习的可能性，一馆多用，多馆合一；层次，图书馆一定要有故事，它是连贯性的、创造性的，不一定要用传统模式去搭建书籍清单，而是自我生成，从更丰满立体的角度来阐释；科技，要用最智能的环境，智能的管理，智能的助手，包括"云上书房"来实现我们的理想。也有人认为，"构成要素"是事物自身固有的、赖以构成事物的必要因素，而图书馆的构成要素为馆藏文献、图书馆员、图书馆技法、馆舍与设备，而读者、管理、经费、物资、信息、时间等要素不在内。笔者则认为，图书馆的构成要素为以下 6 个（图 1-1）：

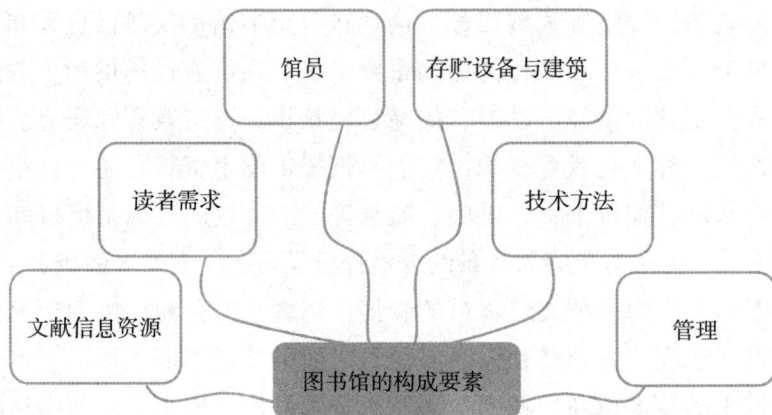

图 1-1　图书馆的构成要素

1.文献信息资源

图书馆的主要职能是收集、整理和保存文献资料，向读者提供利用服务，属于科学、文化、教育机构的一种。文献作为图书馆存在的物质基础，是构成图书馆的核心要素，是图书馆的基础，它包含了以各种形式记录的人类知识。随着时代的发展，其表现形式从传统的书籍文章发展到数字化的内容，如图形、声频、视频等。这些资源不仅需要能够反复使用，还需要在复制传递过程中保持内容的完整性。图书馆对文献信息资源的分类多样，包括按载体类型、出版形式、内容性质等进行区分，以满足不同需求。

2.读者需求

读者是图书馆服务的中心，他们的信息需求推动了图书馆的产生和发展。读者可以是个人也可以是集体，他们对信息的需求多种多样，图书馆的任务就是满足这些需求。通过对读者的需求的研究和服务，图书馆才能够更好地发挥其社会性服务机构的作用。

3.馆员

馆员是图书馆的核心，他们是连接文献信息资源和读者的桥梁和纽带。馆员的职责包括管理、组织资源和提供服务，他们的专业技能和政治素质直接影响到图书馆的效能和社会作用。在信息爆炸和技术迅速发展的今天，馆员的工作面临巨大挑战，他们需要更加主动和富有创造性。

4.存储设备与建筑

无论文献信息的形式如何，都需要依赖于具体的存储设备。从书架到电子存储设备，这些存储工具随着时代而变化。此外，图书馆建筑的功能需要适应其职能，确保各种设备齐全且符合标准，以保障图书馆工作的顺利进行。

5.技术方法

技术方法是图书馆工作的重要手段，包括藏书的整理、读者服务、管理等方面的技术方法。现代图书馆作为知识信息交流的工具，必须依靠各种物质技术手段和方法。

6.管理

管理是连接图书馆各个要素的纽带，通过科学方法和合理规划来最大限度地发挥资源的作用，实现图书馆工作的现代化。在海量信息的背景下，科学管理对于提高服务效能、实现目标至关重要。

笔者认为，以上要素共同形成了一个互相依存、互相促进的图书馆系统，不仅满足读者需求，保存文化遗产，也处于不断地运动和变革中，以适应社会发展的需要。通过图书馆活动，这个系统得以实现其任务和目标，维持与社会的动态平衡。

（三）图书馆的分类

1.图书馆类型的划分依据

图书馆的分类依据主要有四个方面：根据不同读者和用户人群的信息需求发展不同类型的图书馆，如少年儿童图书馆、老年人图书馆等。根据图书馆的资金来源，图书馆可以分为公立图书馆和民办图书馆，其中民办图书馆还有更细致的分类。根据图书馆的文献信息资源体系或馆藏特色进行分类，可以分为盲人图书馆、军事图书馆等。根据图书馆的管理体制和管理部门的不同，可以分为党校和党政机关图书馆、工会图书馆等。

2.图书馆类型的介绍

我国根据国际标准对图书馆进行了分类，主要包括：

（1）公共图书馆。公共图书馆是由政府资助，面向社会公众开放的图书馆。它的目的是满足公众的文化需求，提供各种类型的图书和信息资源。公共图书馆通常提供阅读、借阅、参考咨询和文化活动等服务，其藏书种类丰富，包括文学、科学、艺术等各个领域的图书。公共图书馆对于提升人民的文化素质和终身学习具有重要作用。

（2）高等院校图书馆。高等院校图书馆主要服务于高等院校师生，是高等教育和科学研究的重要基地。它不仅提供书刊资料，还提供电子资源和网络服务。高等院校图书馆的藏书通常以学科书刊为主，涵盖了丰富的学术资源。此外，它还提供信息检索、文献传递、学术交流等服务，对提升学术研究水平具有重要作用。

（3）专业图书馆。专业图书馆是服务于特定行业或专业领域的图书馆，其藏书主要集中在某一特定学科或行业领域。这类图书馆通常设在研究机构、企事业单位或政府部门内，其服务对象主要是专业人员和研究者。专业图书馆的服务功能突出，能够提供深入、专业的信息服务。

（4）数字图书馆。数字图书馆是运用现代信息技术建立的，提供数字化资源的图书馆。它突破了传统图书馆的时空限制，用户可以通过网络远程访问其丰富的数字资源。数字图书馆提供快速、便捷的信息检索服务，满足了现代社会对高效信息服务的需求。

（5）特殊人群图书馆。特殊人群图书馆是为满足特殊群体文化需求而设立的图书馆，如盲人图书馆、监狱图书馆等。这类图书馆根据服务对象的特殊需求，提供相应的设施和服务。通过提供适合他们阅读的图书和资料，帮助他们更好地融入社会，提升其生活质量。

（6）其他类型图书馆。这一类别包括了多种不同类型的图书馆，如工会图书馆、少年儿童图书馆、中小学图书馆、军事系统图书馆、党校和党政机关图书馆以及为残疾人服务的特种类型图书馆等。

工会图书馆：这是工会组织为职工提供文化服务的机构，它不仅是进行思想教育的重要场所，也是职工学习政治和文化知识的地方。

少年儿童图书馆：这类图书馆提供丰富的图书资料，以满足少年儿童学习文化知识和促进智力发展的需求。

中小学图书馆：作为中小学教育的一部分，这类图书馆提供了丰富的书刊文献资料，支持学校的教育和教学活动。

军事系统图书馆：这类图书馆服务于军队和军事人员，包括不同类型的军事机构设立的图书馆，如军事领导机关图书馆、军事院校图书馆、军事科学图书馆等。

党校和党政机关图书馆：这类图书馆服务于党的领导干部和党政机关工作人员，为他们的学习、教育和工作提供支持。

保存图书馆和存储图书馆：这两类图书馆的主要功能是存储低利用率的文献资料。

此外，还有为残疾人服务的特种类型图书馆，这类图书馆提供了适合残疾人群体阅读和使用的图书和资源。

二、图书馆的职能

随着科技的飞速发展和社会的不断进步，图书馆在教育和信息服务方面的职能日益受到人们的关注。认识图书馆、充分利用图书馆的能力已成为人们必须掌握的基本技能，图书馆逐渐成为提供持续教育、终身学习和人才培养的关键基地，发挥着重要的社会和文化职能（图1-2）。

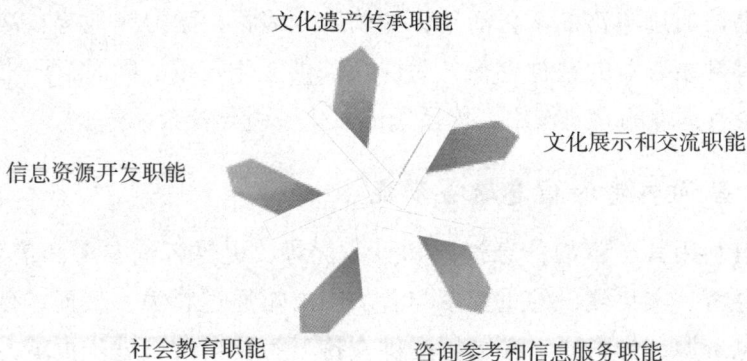

文化遗产传承职能

文化展示和交流职能

信息资源开发职能

社会教育职能

咨询参考和信息服务职能

图 1-2 图书馆的职能

（一）文化遗产传承职能

图书馆担负着保存人类文化财富的重要职责。从古老的文字记录到现代的数字资源，图书馆一直在记录人类社会的进步。随着科技的发展，图书馆的保存手段和目的都在不断更新和拓展，不仅限于保存传统的手写和印刷文献，还包括其他载体形式的资源。图书馆通过收集、加工、整理和科学管理这些珍贵的文献资源，为广大读者提供借阅服务，确保文化遗产得到有效的传承和利用。此外，图书馆还致力于提升藏品的陈列和展示效果，让更多的人能够接触到这些文化遗产。

（二）信息资源开发职能

图书馆收藏了大量的文献信息资源，并积极开发这些资源，以便广泛利用。这是图书馆的重要职能之一，也是其承担各种职能的基础。图书馆不仅对馆藏文献进行整理、分类、编目，还通过现代化的计算机网络操作技术进行数字化处理，形成广泛、快捷的信息通道。通过对文献信息资源的加工整理、科学分析和综合指引，图书馆为读者提供有序、规律的信息流，促进文献资源的广泛交流和传播。这样的开发利用，增强了图书馆在社会信息化进程中的作用和地位。

（三）社会教育职能

图书馆在社会教育中发挥着不可忽视的作用，特别是在传播知识文化、实现公民自我教育和终身教育方面。图书馆提供完备的学习条件，包括资源、场地、设备等，不仅为学校教育提供支持，还为全民提供自学和终身学习的机会。图书馆通过丰富的文化活动，如画廊、墙报、学习园地等，活跃文化生活，提供健康有益的精神食粮，为群众提供文化娱乐。同时，图书馆还发挥其在社会教育中的导向作用，传播先进文化，引导社会风气。

（四）咨询参考和信息服务职能

图书馆利用其丰富的信息资源和服务优势，提供咨询参考和信息服务，成为社会经济、文化建设的重要参与者。图书馆通过收集、整理、存储和开发文献信息资源，为科研、决策等提供支持，为社会发展进步贡献力量。图书馆还提供个性化的信息咨询服务，满足不同读者的特定需求，助力社会的创新发展。

（五）文化展示和交流职能

图书馆在文化展示和交流方面发挥重要作用，是政府提供公共文化服务的重要场所。图书馆通过举办各类文化活动，如电影放映、学术研讨会、公益性讲座、展览等，为不同需求和层次的读者提供文化学习和休闲服务，营造和谐的文化氛围，推动全民阅读，提升社会文化水平。这些活动还促进了不同文化之间的交流，加深了人们对本土和外来文化的了解。

第二节　图书馆服务的内容与要求

在人类社会历史的长河中，"记忆"的产生和积累成为推动文明进步的核心动力。这些"记忆"包括了丰富的历史经验、深刻的思想理念、创新的科学技术和珍贵的文化遗产。人类大脑对这些信息的存储能力有限，图书馆应运而生。

由此可见，图书馆是人类社会根据需要，人为构建的社会系统，它显然是一种人造系统，不是自然系统[①]，并不可以像自然现象或自然系统那样自行发生或运作。因此，图书馆服务的存在就具有不可替代的必要性，并且服务是图书馆的永恒主题。

图书馆不仅仅是知识的宝库和信息的中心，更承担着推动国家文明和文化发展的重要任务，相对应地，图书馆服务就不仅仅是一种提供图书借阅的简单功能，它更是一个复杂而多维的文化系统服务。通过图书馆的服务，社会成员能够更加便捷地获取所需的知识和信息，促进个人智慧的增长和社会整体文化水平的提升，实现知识的传播、文化的传承和社会文明的推进。这也是为什么图书馆以服务为其第一和永恒属性，因为这种服务的必要性是建立在深刻认识到其在人类社会活动中不可或缺的地位的基础上的。

---

① 希瑟·亚历山大.图书馆[M].朱雯霏译.北京：中信出版社，2019.

一、图书馆服务的内容

（一）图书馆服务的构成要素

图书馆的服务体系包含几个关键的构成要素：第一是服务的客体对象，即以读者为中心的各类社会团体、个体等。第二是服务的内容即以文献信息为主的服务需求以及其他各式各样的服务需求。第三是图书馆资源，这是进行一切服务工作的基础，涵盖了软硬件设施资源、文献信息资源、人力资源等所有可以为服务主体所用、所需的资源。第四是实现服务所需的各种手段和方法，是服务能否成功实施的前提。因此，综合来看，图书馆服务是通过运用自身资源和多种方法，为了满足社会和个体等服务主体在文献信息等多个方面的需求而展开的一系列服务活动。

（二）现代图书馆服务内容与服务体系

图书馆服务的内容组合在一起是一套完整的读者服务体系，其目的是通过多种手段和方式，为广大读者提供全方位、多层次的服务。随着时间的推移，图书馆服务体系不断完善和发展，形成了一个包含文献外借服务、阅览服务、参考咨询服务、知识服务、学科服务、阅读推广服务、社会化服务、个性化服务等多方面内容的服务网和服务体系。

1.文献外借服务

文献外借服务为图书馆提供了一种有效的读者服务方式，允许读者将馆藏文献带离图书馆，在规定期限内自由使用，同时对其负有保管义务。这种服务方式不仅丰富了读者的阅读选择，还提升了图书馆藏书的利用率，有助于图书馆资源的优化配置和服务质量的提升。主要包括以下几种形式（图1-3）：

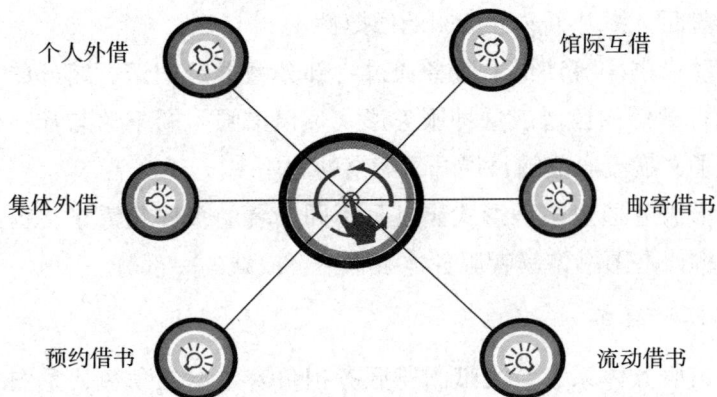

图 1-3 文献外借服务的形式

（1）个人外借。个人外借是文献外借服务中基本且常见的形式，通过办理借书证，读者可以以个人身份借阅文献。图书馆通常会为每位读者设置一定数量的文献借阅权限，根据读者的需求提供相应的服务。这种方式极大地满足了个体读者对文献的需求，为他们提供了方便快捷的阅读渠道。个人外借服务使得读者能够根据自己的时间和地点的选择，灵活地安排阅读。

（2）集体外借。集体外借是针对特定群体或机构的文献外借服务方式。这种方式通常涉及一组读者的共同需求，图书馆会通过专人代表进行文献借阅。集体外借不仅方便了有共同阅读需求的群体，还有助于图书馆更加有计划地管理藏书，缓解文献供需矛盾，提升服务效率。

（3）预约借书。预约借书服务为读者提供了一种便捷地获取暂时无法借阅文献的方式。当文献因被借阅或其他原因暂时不可用时，读者可以通过预约服务登记需求，一旦文献可用，图书馆便会及时通知读者进行借阅。这种服务方式有效降低了文献拒借率，更好地满足了读者的特定需求。

（4）馆际互借。馆际互借是图书馆间依据协议实现资源共享的一种服务方式，打破了地域和空间的限制，极大地扩展了读者借阅文献的范围。通过这种服务，即使某一图书馆没有收藏某种文献，读者也可以从其他图书馆借阅到所需文献。

（5）邮寄借书。邮寄借书服务通过邮政传递手段，将文献直接寄送给远离图书馆的读者。这种服务方式不仅方便了偏远地区的读者，还扩大了图书馆服务的覆盖面，提升了文献借阅的便捷性。

（6）流动借书。流动借书服务通过将部分藏书定期送至馆外的方式，方便了无法亲自到馆的读者。这种服务形式不仅增强了图书馆与社会公众的联系，还扩大了文献流通范围，提升了藏书的利用率。

文献外借服务通过多种形式满足了不同读者的多样化需求，提高了图书馆服务的效率，是图书馆读者服务体系中不可或缺的一部分。

2. 文献阅览服务

在图书馆服务体系中，文献阅览服务担负着重要的角色，是图书馆与读者交流互动的重要平台，直接关系到图书馆整体形象和服务质量的建立。当前社会技术的不断进步推动了文献阅览服务从传统的借阅模式向现代化、主动式和开放式服务转变。这种转变不仅体现在服务方式上，更体现在服务理念和服务内容上。

文献阅览服务的核心是提供一个优雅、舒适、功能齐全的阅读环境，以满足读者的阅读和研究需要。这包括提供宽敞明亮的空间、舒适的座椅、整洁的环境，以及适用的阅读设备和良好的照明。此外，还应提供一系列便捷的服务设施，如无线网络、电源插座、自助打印和复印等，以便读者能够在阅览过程中进行资料的查找、下载和打印。文献阅览服务应提供丰富多样的文献资源，包括各类图书、期刊、报纸、电子资源等，满足不同读者的需求。

为了更好地服务读者，图书馆应不断完善其文献阅览服务的方式。开架阅览作为一种方便快捷的服务方式，可以让读者直接接触到大量的文献资源，自主选择所需的材料。这种方式的优势在于能够最大限度地满足读者的自主学习和研究需要，但同时也对图书馆的藏书管理提出了更高的要求。闭架阅览和半开架阅览则是在保证文献安全的前提下，提供文献借阅服务，这需要图书馆有一套完善的文献检索和传递系统，确保读者能够快速准确地获取所需文献。综合阅览方式是在开架、闭架和半开架阅览的基础上，根据文献的类型和读者的需求，综合运用各种服务方式，提供全面和便捷的文献阅览服务。

随着社会的发展和读者需求的变化，文献阅览服务的设置和功能也在不断调整和优化。为了更好地服务专业化的学术研究，图书馆可以按照学科知识分类设置阅览室，提供相关领域的专业文献资源。考虑到不同读者群体的特殊需求，图书馆还可以按照读者类型设置阅览室，如儿童阅览室、视障人士阅览室等，提供个性化的服务。随着数字化资源的不断丰富，按照文献载体类型设置阅览室也成了一种趋势，如电子阅览室、多媒体阅览室等，为读者提供丰富和便捷的阅览服务。

由此可以看出，文献阅览服务是图书馆服务体系中不可或缺的一部分，它不仅提供了一个阅读和研究的平台，而且通过不断地创新和资源整合，为读者提供了全面和便捷的阅览服务。随着自助服务设备的引入和在线服务平台的建立，文献阅览服务正向数字化、智能化和个性化方向发展，这可以为读者提供优质和高效的服务，促进图书馆服务水平的整体提升。

3. 参考咨询服务

（1）传统参考咨询服务。传统参考咨询服务是图书馆服务的基础，对促进读者信息素养和满足其信息需求具有重要作用，可以分为馆内咨询服务、馆外咨询服务、数字参考咨询服务三个方面。

馆内咨询服务是指读者在图书馆现场直接向图书馆员咨询，获取信息的服务。这种服务方式依赖于图书馆员的专业知识和经验，通过面对面交流，图书馆员能够直观地了解读者的需求，提供精确、及时的信息服务。馆内咨询服务可以促进图书馆与读者之间的直接交流，增强服务的针对性和有效性。但是，这种服务模式受到物理空间和时间的限制，对于那些不能亲自来馆的读者或在非工作时间需要信息的读者来说，并不便利。

为了解决馆内咨询服务的局限性，图书馆发展了馆外咨询服务。通过电话、邮件或传真等通信手段，图书馆将服务延伸到馆外，使读者即便不在图书馆现场，也能够得到专业的咨询服务。这种服务模式打破了时间和空间的限制，极大地提升了服务的可及性和便捷性。然而，由于通信的延时性，这种服务方式难以做到实时互动，且服务的效率和效果在一定程度上受到通信工具和网络条件的限制。

随着互联网技术的不断发展，数字化成为图书馆服务发展的重要趋势，数字参考咨询服务因此应运而生。数字参考咨询服务是指通过互联网技术，将图书馆的咨询服务数字化，提供在线的信息咨询服务。这种服务模式不受时间和空间的限制，提供 24 小时不间断的信息服务，极大地满足了现代读者对信息获取的需求。数字参考咨询服务通常包括在线聊天、电子邮件咨询、社交媒体互动等多种形式，既包括实时的在线服务，也包括非实时的远程服务。

（2）现代参考咨询服务。现代参考咨询服务凭借数字化和网络化的优势，结合前沿的信息技术和新颖的服务理念，为读者带来高效、便捷并且高度个性化的信息服务体验。主要包括异步参考咨询服务、实时同步咨询服务和联合参考咨询服务。

异步参考咨询服务的灵活性和便捷性使其成为一种适合大多数读者的服务方式。通过电子邮件咨询服务，读者可以随时将自己的问题以电子邮件的形式发送至图书馆，待图书馆员处理完毕后，答案便会以同样便捷的方式回传给读者；FAQ（常见问题解答）服务则通过整理常见问题并提供标准答案，实现了对读者的自助服务，有效地提高了问题解决的效率；BBS（网络论坛）、留言板或讨论组等平台则构建了一个开放的社区空间，使读者能够相互交流，共同参与问题的解决。这些服务的共同特点是时间灵活，不受限制，非常适合那些对回复时间要求不高的读者。

实时同步咨询服务为追求即时回复的读者提供了有效的解决方案。通过聊天软件或视频会议等工具，图书馆员能够与读者进行实时交流，直接回答他们的问题。这种服务方式快速直观，充分满足了现代人对信息获取速度的需求，是一种非常受欢迎的参考咨询服务形式。无论是异步还是实时同步咨询服务，图书馆都在不断努力，通过不同的服务模式，满足不同读者群体的需求，提升服务质量，实现信息服务的高效和便捷。

联合参考咨询服务是一种将多个图书馆的资源和专家智力结合起来，共同为读者提供咨询服务的模式。通过这种方式，即使单个图书馆的资源有限，也能够为读者提供全面、专业的咨询服务。

随着智能手机的普及，图书馆的服务也延伸到了移动端：基于手机图书馆平台的信息咨询服务。通过手机图书馆应用，读者可以随时随地获取咨询服务，进行文献查询、图书预约等操作，实现了服务的全天候和全方位覆盖。

4.学科服务

随着图书馆学科馆员制度引入我国，我国图书馆学科服务也应运而生。学科服务是一个系统性、复杂性、持续性和动态发展性的系统工程，它是图书馆读者服务的重要组成部分，指的是图书馆为了满足学科、学院、专业人员等用户群体及个人需求而开展全方位、多层次、广泛的知识服务，这种服务要求学科馆员全面了解所负责学科的资源与情况，积极融入用户的研究或教学过程协助用户探索，同时为其研究与工作任务提供高度定制化的信息服务支持，帮助其获取更广泛的专业资源。与传统的参考咨询服务不同，它是一种主动参与、创新的服务模式，要求图书馆员主动深入用户的研究和教学活动，服务内容高度针对用户的具体研究和工作需求，该服务提供的是一种定制化的信息服务支持，因此，这也体现了图书馆的创新精神和个性化服务，该服务既要求图书馆学科服务体系应包含全面的文献信息资源，具有系统化操作环节，又要求学科馆员应全面了解所负责学科的资源与情况，并利用现代传媒技术对学科服务进行介绍和推广，让相关人员知晓学科内容和学科服务。

5.知识服务

知识服务和知识管理不同。知识管理，重在管理，是对机构内的员工和文献信息资源进行组织、协调和控制，主要关注于知识资源的整合和优化，管理的对象主要是资源，包括显性的文献信息和隐性的智力资源。这一过程由图书管理机构的管理层负责。与此相对，知识服务更侧重于将管理好的知识资源转化为满足读者需求的服务。在这里，图书机构的员工直接与读者和用户接触，利用知识信息来满足他们的查询需求和知识追求，为他们提供服务。简言之，知识管理是一种内部聚焦的活动，旨在提高图书机构内部的知识资源利用效率。而知识服务是外向型的，目标是将这些资源转化为对用户有价值的服务。知识管理构成了知识服务的基础，因为只有当知识被有效地管理和组织后，才能够被用来提供高质量的服务。换句话说，知识管理的成果通过知识服务体现出来，服务于广大的读者和用户。

具体来说，知识管理主要包含 7 个层面的内容：第一个层面是知识组织管理。这一层面涉及对信息资源的归纳和优化处理，通过采集、整理和系统描述，加上精确标引，使信息资源条理化。这不仅包括将信息转化为可用知识，还要求我们动态地根据用户的变化需求不断更新和维护知识库的内容。第二个层面是知识传播管理。在这个方面，信息技术的进步为知识传播提供了新的平台和手段。除了传统的图书借阅和目录提供之外，现代图书馆也利用网络、数据库和在线检索系统来推广知识的广泛传播，从而打破空间限制，促进知识的全球共享。第三个层面是知识创新管理。知识创新涉及对现有知识质的改进和新知识的生成。这一管理活动覆盖理论、技术、组织和服务创新管理，要求图书情报机构在各个层面上都能够进行知识的再创造和更新。第四个层面是知识利用管理。此层面的目标是确保知识得到有效利用，以实现其社会价值。图书情报机构需要根据不同层级用户的需求，提供定制化的服务，并开发出新型的知识产品以促进知识的应用。第五个层面是智力资源管理。该方面强调管理和开发员工脑中的隐性知识，如个人经验、技能、情感、行为模式和知识结构等。通过引入隐性知识管理机制，可以促进员工的工作创新，提高机构的整体知识服务水平。同时，图书情报机构还应关注读者和用户的隐性知识开发，提升其对知识信息的认知和利用能力。第六个层面是组织文化管理。这一层面要求建立一个有利于知识交流和共享的组织结构，创造一种倡导知识、学习和创新的组织文化。这样的文化氛围能够激励员工分享他们的隐性知识，进而推动组织的知识增长。第七个层面是人力资源管理。在图书情报机构中，这涉及培育具有高信息素质和专业知识的服务人员。这不仅包括创造学习的环境和沟通机制，还要促进内部知识的流动、积累，以实现知识的持续创新。这7个层面共同构成了图书情报机构知识管理的完整架构，用于提升图书馆知识的生成、传播、利用和创新能力，确保图书馆知识资源的最大价值得以实现。

6.阅读推广服务

阅读作为获取知识、扩宽视野、提升智慧和素养的重要途径，已经得到了广泛认可和重视。随着全民阅读的倡导和推广，图书馆在这方面发挥着不可替代的作用，阅读推广不仅仅是传统的图书借阅。图书馆不仅可以提供丰富多样的阅读资源和便捷的阅读服务，还可以举办各种形式的阅读活动，从多个维度进行拓展和深化。在活动的组织上，可以借助各种传统媒体和新媒体平台，充分发挥图书馆的空间优势和资源优势，提供丰富多样的阅读推广活动。在服务内容上，可以通过创新服务模式和方法，提供更加个性化、便捷的阅读服务。在服务对象上，可以关注不同年龄层、不同职业群体的阅读需求，提供差异化的阅读推广服务等。

阅读推广是图书馆服务体系中不可或缺的一环，它关系到公众文化素质的提升和社会文明程度的提高。通过不断创新和优化阅读推广服务，图书馆将更好地发挥其在阅读推广方面的作用，为构建书香社会、推动文化发展贡献力量。

7. 个性化服务

在信息时代的背景下，图书馆提供个性化服务成为适应时代发展要求的必然选择。随着信息量的激增，用户面临着筛选和处理大量信息的挑战。个性化服务可以帮助用户在信息的海洋中快速找到他们需要的内容，大幅提高信息检索的效率和精准度，是图书馆适应时代发展、满足用户需求、提升服务质量的重要手段，它有助于图书馆在现代社会中持续保持其核心地位和价值。

随着时代的发展，用户的需求越来越多样化和专业化。不同背景、领域和研究兴趣的用户对信息的需求各不相同。图书馆通过个性化服务，能够更好地满足每个用户的特定需求，提供更加贴合个人需求的知识和资源，这不仅增强了用户体验，也提升了图书馆服务的价值感。

技术的进步为个性化服务提供了可能。现代图书馆可以利用数据分析、人工智能等技术来分析用户行为，预测用户需求，从而提供精准推荐和服务。这种技术的应用极大地扩展了图书馆服务的边界和深度，让图书馆的服务更加智能化和人性化。

个性化服务是图书馆响应社会发展、提升自身价值和影响力的一种方式。通过满足用户个性化的需求，图书馆可以增强自身在信息服务行业中的竞争力，吸引和保持用户群体，进一步发挥其作为知识传播中心和学习资源库的作用。

二、现代图书馆服务的要求

随着信息技术的不断发展和广泛应用，现代图书馆服务已不再局限于提供实体书的借阅服务，而应积极拥抱网络时代，利用多元化、多措施的服务，将图书馆打造成为一个全方位的知识信息服务平台。这种多元化服务不仅在服务的思维方式上进行了转变和提升，更是在内容提供、载体运用、服务策略等方面进行了全面的升级和优化，各方面都有别于传统的图书馆服务。

（一）服务思维的提升和优化

现代图书馆信息服务重心正在发生转变，从传统的资源保存和利用，转向了如何更加主动、有效地管理和使用这些资源。信息化服务观念成为推动图书馆服务创新的关键动力。在知识经济的快速发展背景下，用户对知识的需求迫切，要求图书馆必须在知识服务层面上下功夫，有效地收集、组织、存储信息资源，根据用户的需要进行深入挖掘，根据市场需求跟踪最新的学科动态，主动地将信息资源转化，为服务对象提供及时准确的信息服务，满足他们的需求，这种服务思维的转变会直接提升图书馆服务的价值。

（二）服务内容的深化

图书馆服务内容的焦点正在从文献的利用转向知识的应用，强调信息资源的深度开发和利用。图书馆正努力将服务内容从提供简单的信息线索和相关文献转变为提供更丰富、更实用的知识内容。通过对复杂的信息资源进行深入地挖掘和分析，图书馆能够提供解决现实问题的知识，进而将这些知识融入新的产品、服务或管理机制中，更好地满足用户的实际需求。

（三）功能拓展和服务延伸

借助信息技术，图书馆服务突破时间和空间的限制，已能够提供 24 小时不间断服务，本地图书馆服务范围扩展到全国乃至世界各地。这使得读者和图书馆工作人员之间距离变得更近，即使身处遥远的地方，也能够享受到及时高效的图书馆服务。此外，借助信息技术，现代图书馆在原有的文献典藏、知识交流等基础功能上，加入了终身学习、文化中心、信息枢纽等新功能。

这些新功能虽有与原有功能重合的部分，但显示出强大的生命力，使图书馆的服务方式更加多元，服务内容更加丰富，服务空间也在不断拓展。

（四）文献载体的多元化

在维持传统阵地服务的基础上，现代图书馆越来越注重网络服务的建设，许多图书馆都建立了自己的网页，提供网络参考咨询、文献传递、网上借阅等服务，印刷文献和电子文献并存，各具优势，使得现代图书馆服务中文献载体的多样性日益突出，这种多元化的文献载体不仅满足了广大读者的需求，也使图书馆的服务突破了传统的时空限制，实现了资源的共建共享。

（五）服务的个性化和便捷化

在信息化时代，速度的重要性不言而喻。为了让读者节省时间，服务效率的提升已经转变成了图书馆服务的一种核心理念。这不仅要求图书馆服务程序简化、便捷、可及，还要求图书馆服务能够精准定位服务对象的需求，为不同客户提供个性化的专属服务，有针对性地、高效解决客户需求。

第三节　图书馆服务的原则与模式

一、图书馆服务的原则

美国图书馆学家谢拉说：服务是图书馆的基本宗旨。[①]图书馆作为一种人造的社会机构，服务在其历史的发展中始终贯串着，它体现的是图书馆的根本价值。现代图书馆的发展终极目标，就是要为读者提供更优质的服务体验，应当遵循以下原则：开放性、便利性、平等性、区分性、满意性和创新性（图1-4）。

---

① 刘晓英.图书馆评价研究[M].北京：知识产权出版社，2015.

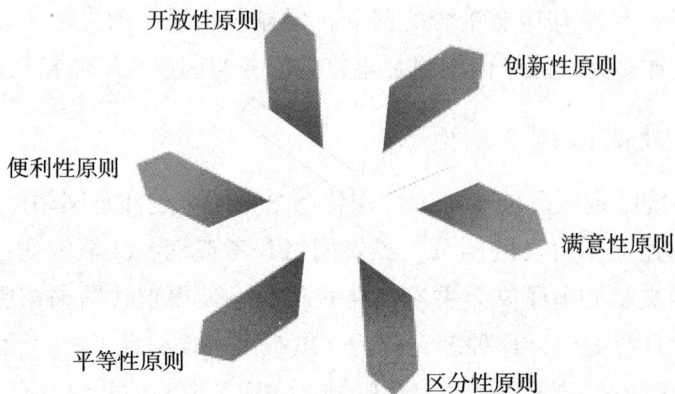

图 1-4　图书馆服务的原则

（一）开放性原则

图书馆自建立之初，就经历了从封闭到半开架、再到全开架的演变，现如今已经发展到藏、借、阅、检、咨一体化的全开放服务模式。这个开放性原则成为图书馆服务的基础，现代图书馆的全面开放涉及资源、人员、时间和馆务的透明度。

1.资源开放

资源开放意味着将图书馆的所有资源和设施对读者开放。这包括建设开放、明亮、通透的馆舍，以此打破空间的界限，形成一个全新的开放式服务环境，提供个性化的"文化交流空间"。此外，图书馆要实现馆藏资源和服务的全面共享，所有设施（如书库、展示厅等）都应对读者免费开放，同时需完善检索服务体系。

2.人员开放

根据联合国教科文组织和国际图联共同制定的《公共图书馆宣言》，图书馆应对所有人开放，提供平等的服务，不受种族、性别等因素的限制。图书馆的藏书和服务不应受到思想、政治、宗教或商业压力的审查。现代图书馆不仅是阅读的场所，也是人们交流和娱乐的空间，其开放的服务理念正是现代图书馆的魅力所在。

3.时间开放

为了更好地满足读者需求，图书馆应尽量延长服务时间，不再局限于特定时间段。建立 24 小时服务模式，以及移动图书馆服务平台，提供全天的在线服务。

4.馆务公开

与读者服务相关的所有决策过程和结果都应向读者公开。这不仅是实现决策民主化的需要，也是图书馆赢得读者信任的必要条件。为了实现馆务公开，图书馆应制定明确的制度，建立读者参与管理的机制，公开读者监督的途径，以便更好地为读者服务。

（二）便利性原则

在图书馆服务领域，便捷性原则是关键，旨在为用户提供快速便利的服务，这是服务行业共同的追求目标。只有快捷的服务才能赢得大众的青睐，成为服务工作的灵魂和核心。在图书馆服务中，便捷性原则主要体现在以下几个方面：馆舍位置的便利性、服务设施的便利性、资源组织的便利性以及服务方法的便利性等。

1.馆舍位置的便利性

图书馆应选址在交通方便的地点，以便为推广阅读创造良好条件。日本图书馆界提倡将图书馆布局在不超过 1.5 千米的范围内，倡导"让图书馆走进生活"的理念。一些国家规定，在最远 20 分钟步行范围内，应有图书馆可供查找。截至 2017 年，我国拥有 3 166 家各级公共图书馆。随着政府对文化产业的日益重视，作为文化产业重要部分的公共图书馆将迎来更快更好地发展。为解决公共服务设施的最后一公里问题，图书馆可在城市街区和乡村建立分馆，推出移动电子阅读设备，汽车图书馆等，为地区文化建设提供强有力的支持。

2.服务设施的便利性

便捷的服务设施首先要求建筑宽敞明亮、设施齐全、布局合理。开放式的建筑布局便于读者查询资料，营造了人与书共存的氛围。在入口处设置存包柜和休息区；坚持"无障碍设计"理念，为残障人士提供专用通道和洗手间；为儿童提供矮桌椅，确保服务的便捷性和人性化。

3.资源组织的便利性

便捷的资源组织意味着充分利用图书馆所有资源，缩短读者与资源之间的距离。这不仅要求在馆内合理布局资源，还要通过现代技术，提供及时、多层次的资源服务，实现资源的全面共享。

4.规章制度与管理方法的便利性

为了方便读者，要尽量减少对读者的限制。图书馆所设立的规章制度和管理措施都应维护读者的利益，不能成为他们使用图书馆的障碍。图书馆应根据实际情况的变化，及时调整和完善管理制度，平衡图书馆、工作人员与读者之间的关系，确保服务和管理有序进行。

5.服务方式的便利性

便捷的服务方式要求图书馆充分尊重读者意愿，遵循工作规律，用科学的理念和方法提供服务。始终坚持以人为本，提供更加个性化、专业化和智能化的服务，满足读者多样化的信息需求。无论是在资源组织、机构设置还是在工作流程上，都要体现以读者为中心的服务宗旨。通过实用、有效的服务方法，如上门服务、流动车服务和利用大数据分析读者喜好等，丰富服务内容，提升服务水平。

（三）平等性原则

图书馆面前人人平等，这不仅是图书馆界对人权的深刻声明，更是对平等价值观的高度重视。图书馆服务的核心理念之一就是向所有人提供无歧视的服务，不论其种族、年龄、性别、信仰、国籍、语言或社会地位如何，即便是残障人士或者存在语言障碍的人群，也有权利享受图书馆提供的服务和文献资料。

平等性原则要求图书馆在其藏书和服务的选择上实现全面覆盖，包括各种媒体形式、现代化技术和传统资料，摒弃任何形式的不公平的思想。这样才能保证不同年龄和需求的人都能在图书馆中找到合适的资料，实现信息获取的平等性。

要落实平等性原则，图书馆还必须在服务中彰显博爱精神，尊重和关爱每一位读者，坚定不移地维护他们的合法权益。从国家法律和图书馆的实际运营来看，其中涵盖了一系列平等享有的权利，包括但不限于：取得读者资格、阅读、个人人格及隐私保护、提问咨询、获得辅导帮助、参与图书馆管理、享受安全卫生服务、遵守规章制度、提出建议和对图书馆工作进行评价的权利，以及在合法权益受到侵害时寻求改进、赔偿或法律途径的权利。通过上述权利的充分维护和保障，图书馆服务中的平等原则方能得到真正地贯彻和实现，从而推动图书馆服务质量的不断提升，让图书馆成为体现社会平等价值的坚强堡垒。

（四）区分性原则

区分性原则强调图书馆服务的个性化和差异化，其核心是认识到每一位读者都是独特的，有着不同的需求和期望。这就要求图书馆在服务过程中，能够精确识别不同读者群体的特征，并提供贴合其需求的服务。为了实现这一目标，图书馆需要建立一套全面的读者画像系统，通过对读者行为数据的分析，深入了解读者的需求和偏好。在此基础上，图书馆能够设计出合理和有效的服务方案，为不同读者提供量身定制的服务。这不仅包括提供符合读者需求的藏书和信息资源，还包括提供各种便利和贴心的服务，如阅读推荐、学术咨询、技术支持等。这种个性化的服务能够显著提升读者的使用体验和满意度，从而增强读者对图书馆的认同感和忠诚度。最终，通过不断优化服务策略，图书馆能够更好地服务于社会，发挥其在文化传承和知识传播中的重要作用。

（五）满意性原则

满意性原则将读者的满意度放在图书馆服务质量评价的核心位置，这意味着图书馆在提供服务的过程中，必须全力以赴满足读者的需求，确保其在使用图书馆资源和服务时能够获得满意的体验。为了实现这一目标，图书馆需要建立一套完善的服务质量评价体系，通过对读者满意度的定期调查，及时发现服务中存在的问题和不足，并据此优化服务策略和流程。此外，图书馆要关注服务环境的优化，创造一个舒适、宜人的阅读和学习环境，为读者提供全方位的支持和帮助。同时，图书馆工作人员应具备高度的服务意识和专业能力，能够主动、热情地为读者提供帮助，确保其在使用图书馆服务时能够感受到尊重和满足。通过这样的努力，图书馆能够不断提升服务质量，赢得读者的信任和好评，从而在激烈的信息服务市场中占据有利地位。

（六）创新性原则

在社会持续发展和读者需求逐渐变化的背景下，图书馆服务创新显得尤为重要。这不仅体现在服务理念的刷新、服务质量的提升上，还涵盖了服务范围的广泛拓展。创新的过程中，需要将读者的需求放在首位，以提高读者满意度为最终目标，推动服务质量的不断提高。

1.转变观念、强化品牌意识

服务本身就是一种品牌，而品牌的核心在于卓越的品质。因此，图书馆在构建和培养品牌的过程中，需要不断进行创新。图书馆的品牌不仅仅体现在规模和藏书的数量上，更是要通过特色的信息产品和服务来实现。能够在同行业中形成竞争优势的，正是这些独特的特色和服务。要树立图书馆服务的品牌，核心在于紧密围绕读者需求，转变服务观念，增强读者对图书馆的信任和依赖，通过开发有特色的信息产品和服务来最大程度地满足读者的需求，从而推动图书馆事业的发展。上海图书馆在导入客户满意管理与服务方面的尝试，就是品牌建设的一个典型例子。

2.拓展图书馆的功能

随着社会和文化事业的发展，图书馆的功能也在不断拓展和深化。现代图书馆已经超越了传统的文献服务功能，逐渐转变为一个集文化、教育、交流于一身的综合性中心。为了更好地适应社会发展的需求和人民群众的期望，图书馆需要完善自身的功能，如杭州图书馆开展的丰富多样的文化艺术活动就是一个积极探索。

3.创新服务模式，拓宽服务渠道

图书馆服务模式的创新是提升服务质量的重要途径。传统的外借与内阅服务模式需要与时俱进，利用现代网络技术，提供更加丰富和灵活的服务，如数据库访问、在线信息服务等。这些服务更加注重实时性、智能性和互动性，能够同时提供实体和虚拟的藏书服务，极大地丰富了图书馆的服务内容。

除此之外，图书馆应拓宽服务渠道，吸引社会资金和力量参与，鼓励多元主体共同参与公共文化服务体系的建设。通过与商家、社会组织的合作，共建城市书房、共享书屋等，丰富服务渠道，实现资源的优化配置和共享。

二、图书馆服务的模式

图书馆的服务模式如图 1-5 所示。

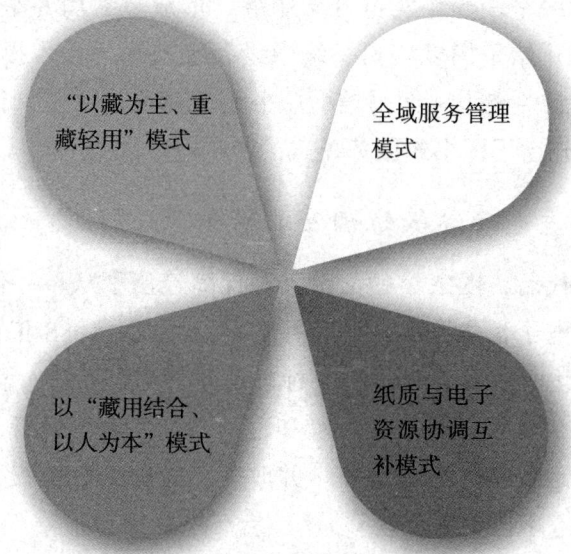

"以藏为主、重藏轻用"模式

全域服务管理模式

以"藏用结合、以人为本"模式

纸质与电子资源协调互补模式

图 1-5 图书馆的服务模式

（一）"以藏为主、重藏轻用"模式

20 世纪 50 年代初至 60 年代中期，图书馆的服务主要围绕纸质馆藏资源展开，其核心职能集中在收藏和保存图书上。这个时期，图书馆的服务方式相对单一，主要以借阅书刊为主，运行模式呈现出藏、借、阅三者相互分离的态势。图书馆管理采用封闭式，大量图书资料被存放在各个馆藏书库内，服务流程主要依赖于人工操作，读者需要通过查阅目录卡片，填写索书单，再由图书馆员进库查找提取图书。这种服务模式虽然保障了图书的安全和完整性，却忽略了读者的方便性。另外，图书馆各业务部门相对独立，缺乏协

调，限制了文献资源的自由流通和读者的便利使用。由于服务手段单一，主要依赖人工操作，导致工作效率低下，劳动强度大，而且可能泄露读者的阅读隐私。在这个阶段，图书馆的服务意识相对被动，缺乏主动服务的观念，服务范围和方式受到限制。

（二）以"藏用结合、以人为本"模式

随着社会的进步和科技的发展，特别是20世纪80年代，图书馆开始重视提高藏书的利用率，逐步实行开架服务，形成"藏用并举"的服务理念。这一阶段图书馆开始采用复印机、缩微设备等技术手段，提升了服务效率，增强了对读者的服务能力。图书馆的服务手段逐渐从手工操作转向自动化管理的初步阶段，开启了图书馆服务模式的转型升级。

（三）纸质与电子资源协调互补模式

进入信息时代后，图书馆的文献资源保障经历了从单一依靠纸质馆藏资源到纸质资源与电子信息资源协调互补的重大转变。1988年，深圳图书馆开发了图书馆自动化集成系统(ILAS)，标志着图书馆服务进入了一个新的时代。这套系统支持网络环境、单用户环境和远程网络环境下运行，提供了丰富的服务功能，极大地提高了服务效率，并改变了过去完全依赖手工操作的服务模式，实现了服务手段的现代化。

（四）全域服务管理模式

随着网络技术、通信技术、多媒体技术、数字信息技术的快速发展并不断地被应用到图书馆的实际工作中，图书馆的服务模式进入了全面开放的藏、借、阅、检、咨一体化服务阶段，即全域服务管理模式。这一阶段，图书馆的开放程度、服务时间、合作共享服务都实现了质的飞跃，为广大读者提供了全面高效的服务。图书馆不再局限于传统的借阅服务，而是向着提供综合性、个性化服务的方向发展。

1.全面开放的建筑服务空间

构建全域服务管理模式在建筑设施上需将馆舍建设转变为开放式、明亮、宽敞的建筑环境，消除空间隔阂，形成一种新型的、完全开放的服务格局。

这不仅让服务更加便捷、人性化，同时也创造了一种适合文化交流的个性化空间。这就要求图书馆实现平面化、一体化的服务布局，确保各服务区域实现藏、借、阅、检、咨等功能的一体化管理。

2.馆藏资源与服务的全域共享

馆藏文献资源构成了图书馆信息服务的基础。在新时代的背景下，用户对信息服务的期待已经远远超越了单一的馆藏资源，他们渴望获取内容丰富、形式多样、种类齐全且来源广泛的信息，这就需要图书馆之间携手合作，共建资源、共享服务，以更好地服务读者。这不仅包括实体书籍的借阅，还涵盖了电子文献的检索和使用，以及特色活动的共享。

3.拓展服务的全时空覆盖

全域服务使图书馆能够提供 24 小时服务，弥补了传统公共图书馆服务时间短、不便利的缺点。通过全自动化的借还模式，图书馆服务不再受时间限制，方便了读者的同时节约了人力资源。网络服务的广泛覆盖，让信息获取突破了时间和空间的限制。

4.统一的技术平台和总数据库

统一技术平台和总体数据库可以实现上一级图书馆与下一级公共图书馆之间一证通行服务。比如，对于注册了某馆一卡通服务的读者来说，他们可以在规定区域内任一图书馆借阅书，也可以在不同的图书馆归还图书，享受到"一馆办证，多馆借书；一馆借书，多馆还书"的通借通还服务，这不仅提升了读者的便利性，也大幅度提高了图书的流通率和使用效率，逐渐形成了以区域级图书馆为核心、基层图书馆分馆为支柱、终端（比如乡镇和社区分馆）为辅助的总分馆制公共图书馆服务网络。

第四节　现代图书馆服务转变及创新动因

一、现代图书馆服务创新的动因与必然性

在当今社会快速发展的背景下，图书馆的服务模式也经历了深刻的转变。这一转变受到了多方面因素的影响，其中包括社会经济因素、科技进步、政策环境以及读者需求的变化（图1-6）。

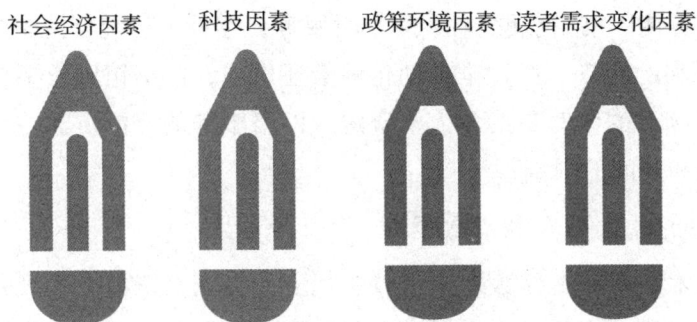

社会经济因素　　科技因素　　政策环境因素　读者需求变化因素

图1-6　图书馆服务创新的因素

（一）社会经济因素

社会经济的快速发展不仅带来了物质财富的增加，也带来了人们文化需求的提升，人们越来越注重精神文化生活，对图书馆服务的需求日益增长，对图书馆提供的信息服务和文化服务有了更高期待。图书馆也面临着更大的发展和服务的压力。这就要求图书馆必须不断优化其服务模式，提升服务质量，满足读者多样化、个性化的需求。在这个过程中，图书馆只有紧跟社会经济发展的脉络，不断引进先进的设备和技术，提高服务效率，加强图书馆自身的建设和管理，提高图书馆工作人员的业务水平和服务意识，才能更好地满足社会和读者的需求。

（二）科技因素

科技的飞速发展直接推动了图书馆服务模式的现代化。网络和信息技术的广泛应用使得图书馆的服务不再局限于传统的馆内借阅，而是拓展到了线上服务和远程服务。电子资源的丰富和网络的便捷使得图书馆能够为读者提供更加快速、准确的信息检索和获取服务。与此同时，数字化技术的应用也极大地提升了图书馆资源的利用率，使得稀有和珍贵的文献资源能够得到更好的保存和传播。这些技术的应用不仅极大地提高了图书馆服务的效率，也使得图书馆服务更加个性化、便捷化，推动着图书馆服务向满足读者多元化信息需求的方向发展。

（三）政策环境因素

图书馆在国家文化建设和信息化建设中的重要地位日益凸显，国家逐渐加大对图书馆事业的重视和支持，为图书馆的发展提供了有力的动力和保障。一系列促进图书馆发展的政策和法律条文的不断出台和完善，为图书馆的建设和发展提供了坚实的法律基础，指明了明确的发展方向，确保图书馆能够在有序、规范的环境中提供高质量的服务。此外，政府对图书馆的财政投入的逐渐加大也极大地促进了图书馆服务模式的创新和优化。有了资金的支持，图书馆能够引进先进的设备和技术，提升服务质量，满足读者的需求。这是促进图书馆服务转型和提升的重要因素。

（四）读者需求变化因素

在信息化时代背景下，读者对图书馆服务的需求发生了深刻的变化。他们不再满足于传统的图书借阅服务，更加注重服务的便捷性、个性化和多样性。随着网络信息资源的丰富，读者希望能够随时随地获取所需信息，这就要求图书馆必须提供更加灵活、便捷的在线服务和远程服务。

读者的信息需求正从简单的知识查找转变为对深层次知识的挖掘和利用，他们对信息的准确性和权威性有了更高要求，他们不仅仅需要获取信息，更需要图书馆提供信息整合、分析和评价的服务，帮助他们从海量信息中筛选出有价值的内容，提高信息利用的效率和效果，这就需要图书馆服务转型和提升，在信息资源的筛选和组织上投入更多的精力，为读者提供高质量的服务。

读者对图书馆文化和学习环境的需求也在不断提升。他们希望图书馆不仅是一个提供信息服务的场所，更是一个舒适、宜人的学习和交流空间。这就要求图书馆在环境布局、设施配置以及文化建设等方面进行优化，营造出更加有利于阅读的氛围。

二、现代图书馆服务的发展与转型方向

信息技术的创新与经济社会各领域的深度融合，促使了图书馆技术进步、效率提升和组织变革，也对图书馆产生了深远影响。网络、电子设备、微博、微信等新媒体逐渐成了人们获取信息的重要工具，这不仅促使图书馆提供实体书籍，还需提供电子书和在线阅读服务，反过来，图书馆也须借助这些平台进行宣传推广，并通过这些渠道提供信息服务，以适应新时代用户的需求。大数据和人工智能的应用，使图书馆能够准确地分析用户需求，提供个性化推荐，增强用户体验。

信息技术时代的多重因素，共同作用于图书馆，促使其从传统的存储场所，转变为一个综合性的信息服务中心，这不仅会改变图书馆的形象和功能，还会推动其组织结构和服务方式的重构。

（一）形象从藏书楼向开放、便捷的全域服务平台转变

信息技术时代下，图书馆的形象发生了翻天覆地的变化。过去，图书馆主要是作为一个存放图书的地方，提供基本的阅读服务。然而，随着互联网技术的快速发展，传统图书馆的形象和职能都在发生变化。现代图书馆不再是一个封闭的空间，而是转变为一个开放、便捷的全域服务平台，为用户提供多样化的服务。互联网技术的引入拓宽了人们获取信息的渠道，使图书馆不再是唯一的信息提供者。图书馆需要借助先进的技术，实现资源的共享和服务的开放，为用户提供便捷、全面的服务。

（二）组织结构向"以读者为中心"转变

信息技术对图书馆的组织结构也产生了深刻影响。在传统模式下，图

书馆的组织结构往往是以馆藏为中心，各个部门各搞各的。然而在"互联网+"的背景下，这种模式已经不再适应现代图书馆的发展需求。图书馆需要突破内部的部门壁垒，以读者为中心，实现服务与管理的一体化。这不仅要求图书馆进行内部结构的优化，还要求图书馆能够与其他图书馆进行跨馆融合，实现资源的共享，从而更好地满足用户的需求。

（三）职能向打造全方位信息服务的中心转变

随着信息技术时代的到来，图书馆的职能也需要进行相应的重塑。过去，图书馆主要承担着收集、保存和提供文献资源的职能。然而，在现代社会，信息资源的种类和获取渠道都发生了巨大变化，图书馆需要适应这种变化，转变其职能，成为一个提供全方位信息服务的中心。这不仅包括传统的文献资源服务，还包括数据资源的开发、存储和利用等方面的服务。图书馆需要充分利用互联网技术，实现信息资源的深度融合和共享，为用户提供丰富、高效的服务。

（四）价值评价体系向科学、全面方向转变

在信息技术背景下，图书馆的价值评价体系也需要进行相应的重组。传统的评价体系主要侧重于馆藏规模、服务人次等量化指标。然而，在现代社会，这些指标已经不能全面反映图书馆的价值。图书馆需要建立一个更加科学、全面的价值评价体系，充分考虑互联网技术的运用，以及图书馆在大数据开发和利用方面的表现。用户满意度等更加注重用户体验的指标也应该成为评价体系的重要组成部分。

（五）技术支持向数字化、智能化方向转变

技术是推动图书馆发展的重要力量。随着信息技术的不断进步，图书馆的技术支持体系也需要进行相应的重建。过去，图书馆的技术支持主要依赖于人力，现在则需要更多地依赖于现代信息技术。图书馆需要利用互联网、大数据等技术，优化服务流程，提高服务效率。同时，图书馆需要与其他行业进行深度融合，利用自身的信息资源优势，建立起一个为社会提供全方位信息服务的大数据中心。

面对新时代的新要求，图书馆需要不断创新和转型，在技术层面不断升级，提高数字化、智能化水平，在组织结构上更加注重用户中心，优化服务流程，在职能定位上突出信息服务和资源共享，从而更好地适应现代社会发展、满足现代社会用户的需求。

三、图书馆服务创新体系构建

通过上面的论述，可以看到，图书馆作为知识传播的重要场所，其服务体系的创新变得尤为重要。这不仅是适应时代发展的必然要求，也是提升图书馆服务质量和效率的关键措施。而要打造一套顺应智慧时代发展趋势的图书馆服务创新体系，构建一套强大的技术支撑体系是关键之举，其中包括了通信技术、自动化集成技术、云计算技术和物联网技术等多个方面。

自动化集成技术在图书馆服务创新体系中扮演着不可替代的角色。它通过将各种信息资源、服务流程、管理模式进行高效整合，为用户提供一站式、便捷的服务。为了实现这一目标，图书馆需要打破传统的服务模式，创新服务流程，建立一个综合性强、流程科学合理的管理平台。这不仅能够满足不同用户的个性化需求，还能够提升图书馆服务的整体效能。

通信技术同样在构建图书馆服务创新体系中发挥着关键作用。它通过提供稳定、快速的网络连接，确保图书馆各项服务能够顺畅进行。这包括无线局域网、移动通信网、互联网等多种通信网络的建设和优化。通过这些技术的融合，图书馆能够构建出一个立体化、综合性较强的网络架构，实现服务的泛在化，确保服务创新工作的连贯性和稳定性。

值得注意的是，云计算技术和物联网技术在图书馆服务创新体系中的应用也日益广泛。云计算技术通过提供弹性可扩展的计算资源，大大降低了图书馆建设和维护的成本，提升了服务的灵活性和可靠性。物联网技术则通过将图书馆的各种设备和资源连接起来，实现了资源的智能化管理和服务的个性化推荐。

在建设图书馆服务创新体系时，除了技术层面的创新外，还需要注重服务内容的丰富和服务模式的创新。图书馆应当根据用户的需求和行为特点，不断优化和调整服务内容，提供个性化、多样化的服务。同时，可以借助现代信息技术，创新服务模式，如推出在线咨询、虚拟阅览室等新型服务，为用户提供更加方便快捷的服务体验。

在服务内容方面，图书馆可以将图书、期刊等传统资源与电子资源、在线课程等数字资源相结合，形成一个全面、多元的资源体系。这不仅能够满足不同用户的需求，还能够促进资源的共享和利用，提高资源利用效率。

同时，图书馆应当加强与教学、科研等其他业务的融合，将图书馆打造成一个集信息检索、学习研究、文化交流于一身的综合性学术空间。通过提供丰富的学术资源和高效的服务支持，提升社会的整体学术水平和影响力。

在服务模式方面，图书馆可以运用先进的信息技术，如人工智能、大数据等，进行用户行为分析，准确把握用户需求，提供精准、高效的服务。通过对用户数据的分析和挖掘，图书馆可以实现服务的个性化推荐，为用户提供贴心、便捷的服务体验。

构建图书馆服务创新体系是一个系统工程，需要图书馆在技术、服务内容、服务模式等多个方面进行全面创新，这些方面包括知识服务、学科服务、阅读推广服务、社会化服务、个性化服务、图书馆部门管理等。只有不断适应时代发展的需求，不断提升服务水平和效能，图书馆才能更好地发挥其职能，适应社会发展的需求。

第二章　现代图书馆知识服务创新

第一节　现代图书馆知识服务的内容

一、几个相关概念

（一）知识

在汉语语境中，"知识"一词通常涉及文化和学术领域，其内涵随着时间的推移变得越来越丰富，促使人们对其进行细致的分类和深入的研究。根据相关理论体系，知识主要可以划分为三大类别①：源于生产活动的知识、社会实践中产生的知识以及通过实验研究获得的知识。除此之外，知识还可按其表现形式分为显性知识和隐性知识。从生成和流转的角度来看，知识呈现出一种流动性，人们在掌握和运用知识的过程中，需要经历知识的产生、转移和应用等多个环节，以确保对知识的充分利用和发挥其最大价值。

知识是图书馆生存的基础，是图书馆职能的永恒主题。图书馆自成立之初便肩负着保护与传播文化知识的重要使命。其记录知识的形式虽从竹帛、纸张演变到胶片、光盘，但在历经千变万化的时代中，图书馆之所以能够持续发展，根本在于其守护着人类智慧的结晶——知识财富。这些财富不仅是

---

① 张晴川.图书馆知识管理创新思考[J].合作经济与科技，2023（2）：136-137.

人类精神生活的共同财产，也构成了图书馆赖以存在的根基。图书馆之所以成为人们学习交流的重要场所，得益于其保存了横贯时空的文化知识遗产，这也为图书馆的社会性、科学性、教育性和服务性奠定了坚实的基础。从纸和印刷术的诞生，到电子计算机与现代通信网络技术的广泛应用，图书馆历经磨砺，迎接了一次又一次的变革与挑战。这些变革虽然拓宽了图书馆的功能，增强了其服务能力，但图书馆保护人类科学文化知识的独特职能始终没有改变。通过传播和交流知识来推动社会生产力的进步，始终是图书馆神圣不可推卸的责任。知识的积累推动着人类社会的进步，而图书馆作为知识的守护者，其重要性不言而喻。只要人类社会继续向前发展，知识的保存和交流就会始终与图书馆紧密相连。

（二）知识管理

1.知识管理的概念

"知识管理"（Knowledge Management, KM）这一概念最早由美国一家国际咨询公司提出的[①]，它涉及组织中知识的获取、创新、共享和应用等多个方面。具体而言，从管理对象的角度来看，知识管理涵盖了显性知识和隐性知识的管理两方面，显性知识是可以被文档化、编码的知识，易于传播和存储；而隐性知识是个体经验和技能的体现，存储在人的头脑中，不易获取和共享。从目标的角度来看，知识管理的目的是提高组织的适应性和生存能力，增强组织的整体能力。从行为方式的角度来看，知识管理强调知识的共享和集体智慧的运用，以提高组织的应变能力和创新能力。这需要创造一个开放和协作的环境，鼓励工作人员分享他们的知识和经验。由此，可以看出知识管理是一个复杂且多维度的概念，它不仅涉及组织内部知识资源的管理，也涉及如何创造有利于知识共享和创新的环境和文化，并且最终是以提升组织的整体竞争力和可持续发展能力为目的的。

21世纪前后，知识管理在我国形成了一股热潮[②]，并拓展到图书领域。图书馆知识管理具体而言，包括对显性知识和隐性知识的管理。显性知识是指那些已经被明确表达出来，并能够通过文档、数据库等形式存储和传播的知

---

① 易凌峰，朱景琪.知识管理[M].上海：复旦大学出版社，2008.
② 李鹏.基于知识管理的图书馆知识服务研究[D].太原：山西大学，2010.

识，如图书、期刊等。隐性知识则是指那些储存在个人经验、技能中，难以表达和共享的知识，如馆员的专业经验、工作技巧等。图书馆知识管理旨在通过对两类知识资源的有效整合、管理和利用，促进知识的流通和创新，满足用户日益增长的知识和信息和个性化需求，提升图书馆的服务质量和效率。

图书馆应用知识管理是图书馆事业发展的硬性要求。自 20 世纪 90 年代起，图书馆行业便置身于两个重大的背景之中：一个背景是知识经济的崛起和发展对人类社会产生了深远的影响，使得知识转变成了最关键的资源，成为基本的生产要素。这使得图书馆在管理和运用知识方面的角色变得尤为重要，如何发挥其作用成了一个亟待解决的实际问题。另一个背景是新技术，尤其是信息技术的迅猛发展，不断地重塑着社会的文化面貌，推动着图书馆在管理和服务方式上进行创新。互联网的崛起给图书馆带来了更大冲击，图书馆必须在由网络替代其组织和传播知识和利用网络将更高质量的知识传递给用户之间做出明智选择。应用知识管理的理论和方法无疑将提升图书馆文献组织与管理的质量，增强信息资源的可访问性，提高图书馆服务的精准度和效益，从而更有效地为经济建设和社会发展做贡献，充分发挥图书馆的作用和潜力。

2.知识管理的模式

（1）美国图书馆知识管理模式。在美国，知识管理被广泛探讨，涌现出两种突出的管理模式，分别是编码管理模式和人格化管理模式。

编码管理模式侧重于信息技术的运用，旨在开发高效的管理系统，以便快速收集和传播知识，随后通过不断重复利用这些知识来获取经济利益。这一模式的特点在于知识可以被快速且无限次地重复应用，从而节省了工作时间、降低了信息传递成本，使产品和服务的成本大幅降低，实现了规模经济效益。在知识经济时代，有形资源逐渐被无形资源所取代，知识的开发、加工和转化成为企业经济效益的关键。因此，编码管理模式凸显了其在知识经济时代的重要性，将信息技术融入管理，提高知识的传播和利用效率。

相对而言，人格化管理模式更加注重管理中的人文因素，它淡化了生硬的"法治"色彩，强调了柔性的"情治"思想，关注员工的情感与情感亲和力，注重培养员工的人格。这一模式的核心理念在于重新"造就人"，使每位员工都具备健全、良好的人格。人格化管理模式强调情感与人的联系，使企业成为充满人文精神的组织，具备高尚灵魂魅力，促进员工与企业之间的思想交流，实现员工整体素质和能力的提升。

虽然人格化管理模式在一些企业中表现出明显的效果，但它属于高层次、高境界的管理模式，不是所有企业都能轻松应用的。要建立有效的人格化管理模式，企业需要领导和员工具备高度的文化素养，尤其是领导者的素质至关重要。同时，必须注意，严格化管理与人格化管理并不是相互排斥的，它们之间存在着密不可分的关系。事实上，严格化管理作为基础和支持，使人格化管理更具实施的基础。因此，在实践中，这两种管理模式可以相辅相成，协同发挥作用，帮助企业更好地应对挑战和机遇。

（2）日本知识管理模式①。日本的野中郁次郎教授和竹内广隆教授提出了三种不同的知识管理模式，分别是自上而下、自下而上和自中而上的模式。

自上而下的知识管理模式强调组织的最高管理层在管理理念和方法上进行创新。在这种模式下，高层领导扮演着推动创新的关键角色，他们负责制定管理战略、配置资源，并为组织提供战略指导。这种模式下，创新往往受到高级领导的主导和影响，他们决定了组织的发展方向和重点领域。这种模式适用于需要快速响应市场变化，强调战略规划和领导力的组织。

自下而上的知识管理模式则与之相反，它将决策权下放给组织的中下层员工。在这种模式下，基层员工被赋予更多的决策权和自主权，他们负责处理知识和信息，参与创新活动，并解决部门间的问题。高层领导主要扮演创新支持者的角色，为员工提供资源和支持。这种模式注重员工的积极性、主动性和创造性，认为知识是自下而上流动的，因此组织的知识管理水平取决于基层员工的表现。这种模式适用于强调员工参与和创新的组织。

自中而上的知识管理模式将中层管理人员视为核心枢纽，在承上启下和上传下达的创新活动中发挥重要作用。这一模式强调中层管理的协调和沟通能力，他们在高层领导和基层员工之间建立桥梁，促进知识流动和创新。中层管理人员不仅需要理解高层领导的战略目标，还需要倾听和协调基层员工的需求和意见。这种模式有助于构建高效的组织沟通和协作机制，促进知识

---

① 赵旭梅.日本企业知识产权管理模式解析[J].科技管理研究，2009（12）：517-519.

的共享和创新。这种模式适用于强调组织内部协作和协调的组织。

这三种不同的知识管理模式各有其优势和适用场景。选择合适的模式取决于组织的特点、目标和文化，以及所面临的挑战和机遇。在知识管理实践中，组织可以根据自身需求和情况，灵活运用这些模式，以提高知识的创新和共享效率。

（3）国内知识管理模式。在中国，谈论知识管理和设立首席知识官已经成为管理领域的一种时尚趋势。国内的企业在实施知识管理方面存在着各种不同的情况。有一些公司，如联想和神州数码等，自称为"学习型组织"，在思考如何跟进这一趋势，而另一些公司虽然购买了所谓的知识管理系统，却难以明确其与其他系统（如 CRM）的关系。中国的两家知识型企业，中国惠普有限公司和三星数据系统（北京）有限公司（三星 SDS），是国内知识管理领域的先行者，它们的方式和方法有所不同，都代表着中国当代知识管理的最高水平。

中国惠普采用了一种人际互动模式来探索和实施知识管理。在 2001 年 9 月，惠普成立了知识管理委员会，并邀请各个部门的代表参与其中。他们的知识管理动机是整合分散的内部资源，以支持惠普的整体战略服务。在实施知识管理时，他们确定了三个关键目标：提高组织的智商、分享知识、避免组织失忆。中国惠普的知识管理实践采用了一种"师父带徒弟"的方式，强调了从中国传统文化中汲取的元素，通过集中培训、知识大师库、读书会等活动来推动知识的共享和传播。知识管理在惠普内部已经形成一种制度化的文化，鼓励员工参与知识分享，与个人业绩考核挂钩，从而激励员工积极参与知识管理活动。这一人际互动模式的实施使中国惠普成为国内知识管理领域的一面旗帜。

三星 SDS［三星数据系统（中国）有限公司］的知识管理是由公司总部的首席执行官亲自决策和推动的，是一个由上而下推动的系统。他们于 1996 年确定了知识管理推广战略，成立了知识管理推广组织，决定自行开发知识管理系统，以促进专家文化的形成、技术人才的培养、竞争力的提高以及全球化经营体系的建立。三星知识管理的实施分为四个阶段，包括自行开发知识管理系统和建立知识库、大幅更新系统和业务流程、引入电子货币建立知识管理奖励制度以及推动系统人性化和社群知识活动的建立。这些阶段的推动表明了管理层对知识管理实施长期的积极推动和承诺。为了确保知识管理的顺利实施，三星SDS专门设立了一系列人员和部门，包括首席知识官、知识管理部、事业部知识管理员、部门知识管理员和知识主管。这些角色分工明确，负责不同层次和领域的知识管理工作，以确保全公司的知识管理体系的建立和运行。三星SDS重视知识库的建立和维护，其中大部分知识资料和资源供所有员工共享，但涉及公司战略的部分只对高层管理人员开放。为了吸引员工积极参与知识共享，他们采用了奖励制度，通过电子货币激励员工贡献知识和下载知识。知识管理系统的帮助下，新员工能够更有效地获取前人的经验，减轻了他们的工作压力。

3. 图书馆知识管理

图书馆知识管理的内容如图2-1所示。

图2-1　图书馆知识管理的内容

（1）图书馆知识管理的内容。

第一，图书馆知识生成管理。在图书馆知识管理的整个流程中，知识生成管理扮演着基础且至关重要的角色，其核心任务在于明确地界定知识的来源。这一环节主要涵盖了知识的采集和创新两个方面。知识的获取途径可以从图书馆的内外两个层面进行区分。因此，在进行图书馆知识生成管理时，我们需要将知识的来源细分为从图书馆内部采集、从图书馆外部获取以及创新知识这三个方面。

图书馆内部的知识主要来源于员工的个人经验和他们之间的共享知识。为了更好地进行知识生成管理，图书馆首先需要关注的是如何从图书馆内部的员工那里获取知识，将分散在每个员工头脑中的知识整合成可以解决业务问题的系统性知识。只有将个人拥有的知识运用于解决图书馆的实际问题，这些知识才能发挥其应有的价值。在图书馆的外部，获取知识的目的主要集中在获取出版商、书店、信息服务提供商、同行业者、读者以及与行业和社会发展相关的知识。这些知识隐藏在复杂的商务数据、行业资讯、调查报告以及个体知识中。只有不断地搜集和处理外部信息，促进图书馆与外界的交流，图书馆才能确保获得外部的知识资源。知识创新是图书馆知识生成管理中的第三个重要来源。虽然知识创新通常是伴随着知识的应用和交流的全过程进行的，但最终它表现为知识的重新生成和总量的增加。作为知识来源的一种，知识创新是最难掌握的环节，因为它意味着需要培养和创新知识，而不仅仅是简单地发现或积累知识。为了维持图书馆的活力，图书馆需要不断引入新的知识，这显然需要图书馆不断地进行创新。成功的图书馆会通过提高员工的工作热情来增强其知识创新的能力，包括设立鼓励知识创新的项目、创意竞赛、提供参与多样化项目的机会以及创造充分的知识创新条件，确保图书馆员工能够接触到外界广泛的刺激和信息。

第二，图书馆知识积累管理。知识积累管理是确立图书馆知识最终存在形式的关键环节，它也为知识交流和应用奠定了基础。其主要目标是对通过知识生成管理获得的知识进行保存和安全管理，同时为知识交流和应用创建一个系统化、及时、高效的环境。因此，知识积累管理的实现主要依赖于知识的整理、保存和更新。

知识的整理、保存和更新是知识积累管理的主要构成部分。从管理的角度来看，知识积累管理需要解决的核心问题是如何实现对不同类型知识的积累，而非其损耗。这就需要从知识存在的基本形态出发进行考虑。知识的基本形态主要包括显性知识和隐性知识。显性知识是指那些已经被记录在文献中、公开的、结构化的、固定内容的、外显化的和有意识的知识；而隐性知识是指个人的、未被记录的、对语境敏感的、动态生成和获取的、内在化的、基于经验的知识，它通常存在于个人的思想、行为和感知中。显性知识可以被编码、结构化并存储在数据库中，所有成员都可以通过计算机或网络直接调用，而隐性知识与知识拥有者紧密相连，通常需要通过直接交流才能进行传播和分享，因此这两种知识的积累显然需要采取不同的方法。

对于显性知识，通常可以通过建立知识数据库来进行管理；而对于隐性知识，通常采用专家系统或智囊团的形式进行管理。图书馆知识积累管理的关键在于选择合适的管理方式，并在不同的选择下如何更好地面对知识对象。

第三，图书馆知识交流管理。图书馆知识交流管理是一个复杂而重要的工作，其核心目的是在保证知识分类、整理和存储管理有效进行的基础上，运用一系列先进的通信、协作与交流策略，以满足多元化主体对不同类型知识的需求，在此过程中，最终实现知识价值的最大化，为图书馆的发展和创新创造强大动力。

在整个知识交流的过程中，图书馆需要从技术层面和文化层面做出全面细致的安排。在技术层面上，运用现代化的信息技术手段不仅能够加速知识的流通和传播，而且有助于在图书馆内部构建一个鼓励知识共享、团队协作和互相信任的文化环境。而在知识积累管理方面，图书馆需要对不同类型的知识采取不同的管理策略，通过使用知识数据仓库来对显性知识进行系统化管理，同时利用专家团队的方式来对隐性知识进行深入挖掘和利用。

在知识交流管理的实际操作中，通常表现为两种交流方式：间接交流和直接交流。间接交流主要体现在知识提供者和知识使用者之间无需直接接触，他们都通过图书馆知识数据仓库这一共同平台进行互动。知识提供者将自己的知识和信息贡献给数据仓库，而知识使用者通过检索和查询，从数据仓库中提取自己需要的知识。这种交流方式的优势在于能够实现知识的广泛共享，但同时也对图书馆的知识数据仓库建设提出了更高要求，需要有一个健全并且完善的知识数据仓库以及稳定高效的信息网络来支撑。另一种是直接交流，知识的提供者与使用者之间会直接进行沟通，可以是面对面，也可以是通过电子邮件或网络会议等。这种直接交流面临的挑战在于：如何在知识积累的基础上，推动隐性知识的显性化，从而使知识的传播和共享变得简便高效。为此，图书馆在进行直接交流管理时，除了需要完善专家团队的管理模式外，关键的是要创造并推动各种隐性知识共享的机会，让那些散落在各个角落的隐性知识能够进行不断的交流和碰撞，从而推动知识的创新和发展。

第四，图书馆知识应用管理。图书馆知识应用管理是建立在知识生成、积累的基础之上的一个重要环节，它通过高效的知识交流，实现了知识价值的最大化，推动了知识在实际工作中的广泛应用。而要想确保知识应用管理的效率，就需要在前期做好充分的准备工作，这不仅可以节省图书馆在寻找和利用有价值知识时的时间和精力，还能显著降低相关成本。图书馆需要对各个部门和人员对知识资源的需求进行深入细致的分析，明确知识应用的具体目标，全面考虑到各个业务部门和行政部门的需求，认真分析这些需求的特殊性和通用性，然后根据这些分析结果，对知识内容、结构关系、文件类型等进行系统的规划和设计。同时，图书馆要根据行业通用的专业分类模式和自身的实际需求，规划出一套科学合理的知识分类体系，在此基础上，提升自己的知识评测能力，确保在知识应用前已经对其进行了严格的筛选和评估。当知识仓库的规划完成后，图书馆需要根据实际情况，不断地对知识库的结构框架进行分析和优化，引入和补充有针对性的知识资源，确保所应用的知识准确无误，提高知识应用的效率。

为了确保知识应用管理工作顺利进行，图书馆还需要规划和开发出一个功能强大、操作简便的知识管理系统，这个系统需要满足图书馆知识管理工作的各项需求，既要考虑到集中管理的通用性，又要满足个性化和分散使用的需求。在系统的规划和软件的开发过程中，图书馆需要进行细致的设计和周到的准备，确保知识管理系统能够满足知识生成、积累和交流的各项需求。

最后，图书馆需要建立一个专门的知识管理服务团队，这个团队的主要职责是负责知识库的日常维护管理工作，对图书馆的内外用户进行知识管理方面的培训和指导，提高用户利用知识库的效率，促进知识在广泛领域的应用。

（2）图书馆知识管理模式。

图书馆知识管理是一种管理策略，旨在有序整合内部知识，以最大程度地转化为生产力、竞争力和新价值。这一过程包括知识的创新、扩散和增值，旨在提高图书馆的知识创新、技术创新、管理创新和创新信息化水平，以实现可持续发展。将知识管理理念引入图书馆管理，强化知识管理，是实现图书馆可持续发展的关键举措。图书馆知识管理模式主要包括以下几种（图2-2）：

以馆员和读者为
中心的隐性知识
模式

以文献知识为基
础的显性知识管
理模式

基于知识管理的
知识服务模式

图书馆知识管理模式

图 2-2 图书馆知识管理模式

第一，以文献知识为基础的显性知识管理模式。文献知识为基础的显性知识管理模式，是图书馆的核心职能之一。作为公益性社会机构，图书馆的使命之一是对广泛的知识资源进行筛选、整合、精炼，形成系统化、科学化的知识组合，以满足读者学习和研究的需要。这一过程包括知识的归纳、分类、整理与组织，旨在满足读者的信息需求，提升其知识水平，激发创新潜力，展现图书馆的重要价值。在信息时代，图书馆的使命逐渐不再仅限于管理具体文献信息的形式，而是直接涉及信息的本质。这个信息不再是零散的原始数据，而是经过组织和加工的文献知识。文献作为知识的媒介，在图书馆的漫长历史中扮演着重要的角色。然而，长期以来，一些图书馆仅将文献视为物品，而忽视了其中蕴含的知识内容的积极开发。它们将收集、分类、编目、排架和传递等过程简单机械化，导致了图书馆工作流于表面。然而，知识管理的实践已经明确了一个重要观点：知识是文献的精髓，而物质材料只是知识的外在表现形式。因此，图书馆的管理不仅应关注文献本身，更应注重其中蕴含的知识。这要求图书馆不仅要收藏和保护文献，还要积极挖掘文献中的知识价值，促使其转化为社会效益，这正是图书馆管理的根本任务。考虑到图书馆中显性知识的数量相对较大，以文献知识为基础的知识管理模式实际上是一种显性知识管理模式。这一模式旨在将文献信息有效地整理、组织和传播，以满足用户的信息需求，促进知识的创新和应用，最终实现图书馆的使命和社会价值。因此，以文献知识为基础的显性知识管理模式在图书馆管理中具有重要地位和功能。

第二，以馆员和读者为中心的隐性知识模式。这种模式是图书馆管理的核心组成部分。这一模式涉及隐性知识的管理，其主要焦点是图书馆的工作人员和用户，也就是馆员和读者。馆员在图书馆的知识管理中扮演着关键角色。他们具备收集、编目、分类和传递知识的专业技能，因此在知识管理过程中具有核心作用。馆员的创造性和潜力应该得到充分激发，鼓励他们参与知识的公开和共享。这可以通过鼓励馆员提出新的思想和创意来实现，从而推动整个图书馆实现集体智慧的发挥。此外，为了提高馆员的知识水平和创新能力，图书馆应该加强职业培训和终身教育，确保他们具备获取和创新知识的能力。馆员的价值和智慧应得到尊重，他们应该被引导和鼓励将个人理想与图书馆的目标相结合，愿意为图书馆的知识管理和服务做出贡献，从而转化为知识的主管、工程师和导航员，推动图书馆迈向新时代。从另外一个角度来说，读者作为图书馆知识管理和服务的对象，也扮演着重要角色。图书馆的文献资源再丰富、管理再有序，如果不能与读者的需求和个人知识结合起来，就无法将知识转化为实际社会效益。因此，图书馆需要积极调动读者的积极性，提高他们主动利用图书馆资源的意识和能力。这可以通过提供个性化的知识服务、引导读者更好地利用馆藏文献来实现。知识管理过程应该激发读者的主观能动性，使他们更好地利用图书馆的资源，为社会的知识创新提供更好的服务。

第三，基于知识管理的知识服务模式。这是一种综合性的应用知识管理理念的方式。这一模式不仅总结了显性知识管理模式和隐性知识管理模式的特点，还深刻揭示了知识管理的核心内涵和要求。首先，知识服务的实现需要充分依赖信息技术的支持。现代信息技术为知识管理提供了可靠的技术支持，因此图书馆必须采用先进的信息技术来构建支持知识管理的技术基础设施。这包括网络技术和软件技术等复杂的信息技术，同时需要特别关注元数据技术、知识挖掘和知识发现等关键技术的引入。采用先进的信息技术有助于提高数字图书馆的知识组织和管理效率，实现更高质量的管理效果。反过来，知识服务的目标是促进知识创新。作为知识的宝库，图书馆的知识管理旨在促进知识的联网和共享，推动社会知识创新，包括直接进行知识创新，即通过深度加工信息和知识，创造具有独特价值的知识产品，以解决用户无法自行解决的问题。图书馆还可以为知识创新活动提供支持，如信息服务、知识整合和知识评价等。此外，图书馆作为知识传播的二传手，具有重要作用，可以通过各种媒体和渠道，特别是现代通信网络，加速知识的传播，促使知识从无形资产转化为有形资产，实现最大的经济和社会效益。

（三）知识服务

1.知识服务的内涵

在信息时代，知识服务已然成为一种重要的信息服务形式。它是以资源建设为基础的高级阶段的信息服务，其驱动力源于知识内容、解决方案，以及用户的目标需求。知识服务的核心任务是提供有效的、有针对性的知识信息资源，以满足用户的实际需求，帮助用户解决问题，促进知识的创新和价值的实现。

知识服务是一种信息服务的高级形式，它强调知识内容和解决方案，而不仅仅是提供数据和信息。知识服务不仅提供知识信息资源，还将这些资源组织成知识概念体系，以更好地满足用户的需求。这个知识概念体系可以跨越不同的知识库，建立知识信息资源之间的关联关系，形成一个可扩展的"知识网络"。这个网络可以根据用户的需求，提供具有专业性和个性化的知识服务。知识服务的核心目标是帮助用户获取知识，解决问题，促进知识创新，实现知识的价值和服务的价值。

2.知识服务的特征

第一，知识深挖性。知识服务致力于深层次发掘、整理资源，并利用已有的知识进行资源整合，以满足用户的需求。这包括从大量信息中提取有用的显性知识和隐性知识，为用户提供有关知识的建议和指导。

第二，隐性知识显性化。知识服务不仅关注显性知识，还努力将隐性知识转化为显性知识，以便更好地方便读者和用户分享和利用，这需要图书馆员利用技术手段和专业知识来实现。

第三，服务个性化。知识服务根据用户的需求和背景，提供个性化的服务。包括为不同用户挖掘、定制的个性化的知识资源，以及根据用户的反馈和行为来调整服务。

第四，知识管理组织化。知识服务强调知识的管理和组织，以确保知识信息资源的有效利用和维护。这包括知识的创建、存储、检索、分享和更新等过程。

3.知识服务的服务方式

第一种是融入用户并贯串用户决策过程的服务。知识服务不仅仅是提供信息，它将用户与服务融为一体，贯串于用户决策的整个过程。它帮助用户获取所需的知识，解决问题，并促进知识的创新。

第二种是基于专业化和个性化的服务。知识服务根据用户的专业领域和个性化需求，提供定制化的服务。这可以包括为不同用户提供不同的知识资源，以及根据用户的反馈来调整服务。

第三种是基于多样化的动态信息资源的系统化服务。知识服务依赖于多种信息资源，包括文献、数据库、网络资源等，以支持知识的获取和应用。这些资源可以根据用户的需求来动态整合和更新。

第四种是系统集成、服务集成和团队工作服务。知识服务通常需要多种技术和资源的协同工作，包括信息检索、数据分析、知识管理等。因此，它常常涉及系统集成、服务集成和团队协作，以确保服务的高效和质量。

4.知识服务的重要性

知识服务是一种以知识内容和解决方案为核心的高级信息服务，它强调知识的深层次挖掘、个性化服务等特点，在信息时代具有重要的意义。随着信息的爆炸性增长和用户需求的多样化，传统的信息服务已经不再能够满足用户的需求。知识服务以其高度定制化和专业化的特点，能够更好地满足用户的知识需求，帮助他们解决问题，提升服务体验，促进创新和价值的实现。知识服务还可以帮助组织更好地利用内部和外部的知识资源，提高竞争力和创新能力，保持机构社会价值和客户黏性。

二、图书馆知识服务

传统的图书馆服务以馆藏文献为中心，主要提供用户所需的文献资料。图书馆知识服务不同于传统的信息服务模式，它是伴随着知识管理理念的兴起和信息技术的飞速发展而提出和发展的，其核心在于利用图书馆丰富的资源和专业的服务能力，满足用户在知识获取、处理和应用上的需求，即将知识应用于服务，并创造价值。

这种服务模式突破了传统信息服务的局限，将服务重心从简单的信息提供转向用户体验和问题解决。与传统的信息服务相比，其独特性主要体现在以下几个方面：

第一，用户导向。知识服务更注重用户的实际需求和问题解决，而不是单纯的信息提供。服务的成功标准是用户问题是否得到解决，而非提供了多少信息。

第二，知识内容深度的重视。知识服务注重深入了解和分析用户的需求，不仅仅是表面的查询需求，更是深层次的知识和解决方案需求。通过对信息的分析、整合和再创造，提供真正符合用户需求的知识产品。

第三，解决方案导向。知识服务的最终目标是帮助用户找到或创造出解决问题的方案。信息和知识的价值在于它们对解决方案的贡献，知识服务围绕着解决方案的形成和完善来展开服务。

第四，服务全程化。知识服务不是一个独立的、孤立的服务环节，而是贯串于用户整个问题解决过程的服务。从用户提出问题开始，到找到解决方案，再到应用知识解决问题，知识服务都将提供持续支持。

第五，注重增值服务。知识服务更注重利用自身的专业知识和能力，对现有资源进行深加工，形成具有独特价值的知识产品，满足用户更高层次的需求。

图书馆知识服务是一种新型的服务理念，代表了图书馆服务理念的一种转变和升华，不再仅仅满足于提供图书信息，更是强调通过专业的知识服务，从用户的实际需求出发，利用独特的知识能力，对现有文献进行加工，致力于通过深入挖掘和整合资源，形成具有独特价值的信息产品，为用户提供全面、高效和个性化的知识解决方案，以解决用户无法自行解决的问题，提高用户的知识应用和知识创新效率。这种服务模式不仅仅为用户提供了更加丰富和高质量的知识服务体验，也提高了图书馆服务的价值和效率，也实现了为用户创造价值的目标。

随着信息资源和用户需求更加多元化和复杂化，图书馆必须不断更新服务内容，将知识服务从满足用户需求转变为促使用户成功解决问题的过程，这意味着知识服务需基于信息知识的搜寻、组织、分析和重组，贯串于用户问题解决的始终，实现知识的价值和服务的价值，而且意味着图书馆知识服务不仅是提供信息，更是将知识从各种显性和隐性知识中提炼出来，传递给用户。

三、图书馆知识服务的模式

（一）个性化信息导引服务模式

个性化信息导引服务模式是一种强调满足用户个性化需求的知识服务模式。它的核心思想是通过深入了解用户的具体信息需求，利用信息挖掘、知识发现和智能代理等高级技术，为用户筛选和提供定制的知识信息。这种模式的关键在于将用户的需求置于服务的中心位置，为他们提供高度专门化和个性化的信息支持。

个性化信息导引服务的应用范围广泛，特别适合需要特定领域或专业知识的用户。举例来说，一名研究人员可能需要获取特定领域的最新研究成果和相关文献，个性化信息导引服务可以通过分析其研究兴趣和需求，为其提供相关文献、研究动态和专家建议，以支持其研究工作。

（二）专业信息中心模式

专业信息中心模式注重为特定领域或行业提供高度专业化的知识服务。这种模式的特点在于以专业知识和信息资源为基础，为用户提供导航、网络检索工具、论坛、专业研究和会议动态等服务。专业信息中心模式的目标是建立一个集成化的信息平台，以满足特定领域用户的信息需求。

专业信息中心广泛应用于医学、法律、工程等专业领域，它们提供了对该领域的深度了解和专业资源的访问。例如，医学专业信息中心可能提供医学文献数据库、医学期刊导航、医学会议信息和在线医学课程等服务，以满足医疗从业者和医学研究人员的知识需求。

（三）合作虚拟参考咨询服务模式

合作虚拟参考咨询服务模式通过建立在线咨询界面，使用户和图书馆馆员能够进行实时咨询和互动。这种模式强调用户与图书馆的合作和互动，为用户提供及时的参考咨询支持。用户可以通过电子表单、邮件交互和在线聊天等方式向图书馆咨询问题、获取信息和解决困惑。

合作虚拟参考咨询服务在满足用户紧急需求方面具有独特的优势。比如，学生可以在研究项目需要帮助时寻求图书馆馆员的建议，研究人员可以咨询有关特定领域的信息资源。这种模式强调了用户与图书馆之间的互动，有助于更好地解决用户的信息需求。

（四）集成多语种检索服务技术

集成多语种检索服务技术旨在通过统一的检索系统实现多语种信息资源的检索和集成显示。这种技术的特点在于：它允许用户使用相同的检索指令在不同的数据库中搜索信息，同时提供统一的检索结果显示。

这种模式非常适合国际研究人员、跨文化交流者和多语种环境下的用户。用户可以使用自己熟悉的语言进行检索，同时访问多语种的信息资源。这有助于促进国际合作、文化交流和知识传播。

四、图书馆具有知识服务的传统和优势

图书馆作为一个悠久的文化机构，自古以来便承担着知识管理的重要职责，在知识管理工作方面有着悠久的历史传统。在印刷术尚未发明的时代，文献资源虽然相对稀缺，但图书馆仍然在进行着知识管理的实践活动。以我国东汉时期为例，刘向和刘歆父子通过收集和整理当时能够得到的文献材料，创编了《七录》和《七略》这样的著作，并对所收集的文献进行了分类和摘要整理，这种对文献的管理和整理活动，实际上就是一种初步的知识管理实践。

随着时间的推进，图书馆知识管理的方法和手段在不断地发展和创新。古代的藏书阁便是专门进行知识管理的单位，而明朝的《永乐大典》、清朝的《古今图书集成》和《四库全书》等大型编目工程，则是知识管理在古代的重要体现，它们通过系统化的方法对大量的知识进行了整理和分类，为后人提供了宝贵的知识资源。

进入现代社会，图书馆在知识管理方面展现出独特的优势，具有明显的时代优势和社会价值。首先，图书馆拥有丰富的知识资源，这是社会的其他任何机构都无法比拟的。图书馆收藏的不仅仅是图书，还包括了大量的电子资源、视听资料等多种形式的知识载体，这使得图书馆在知识管理方面具有得天独厚的资源优势。其次，图书馆的工作人员，即图书馆馆员，他们具备专业的知识管理技能，是知识与智慧的价值创造者。他们不仅仅是知识的管理者，更是知识的传播者和服务者，他们通过对信息资源的组织和处理，使图书馆成了一个提供高质量知识服务的机构。

图书馆的知识管理职能不仅体现在对传统文献资源的收集、整理和保存上，还体现在对电子资源的管理和服务上。随着信息技术的不断发展，图书馆的知识管理工作也在不断地进行创新，图书馆馆员利用现代信息技术手段，对知识资源进行数字化管理，提高了知识资源的可获取性和利用率，更好地服务于读者和社会。

图书馆知识管理的根本目标是更好地服务社会，提高图书馆的社会效益。通过有效的知识管理，图书馆不仅能够为读者提供准确、快捷、高质量的知识服务，还能够推动社会的文化建设和经济发展，发挥其在社会发展中不可替代的作用。

五、图书馆知识服务的特征

（一）以知识资源为根基

图书馆把知识作为其宝贵的资源，既包括文本和图像等可以直接获取的显性知识，也包括蕴藏在人们头脑中的、不易言传的隐性知识。图书馆的工作人员在执行知识管理职责时，应当发挥自身优势，挖掘潜在资源，对显性和隐性知识的互动、转换、共享和应用进行有效管理。

（二）以人力资源为中心

知识的应用、创造和传播主要依赖人，因此人员成为图书馆体系中关键的部分。图书馆的发展目标需要与员工个人能力的提升相匹配，实现双方目标的和谐统一。在知识管理过程中，图书馆需要持续提升工作人员的专业水平，发掘其潜力，加强职业培训和继续教育，通过激励机制促使员工将所学知识运用到实际工作中，共同营造图书馆的价值。

（三）以知识创新为宗旨

知识创新是推动经济和社会发展的核心动力，因此，知识管理的根本目的是促进知识的创新。图书馆的知识管理需要激发员工间、不同图书馆之间以及图书馆与读者之间知识的交流和分享，加强知识的网络化，提升图书馆在知识创新和应用方面的能力。我们不仅要对信息进行系统化的收集、整理、存储和传播，更要深刻理解知识之间、知识与用户之间的关系，通过创新来满足社会发展的需求和用户的期待。

（四）以信息技术为辅助工具

信息技术是知识创新的重要源泉和工具，对知识管理来说至关重要。知识管理的有效实施依赖于信息技术的进步和应用。新兴的技术，如互联网、数据仓库、视频会议系统等，优化了知识在时空上的流通，让用户能够轻松地通过网络与世界各地交流讨论，生动直观地获取所需信息，确保信息及时获取。

第二节　现代图书馆知识服务创新实施

国内学者对知识服务的相关理论进行了深刻和系统的研究。赵海丽提出，为了构建一个高效的知识管理团队并且建立一个与时代同步发展的知识库系统，图书馆应该对知识管理流程、知识传递和技术服务进行规范化，强化应用管理和知识资源的共同建设及共享，并且改革和完善图书馆工作的绩效评价体系①。通过这种方式，可以把知识管理的理念融入图书馆的管理和日常工作中。随着信息需求的个性化和服务需求的加深，图书馆被迫提供更具竞争

---

① 赵海丽.试论知识管理理论在图书馆的运用[J]图书馆理论与实践，2012（11）：41.

力的服务。程实则从隐性知识的类型化特点和知识场的相关概念入手，利用社会学中的符号互动理论来分析网络环境下图书馆工作人员之间以及图书馆工作人员与读者之间的隐性知识转移问题。他还指出图书馆已经经历了"文献管理范式"和"文献信息管理范式"两个阶段的变革，目前正处于向"知识管理范式"转变的第三个阶段[①]。龚蛟腾基于库恩的科学革命范式理论，提出了图书馆管理已经进入了知识管理的新时代，各种知识管理理论的整合形成了一个科学、系统的图书馆知识管理新范式，其中业务、技术和制度构成了这个新范式的三个主要维度[②]。笔者从信息、技术、文化三个维度来进行探讨（图2-3）。

图2-3　图书馆知识服务创新

一、图书馆知识服务的信息资源体系创新

（一）馆藏资源结构的优化提升

在知识社会中，知识创新的浪潮愈演愈烈，不仅在高新技术产业中发挥着极为重要的作用，同样在图书馆领域也引起了巨大的变革。面临全球化的知识网络化趋势，图书馆的知识服务创新亟须在馆藏资源结构上展现出应对策略。关键在于构建一个既包括多种形态、载体和类别的实体馆藏资源，又能与虚拟网络资源相结合的全面馆藏资源体系。因此，在构建文献信息资源

① 程实.图书馆隐性知识管理中的知识场研究[J].图书馆学研究，2014（5）：32-36.

② 龚蛟腾.图书馆知识管理范式探究[J].图书馆理论与实践，2008（4）：6-9.

时，需遵循学校的长远发展规划、教学科研的实际需求以及地区文献保障体系的相关标准，坚持科学的发展观念，秉持实体馆藏与虚拟馆藏齐头并进的原则，加强电子文献资源的建设，力求实现多种文献载体的协调发展和相互补充。我们致力于打造一个结构合理、重点突出、特色鲜明的文献信息资源保障体系，全方位服务于学校的教学科研和人才培养，为地区文献信息资源的共建共享提供坚实的支撑。对于各类实体资源，无论其载体形式如何，只要其内容能满足用户的需求，有助于知识学习与创新，都应被充分收集并利用起来。在优化馆藏结构的过程中，应将学科知识内容的结构放在首位，资源载体结构的优化调整则相对次之。至于那些购买了使用权的大型数据库和已建立共享关系的其他图书情报机构的资源，也应清晰地纳入馆藏资源体系之中。对于互联网上泛滥的动态信息资源，图书馆应运用其在信息检索与处理方面的技术优势，进行动态的网络资源开发，对海量信息进行采集、评估、筛选、分类、整合以及引导，从分散走向集中，以用户友好的界面为用户提供查询服务，将其转变为馆藏资源的重要组成部分，归入馆藏资源结构体系，成为知识服务创新的宝贵资源。

（二）构建信息资源共知、共建、共享的广阔保障体系

图书馆的知识服务正越来越多地依赖于一个基于网络、多样化、动态的知识资源系统。这不仅包括传统的文献资源系统，还涵盖了丰富的网络虚拟资源。我们能够将网上联机检索获取的其他图书情报机构的各类资源纳入自家的馆藏体系，但这必须建立在互惠互利、共建共享的合作关系基础之上。尽管我国在文献资源共建、共知和共享体系的研究与实践方面起步较晚，但发展速度极快，主要依托建立多种类型文献资源保障体系来实现资源的共建、共知与共享。

资源的数字化是指运用现代信息技术和网络通信技术，根据用户的知识需求，对各类传统介质的文献进行选择性压缩处理，并转化为数字信息。数字存储技术的广泛应用使信息存储形式发生了根本变革，数字化的存储形式统一了文字、图像、声音等多种信息的存储方式。借助大数据技术和网络技术，实现了信息资源的高密度存储、高速度处理和远距离传播。知识服务资源的数字化不仅包括将服务机构内的印刷型文献资源转化为数字信息，也包

括收集已经数字化的信息资源。服务人员还可以运用超文本与多媒体技术对网络信息资源进行组织，并使用统一标准的方法进行有序化处理，满足用户的快速检索需求，为知识服务的发展提供了坚实的资源保障。

在现今大数据和网络环境下，各个学科、形式、载体和地域的信息资源都可以以数字化和网络化的方式进行存储和传输。信息资源的数字化和网络化使资源的跨地区、跨国界共建共享成为可能。信息机构间应建立优势互补、平等互利的合作关系，共同推进合理布局、联合建库。通过计算机网络实现无缝连接，实现对全球分布的各类数字资源库的跨库查询，从而达到资源共享的目的。在提供知识服务时，信息机构不仅可以利用自有的信息资源，还可以借助其他信息机构的数字资源库。最终，知识服务系统将演变为一个由分布式、大规模、有组织的数据库和知识库构成的完整的虚拟信息系统。用户将能够同时访问多个信息系统，实现跨库检索和资源共享。这将为用户提供广泛、快速、准确和个性化的知识服务。

二、图书馆知识服务的技术体系创新

（一）图书馆知识服务的信息推送技术创新

信息推送技术（PUSH）是一种深入挖掘网络信息资源，实现信息自动推送的先进技术[①]。在图书馆领域，这项技术已成为服务用户的重要手段，其核心在于建立一种以用户为中心的服务模式，深刻理解用户的需求并提供相应的信息服务。信息推送技术突破了传统的信息检索模式，实现了从被动等待到主动服务的转变，将用户需要的数据在指定时间内自动发送到用户手中。

从用户的视角来看，信息推送技术就像一个个性化的软件助手，能够准确捕捉用户的兴趣点，主动在网络中搜索、筛选和分类信息，然后将这些信息推送给用户。从信息发送方的角度来看，信息推送是一种高效的信息发布技术，网络公司通过设定一定的技术标准和协议，从互联网上的信息源中抓取数据，再通过特定的渠道向用户发布信息。

---

① 于芳.高校图书馆服务工作与采访模式创新研究[M].长春：吉林出版集团股份有限公司，2018：6.

目前，常见的推送技术主要有频道式推送、邮件式推送和网页式推送三种形式。频道式推送是将某些网页设定为浏览器中的频道，用户可以根据自己的兴趣选择查看；邮件式推送是通过电子邮件的形式，将信息主动发送给用户；网页式推送是在特定的网页上展示要推送的信息。在图书馆的知识服务中，运用这些推送技术可以实时向用户提供最新的知识信息，不仅提升了服务效率，还增强了服务的针对性和个性化。

（二）图书馆知识服务的互联网数据挖掘创新

互联网上海量的信息资源的迅猛增长，使得用户迫切地需要依赖自动化工具来寻找所需的信息资源，进行知识的挖掘。数据挖掘作为从大量的数据中发现有价值信息的过程，其重要性日益凸显。图书馆作为信息资源的宝库，应当积极运用互联网数据挖掘技术，帮助用户从海量信息中精准提取所需数据，发现其中隐含的规律和知识。

互联网数据挖掘涉及多个方面的目标，其中包括精确度、覆盖率和效率。精确度是指返回的数据有多么符合用户的需求；覆盖率是指有多少符合用户需求的数据被成功返回；效率则关系到响应速度，即用户提交查询请求后，系统需要多少时间来返回结果。为了实现这些目标，互联网数据挖掘与数据的组织形式有着密不可分的关系。

互联网数据的半结构化特点，以及数据类型与数量的大幅增长，使得信息的利用性和可靠性发生了变化。此外，由于信息源的动态性和有用信息的更新保存问题，很可能导致信息出现模糊或错误。因此，图书馆在进行互联网数据挖掘时，必须运用智能化软件，对大量的信息进行判断和提炼，确保提供给用户的是最精准、最有价值的信息资源。

（三）图书馆知识服务的智能代理技术应用创新

智能代理技术是网络技术、数据库技术以及其他决策支持技术的综合体，涉及数据仓库、数据挖掘、人工智能等多个领域。将这种技术运用到图书馆的知识服务中，可以在多个层面提升服务质量和服务水平，帮助用户更加便捷地获取所需知识。

应用智能代理技术，图书馆能够实现基于智能化知识组织的知识服务，包括资源导航、解答用户问题、信息过滤筛选以及知识的发现等多个方面。通过对网络上海量原始数据的深度挖掘和整理，图书馆能够为用户提供反映数据内在规律的知识，满足用户对高质量信息服务的需求。

（四）图书馆知识服务中的并行网络搜索引擎应用创新

为了全面搜集和组织相关领域的知识信息，图书馆往往需要运用多个搜索引擎。由于每个搜索引擎的界面和搜索规则都各不相同，用户如果要逐一访问这些搜索引擎，不仅需要了解各个引擎的操作方式，还要投入大量的时间和精力。

并行网络搜索引擎技术的应用，解决了这一问题。用户只需在一个界面输入查询条件，搜索命令就会同时发送到不同的搜索引擎或索引上，以统一的格式返回搜索结果。这为图书馆提供了一个高效整合多个搜索引擎资源的方法，提升了知识服务的效率和便利性。通过这种技术，图书馆能够迅速而准确地为用户找到所需的知识资源，提升服务水平，满足用户的信息需求。

三、图书馆知识服务的文化体系创新

（一）图书馆价值观的深植、传承与创新

在图书馆的文化体系中，其价值观占据着重要的地位。图书馆价值观不仅是图书馆工作的精神指南，而且深深影响着图书馆的战略发展和服务质量。图书馆的价值观基于"读者第一，服务至上"的共识，在长期的服务实践中不断丰富和发展，成为推动图书馆前进的灵魂力量。图书馆价值观作为图书馆组织和员工共同追求的目标，它不仅定义了图书馆的工作重点，而且决定了图书馆的服务方式和发展方向。图书馆文化的每一次创新和进步，都是图书馆价值观不断实践和检验的结果。通过将价值观内化于馆员的日常工作和行为准则中，图书馆确保了其服务的连贯性和专业性，同时为图书馆文化的传承和发展奠定了坚实的基础。

（二）创新知识管理的发展愿景构建

图书馆作为知识管理的重要枢纽，其发展愿景不断地向知识创新倾斜。

在这一转变中，图书馆必须培养并普及一种新的知识理念，这种理念认为知识是图书馆宝贵的资源，是提升图书馆价值和服务水平的核心。知识创新愿景的建立，需要图书馆工作者的共同智慧和努力。这一愿景体现了图书馆对知识价值的重视，指导图书馆进行知识的筛选、创造和淘汰，保证知识服务的质量和效率。这样的愿景不仅提升了图书馆内部的知识管理水平，也为读者提供了更为丰富和专业的知识服务，增强了图书馆在社会中的影响力和核心竞争力。

（三）激励知识创新与交流的机制完善

知识创新和交流是图书馆发展不可或缺的一环。为了打破固有的知识壁垒，图书馆需构建和完善一系列的激励机制，包括知识产权的保护、知识成果的奖励制度以及公正细致的知识评估体系。这些激励措施的实施，能有效提升图书馆员工在知识管理和创新方面的积极性和主动性，形成一个积极向上、互助合作的工作环境。通过这样的激励机制，图书馆能够充分调动馆员的创造潜力，推动知识资源的共享与增值，从而提升图书馆整体的知识创新能力。

（四）创新失败宽容机制的建立

在追求创新的过程中，失败是不可避免的。图书馆在培育创新文化时，必须建立起对失败宽容的机制。这种机制不仅鼓励图书馆员工勇于尝试新思路、新方法，而且在一定范围内允许并吸收失败的教训。宽容失败的创新文化可以鼓励图书馆员工在不拘一格的工作氛围中，不断探索知识管理和服务的新模式。这种文化的建立，有助于馆员释放创造力，增强解决复杂问题的能力，并通过对失败经验的总结，反思和提高工作方法，最终促进图书馆服务创新和知识管理的效率。

通过上述多角度的措施和文化建设，图书馆就能够塑造一个适应时代发展、满足读者需求、鼓励创新和知识分享的良好环境。在此基础上，图书馆不仅能够为读者提供更高质量的服务，也能在知识经济时代中发挥更加重要的作用，成为社会知识传播和创新的中心。

第三节　现代图书馆知识服务评价体系

一、现代图书馆知识服务评价体系建立的原则

图书馆知识服务评价的制度建立是一项精细的工作，旨在为图书馆的服务提供量化的评估基准，并作为今后服务提升的指导方针。在构建评价指标体系的过程中，应坚持以下几项基本原则（图2-4）：

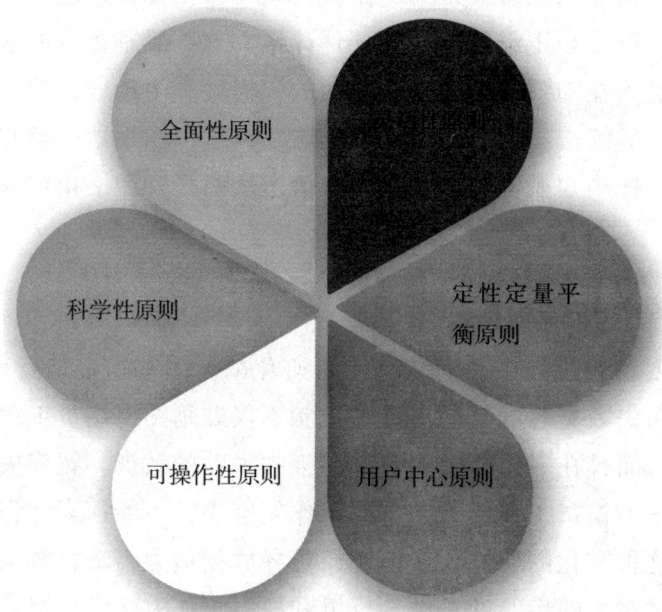

图 2-4　现代图书馆知识服务评价体系建立的原则

（一）全面性原则

全面理解图书馆的知识服务功能是建立有效评价体系的前提。评价工作应覆盖图书馆知识服务的所有方面，确保评价结果的全局性与综合性。评价指标体系的构建需要从宏观的角度出发，综合各类服务功能和用户体验，从

而把握服务的整体效果。

（二）科学性原则

科学性是图书馆知识服务评价体系的基础。评价指标的选取必须精确把握服务水平与预定目标间的关系，确保能够客观反映图书馆服务的真实状况。设计的指标要易于比较，减小误差空间，以便在长期的服务实践中，能够持续提供准确的参考数据。科学合理的评价方法会让评价成果得到业界的普遍认同，增强其权威性和实用价值。

（三）可操作性原则

图书馆知识服务评价指标的可操作性决定了评价工作能否顺利进行。在指标的设置上追求简洁、精确与实用，以便操作和数据收集。避免复杂、烦琐的指标设计，不仅能够降低执行评价时的工作难度，还能增强评价结果的针对性，并提高可执行性。

（四）用户中心原则

图书馆知识服务的宗旨在于满足用户的需求。服务评价指标的设置需紧紧围绕用户体验展开，从用户的角度审视图书馆服务的各个环节，确保服务设计能够真正解决用户的需求，促进用户满意度的提升。

（五）定性定量平衡原则

在图书馆知识服务的评价过程中，定性评估原则和定量评估原则同样重要。定量评估涉及可数值化的数据收集，如用户访问次数、借阅量等，它们可以被精确测量和统计，提供了一套客观的数据框架。这些数据便于量化比较，为评价过程提供了一种明确的量度基准。相对地，定性评估则专注于图书馆服务质量的方面，如用户满意度、服务体验等，通常通过访谈、调查问卷和观察等方法来进行。定性评估探索的是用户行为和感知的背后原因，为数字数据提供解释和情境。

平衡这两种方法能确保评价工作不仅基于硬数据，同时能洞察用户行为和偏好的微妙变化。这种双向策略的评估可以全面地捕捉到图书馆服务质量的各个维度，减少过度依赖单一数值判断可能导致的偏颇，同时免除了仅仅依赖感性判断而忽略数据支撑的风险。在选择和确立评价指标时，必须平衡定量的精确性和定性的深刻洞察，这样的评价框架能够更真实、全面地反映图书馆知识服务的效果和价值。

（六）灵活性原则

图书馆知识服务评价标准应具备灵活性，能随着图书馆服务能力的提升和用户需求的变化而不断调整，有灵活的适应性。这种灵活性确保图书馆能及时响应外部环境变化，不断提升服务品质，满足用户的新期待。

二、图书馆知识服务评价指标

图书馆知识服务评价指标如图 2-5 所示。

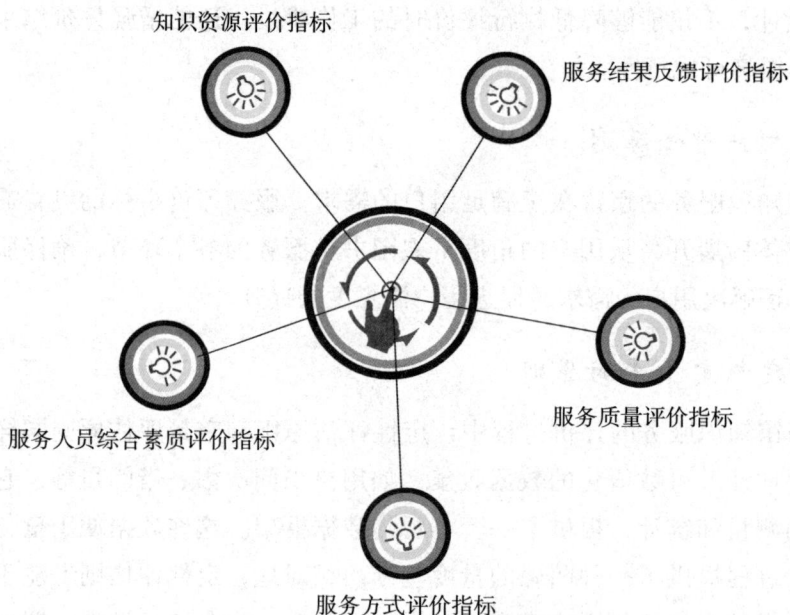

图 2-5　图书馆知识服务评价指标

（一）知识资源评价指标

图书馆作为知识服务的核心场所，其服务质量的高低深受信息资源的多样性和丰富度的影响。为此，图书馆不仅要保持文献资源的更新与丰富，还应包括及时获取电子资源的能力，以及与其他图书馆之间的信息资源共享。对于资源的评估，不应仅限于数量和种类，还应关注其适用性、时效性以及用户访问的便利性。

（二）服务人员综合素质评价指标

图书馆中，读者常有这样的误解：认为图书馆馆员仅负责书籍的管理，并不具备提供深层次知识服务的能力。这一观点的形成，很大程度上源于对图书馆知识服务范畴的认知不足，以及图书馆馆员在服务过程中缺乏主动性和全面性。为了根本改变这一状况，图书馆需要采用多渠道宣传策略，增强读者对各类知识服务内容的理解和认识，同时充分展示图书馆馆员作为知识服务提供者的专业职能。只有当读者充分理解并认可图书馆馆员的角色与能力时，他们才能真正享受到高标准的知识服务。

在图书馆馆员的能力构建方面，不仅要加强其专业知识的培训，以提升知识获取和组织的能力，还需着力于知识的转换和传播技能，以便能够更有效地满足读者需求。图书馆应定期组织内部研讨和培训，不断提升服务人员对知识服务的理解和实施能力。

（三）服务方式评价指标

对于不同读者群体的特定需求，图书馆应提供定制化、个性化的知识服务。在此方面的评价中，图书馆如何精确识别并满足这些需求，如何为不同背景的用户提供解决方案，成为评价的核心。这要求图书馆在服务设计时就考虑用户的个性化需求，以案例分析和满意度调查来衡量这一服务是否达到既定的目标，这要求服务方式能够灵活地适应各种知识需求，同时确保服务的精准对接和有效性。

同时，在评价图书馆的知识服务方式时，评价指标不应仅仅局限于对个性化服务策略的考量，而应扩展至整体服务方式的精准性和适应性以及全面性与创新性，即图书馆是否能通过多样化的服务手段，包括线上咨询、主题研讨会、定期讲座、互动式学习平台等，全面覆盖并满足用户的需求。例如，通过跟踪用户的检索行为，可以了解到哪些服务被频繁使用、哪些服务尚需改进。同时，用户反馈和满意度调查可以提供服务方式成功与否的直接证据，这些信息对于图书馆调整服务策略至关重要。

总之，图书馆的知识服务方式评价指标应该是一个多元化的框架，它不仅反映了服务的个性化程度，还包括了服务方式的广泛性、便捷性和创新性等多个方面。只有这样，图书馆才能真正做到以读者为中心，不断优化和提升其知识服务的质量和效果。

（四）服务质量评价指标

在图书馆知识服务评价中，服务质量的评估覆盖多个维度，这既是基于对图书馆服务现状的深度剖析，也是其不断提升和改进的基础。服务的准确性是评估的首要考量，确保用户得到他们所需的精确信息是图书馆工作的核心。当信息服务准确无误时，用户对图书馆的信任自然增强，这是建立持久关系的基础。而服务方式的多样性让图书馆能触及更宽广的用户群体，无论是通过个性化一对一咨询，还是提供丰富的在线资源和移动应用，多元化的服务形态都为满足不同用户的特定需求提供了可能。同时，快速响应用户的查询和需求，减少等待时间，这直接影响到用户体验的优劣，是衡量服务效率的直接指标。此外，图书馆服务的创新性不能被忽视，它不仅为用户带来全新的知识体验，也是服务质量提升的不竭动力，通过引入新的信息资源和技术，可以极大地增强图书馆的吸引力和竞争力。

为了增强服务的实效性和满意度，图书馆需要强化用户教育和支持，通过有效的指导和培训，使用户能有效地利用图书馆资源。这种教育支持可以采用多种形式，如工作坊、在线教程，使用户能自助地获取和利用信息。同时，确保信息资源的可用性和可靠性，保证图书馆的收藏资源既是最新的也是最相关的，并且易于获取。

（五）服务结果反馈评价指标

在图书馆知识服务的评价体系中，结果反馈是一个不可或缺的指标，它直接关系到服务的有效性和持续改进。评估知识服务的成功与否，我们需要关注用户在接收服务后的体验和感受。这种反馈机制不仅涉及对图书馆提供的知识产品的直接评价，还包括对服务整体流程的认可度。用户的直观反馈，如满意度调查、使用后的评论或建议，为图书馆提供了一种测量服务影响的即时工具。这种评价不能只停留在表面的满意度方面，而要深入服务内容的适用性、准确性和及时性各方面。

结果反馈的主观性是不可避免的。用户的个人感受可能受到多种因素的影响，而不完全基于服务的客观质量。因此，为了提供更权威的评估，必须结合专业的角度，通过建立专家评价团队来对服务结果进行系统的分析和评估。专家的评估可以辨识出用户反馈中未能触及的问题，并提供具体的改进措施。

评价指标还应当用于促进图书馆内部的专业发展，通过组织知识服务人员参与讨论和培训，增强他们对服务质量重要性的认识，提高他们满足用户需求的能力。这样的专业发展活动保证了图书馆服务质量的评估不是一次性的，而是一个持续的、动态发展的过程。图书馆应不断提升服务标准，以便适应不断发展的知识服务领域。

第三章　现代图书馆学科服务创新

第一节　现代图书馆学科服务概述

一、学科服务的来源与内涵

图书馆学科服务的起源可追溯到 1992 年，当时美国爱荷华大学图书馆推出了创新的"信息拱廊"（Information Arcade，IA），奠定了后来"信息共享空间"（Information Commons，IC）概念的基础。IC 体现了两种代表性的思想：一是视其为社会公共资源，强调开放获取运动与其公共性质；二是将其看作是图书馆内的综合性服务设施和协作学习环境，一个特别为数字环境设计的新基础设施，重在组织的调整与技术服务功能的整合。

IC 服务的引入赋予了图书馆新活力，美国及其他国家多所图书馆相继推行 IC 服务。在我国，2005 年香港岭南大学和台湾师范大学率先实施 IC 服务计划，随后上海师范大学图书馆在建立 IC 过程中，将 IC 理念与学科服务结合，形成了学科 IC。学科 IC 为用户提供了丰富的信息资源共享空间，既有实体的学科馆，设有专业图书期刊和多功能区域，也有为学科用户量身定制的数字资源与特色服务，从数据库到专业信息导航，涵盖学科动态到课程服务等。

上海师范大学图书馆实践证明学科 IC 能显著提升服务水平。国内其他图书馆借鉴其理念，结合自身条件，通过收藏纸质资源及建立学科信息门户等方式，逐步建立起符合中国图书馆特色的学科IC服务模式，为学科用户提供一站式的数字信息共享平台，吸引用户积极参与图书馆活动。

因此，可以看到图书馆学科服务是以专业领域为基点，提供深度信息服务的一种模式，它标志着图书馆服务从被动提供到主动介入的转变。区别于基本的参考咨询，学科服务要求馆员对用户的研究或教学背景有着深刻理解，并能够主动发掘和导航相关的专业资源。这种服务强调个性化和定制化，旨在支持用户的研究工作，提供精准信息和资源匹配，展现了图书馆服务创新和个性化的精髓。

二、学科服务的性质

学科服务代表着一种先进的办馆理念。在信息技术飞速发展的当代，图书馆的角色和功能正在经历深刻的变革。图书馆不再是孤立的知识堡垒，而是变成了一个开放的、与用户互动的信息服务中心。学科服务的提出，正是基于这种变化的需求。图书馆开展学科服务，不仅仅是提供文献资源，更是要深入了解学科特点，参与用户的研究、学习过程，提供个性化、主动化的服务。这样的服务能够更有效地满足用户需求，帮助用户筛选信息，指导用户高效利用资源。

学科服务是一种不同于其他服务模式的全新服务模式。学科服务重构了图书馆员工的角色，将其定位为信息专家和学术伙伴，不再仅限于传统的信息分类、整理、检索等职能。学科馆员将深入学科教研环境，主动了解学科最新动态、研究前沿和用户需求，建立个性化的服务方案。这种服务模式下的图书馆员工必须具备较高的学科知识水平和信息技术能力，以便能够提供与学科教学研究紧密相连的信息服务。

学科服务是图书馆服务工作的一种新机制，学科服务的推行，意味着图书馆工作方式的一种创新。在这种机制下，图书馆内部需要建立起相应的组织结构和流程，确保每个学科都有专门的馆员对接。学科馆员负责的不仅仅是前台借阅、咨询服务，更要进行后台的资源建设、信息咨询、学科指导等工作。通过确立服务目标、明晰工作职责，建立一套完善的考核机制。

学科服务充分体现了以用户及用户需求为中心的服务理念，因为学科服务的核心是用户和用户的信息需求。这种服务理念推动图书馆员从图书馆的四壁中走出来，走进用户的实际工作环境中。学科馆员必须对用户的研究方向、教学需求有深入了解，能够提供从资源推荐到信息素养指导等一系列个性化服务，帮助用户提高研究和学习的效率。

学科服务的目标是优化用户信息环境，提升用户信息能力。学科服务关注的不仅是信息的提供，更是用户信息能力的培养。图书馆通过学科服务为用户打造一种信息环境，这种环境不仅包括丰富的信息资源，还包括有效的信息工具、合适的学习和研究空间，以及有助于提高信息素养的各种辅导和培训。通过这些综合性服务，学科服务能够帮助用户更好地管理和利用信息，提高其科研和学习成效。

三、学科服务的特征

学科服务的特征如图 3-1 所示。

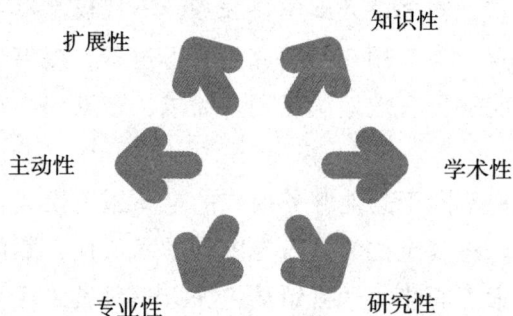

图 3-1　学科服务的特征

（一）扩展性

学科服务在图书馆服务中体现了显著的扩展性，这种扩展性不仅表现在服务空间的广泛覆盖，更包括服务内容的深度拓展和服务模式的多样化。在服务空间范围上，学科服务早已突破了图书馆四壁的物理限制，它的触角伸向了学科用户的实际活动场所，包括教室、研究所、实验室甚至是学术会议等，形成了从物理到虚拟环境的全面扩散。这种空间扩展使得学科服务与用户的日常学习、工作和生活环境相融合，增加了与学科用户互动的机会，从而精准地满足用户需求。在服务内容上，学科服务不再局限于传统的借阅与咨询，而是融入更多的参考咨询、信息素养培训、学术支持等多维服务内容，为学科用户提供从知识检索到深层学术交流的全方位服务。此外，学科服务的模式在不断创新，不仅维系了传统的参考咨询服务模式，更注重深入用户的学术环境，提供针对性的文献资源保障和个性化信息服务，实现了从服务供给到需求响应的质的飞跃。

（二）主动性

图书馆员工在学科服务中扮演的不再是传统意义上被动的服务提供者角色，而是转变为积极主动地深入学科用户的研究与学习领域，实时掌握并响应用户的信息需求。这种主动性服务不只是在物理资源的获取上进行创新，更在信息服务能力上不断提升，确保用户能够及时获取关注的信息和数据。学科馆员通过主动沟通，建立起信息需求与供应的直接通道，自觉提升图书馆服务的响应速度和准确度。随着网络化和数字化的加深，学科馆员更是积极地适应新技术，利用丰富的数字资源，主动提供定制化服务，以适应学科用户的多样化需求。图书馆员工的这种主动性不仅提高了服务效率，而且增强了图书馆在学科用户心中的价值和重要性，使得图书馆在知识服务提供链中扮演了不可或缺的角色。

（三）专业性

学科服务的专业性体现在服务的各个方面。

从服务目的来看，学科服务主要围绕着满足学科用户个性化的需求，这些需求通常很具体，直接关联到用户的学科领域，如信息检索、知识管理和技术支持等。学科馆员提供的不仅仅是基础的图书馆服务，更是深入专业知识领域的专家式服务，这要求馆员不仅了解图书馆学的基本原理，还需深入掌握相关学科的知识体系。

学科服务的专业性也体现在用户需求上。学科用户，尤其是研究人员和高年级学生，他们需要的不是泛泛的信息资源，而是深度、精准的学术资源和研究数据，这些往往需要通过复杂的检索策略和专业工具才能获取。因此，学科服务不仅要提供信息资源，更要优化信息环境，参与用户的学习和研究过程，提升他们的研究能力。

服务内容的专业性进一步体现在学科服务所提供的不仅仅是基础的图书借阅、信息检索、文献引证等服务，包括了学科专业咨询、专题讲座、学术研讨等深层次服务。

学科服务的专业性在其形式上也得到了体现，它采用电话、网络等现代通信方式，使服务形式多样化、灵活化、贴近用户需求。

从服务提供者的角度来看，学科馆员必须具备高度的专业知识和技能。他们不仅是信息资源的组织者和导航者，更是学科知识的传播者和研究的合作者。学科馆员需要不断提升个人专业技能，这包括对学科知识的深入理解，信息技术的熟练运用，以及与学科用户有效沟通的能力。专业性不仅要求学科馆员具有较强的学科背景，还需要他们能够洞察学科发展的趋势和用户需求的变化，从而提供高效率和高质量的服务。

（四）研究性

学科服务的研究性是现代图书馆服务发展和创新的重要表现。

学科服务本身就是图书馆领域不断研究和探索的成果。学科服务不断刷新其概念、理念和实践方法，反映了图书馆界对服务模式持续的研究和创新精神。图书馆通过实践中的不断试错和调整，探索适合当前学术环境的服务策略，这个过程本质上就是一个持续的研究活动。

研究性体现在服务对象上。图书馆的学科服务主要面向那些处于知识生产前沿的专家、学者以及高校学生等学科用户，他们的需求本身就具有很强的研究性。学科馆员在为这些用户提供服务时，需要深入理解用户的研究领域和项目，这不仅要求馆员具有信息服务的专业能力，还要求他们具备一定的研究视角和能力，能够与用户在学术上进行有效的沟通和合作。

学科服务的研究性也体现在馆员的服务实践中。学科馆员在提供服务时需要不断地研究和分析，包括对信息资源的筛选、对技术工具的掌握、对用户需求的预测等。学科服务不是一个静态的信息传递过程，而是一个动态的学术互动过程。在这一过程中，学科馆员既是知识的传递者，也是学术活动的参与者。

（五）学术性

学科服务的学术性体现了图书馆服务的本质目标和意义。

从图书馆的角度来看，其作为科学研究大系统的组成部分，不仅支持科研工作的进行，也是科研前期工作的重要基地。图书馆的学术性质，要求其提供的服务不仅限于信息的传递，更应涉及知识的创造和研究活动的支持。

学科服务不仅仅是提供资源，更是在深层次上为学科建设和学术研究提供支持。图书馆工作人员作为科技人员，他们的学术背景和研究能力，使得图书馆的服务不仅停留在知识的传播上，更上升至学术创新的辅助。学科馆员通过深度的研究性服务，直接参与学术成果的形成过程，虽然这些劳动成果常常隐于他人的精神产品之中，但其学术价值和创造性不容忽视。此外，学科服务的学术性还表现在其创造性上。学科馆员的服务不是简单地提供文献信息，而是在对文献知识进行深入研究的基础上，提供加工后的、有针对性的信息服务。这种服务具有明显的间接性、依附性和隐蔽性，它要求馆员不仅要有丰富的学科知识，还要具备科学的研究方法，才能在服务过程中发挥再创造性，将知识信息转化为用户所需的知识产品。因此，学科服务是与学科建设紧密相连的，它既来源于学科建设，也服务于学科建设的目标。

（六）知识性

学科服务的知识性特征反映了其作为知识密集型劳动过程的本质。学科服务不仅是学科馆员与用户间的知识信息传递和交流，更是一种智力劳动过程，涉及学科的研究性和探索性工作。学科馆员在这个过程中需要发挥其科学劳动的能力，结合自身的学科背景知识和综合能力，为用户提供深度的知识服务。

学科服务的知识性在于它不只满足于提供信息的索引和参考文献，而是要从复杂的信息资源中筛选、提炼出能够解决问题的知识，将这些知识整合和重组，形成适应于学科用户的问题解决方案。学科服务强调文献信息资源的开发与利用，这不是一个被动的过程，而是要求馆员主动地推送知识，帮助用户实现学科知识的发现、创新和获取。

图书馆的学科服务以其学术性和知识性的特征，不仅为学科建设和学术研究提供了有力的支持，也推动了图书馆工作的创新与发展。通过学科服务的学术性，图书馆强化了其作为科研工作不可或缺的一部分的角色；而通过其知识性，图书馆的服务超越了传统信息的传递，转变为一个智力劳动密集型的知识创新和解决方案提供过程。这两大特征共同塑造了图书馆学科服务的价值和定位，使其成为高校学术研究不可分割的一部分。

四、学科服务的模式

（一）以学科馆员为中心的模式

在当代图书馆体系中，学科馆员作为核心成员，承担着多重角色。他们主要负责为特定学科领域的用户提供个性化的学科知识信息服务。这一模式特别强调学科馆员与用户的合作伙伴关系，旨在提供更加专业化、知识化的服务。在数字技术和网络技术的支持下，这一服务模式更加强调专业性和精准性。

学科馆员的服务不仅限于传统的资料提供，更涵盖了与学科用户的深入互动，如专业咨询、定制化的信息检索等。随着学科的交叉发展，学科馆员的角色也变得更加多元和综合，需要他们在不同学科之间进行协调和资源共享。在这个背景下，图书馆需要构建以学科馆员为核心的组织管理模式。这要求图书馆结合学科建设的需求，以及自身的实际情况，来确定合适的管理模式和组织结构。具体做法包括：明确学科服务的管理模式、设立专门的学科服务组织机构、选拔合适的管理人员和服务队伍。

同时，为了保证学科服务的有效运行和持续发展，图书馆需要制定科学合理的学科馆员管理制度，明确岗位职责和任职资格。图书馆应根据学科服务内容和深度，制定合适的学科官员管理考核方法和评价指标体系。为确保服务质量，图书馆应加强对学科馆员的专业培训，提升其理论水平和实际操作能力。

（二）以学科知识服务为中心的模式

"以学科知识服务为中心的模式"主要围绕学科馆员与学科用户的互动展开。在这一模式下，学科馆员通过深入分析学科用户的知识需求和问题，与学科用户共同参与收集、加工、重组、分析和整合相关学科信息和知识的过程，其核心工作目标是提炼出能够针对性地解决学科用户问题的信息和知识，提供动态连续性的学科知识服务。

该模式强调的是对信息资源进行个性化的服务和学术层面的支持。在操作层面，这意味着将信息资源的采集、加工、重组、开发和利用等环节融入每个学科单元。由于学科间的交叉发展，信息资源往往具有交叉重复的特点，因此需要在图书馆与学科服务组织的协调下进行重组与整合，以实现资源共享和信息集成。

在全球范围内，基于学科的资源组织已广泛被采纳。许多国家的大学图书馆根据学科需求建立分馆，专门负责资源组织，侧重于根据学科建设和用户需求进行学科文献资源的采集。这种模式有效地促进了学科资源的高效利用和管理。随着交叉学科、边缘学科和综合学科的不断发展，传统的分学科组织资源方式可能导致资源的重复建设，图书馆必须站在全局的角度，根据学校学科建设的总体规划，对学科资源进行融合、类聚与重组，形成高效的新信息资源体系。

（三）以学科用户为中心的模式

以学科用户为中心的学科服务工作模式，是一种以满足学科用户个性化需求为核心目标的服务方式。这种模式强调在不同的学科领域中，学科馆员应当与用户紧密合作，通过有效的组织机制和途径，提供针对性的学科信息服务。在这种模式下，学科馆员不仅是信息资源的提供者，更是用户需求的积极响应者和解决方案的创造者。学科化服务的各种工作模式，如基于电子邮件、网络交互、代理式、伙伴式和团队式工作模式，都是具体体现。

基于岗位的团队化工作模式强调团队合作的重要性。在这种模式下，团队中的每个成员都有明确的角色和任务，例如学科联络、资源组织、情报分析等。这种模式的优势在于能够集合多方面的专业知识和技能，形成一种综合性的服务力量。这种团队化的工作方式不仅能够提供更为系统化和深入的服务，还能够促进团队成员之间的相互学习和成长。

基于网络交互的工作模式则利用现代信息技术，特别是大数据技术，为学科馆员与用户之间的互动提供了一个广阔的平台。在这种模式下，学科馆员通过嵌入特定的学科、专题或问题群组，与用户进行直接的互动和交流。用户不仅是服务的接收者，也是内容的共同创建者。这种模式的优势在于其开放性和互动性，能够有效地收集用户反馈，及时调整服务策略，更好地满足用户的需求。

除此之外，代理式和伙伴式工作模式也是重要的组成部分。代理式工作模式中，学科馆员作为用户的代理，直接处理和解决其遇到的具体问题。伙伴式工作模式强调馆员与用户之间的平等合作关系，他们会共同探索和解决学术问题。

以学科用户为中心的学科服务工作模式在不断进化。这种模式不仅提高了服务的针对性和有效性，也增强了馆员与用户之间的互动和联系。随着社会的发展和技术的进步，这种模式也需适应新的挑战，不断创新服务方式。

五、学科馆员应具备的基本素质

（一）良好的职业道德

良好的职业道德不仅是学科馆员开展工作的基础，也是其成功的关键。作为图书馆与学科用户之间的桥梁，学科馆员必须具备基本的责任感和敬业精神，具备良好的沟通技巧，坚持以用户为中心的服务理念，确保服务的质量和效率始终处于首位。同时，学科馆员应展现出积极主动的服务态度，不断探索和创新服务方式，以满足学科用户日益增长的需求。这意味着学科馆员应始终保持对用户需求的敏感性和响应能力，在面对挑战和困难时，应展现出创新和灵活地解决问题的能力。

（二）全面的图书馆学专业知识

作为学科服务的基础，图书馆学和情报学的基础知识及图书馆业务工作技能对于学科馆员至关重要。学科馆员需要理解信息资源的结构和管理方式，还需熟悉信息服务的不同途径和方法。他们应具备能够有效指导用户利用图书馆资源的能力，同时具备能够运用这些资源解决学科相关问题的能力。

为了更好地服务于特定学科领域，学科馆员不仅要有扎实的学科基础，还要有持续学习和研究的能力，持续更新自己的专业知识，适应数字化时代信息服务的新趋势和挑战。这包括关注学科领域的最新动态、理论发展和研究趋势以及与学科相关的国内外重要会议和期刊等。他们应能够参与学科相关的学术活动和研讨会，与学科专家和学者建立合作关系。同时，学科馆员还应了解学科专业的教学大纲和研究方向，以便更有效地支持教学和研究工作。对于那些涉及跨学科领域的服务，学科馆员还需要具备一定的跨学科知识和理解，以满足用户的多元化需求。

（三）一定的计算机操作能力和英语能力

在当今的大数据及网络环境下，图书馆的服务和资源管理已经显著向数字化、自动化和网络化转变。根据普通高等学校图书馆规程的相关规定，学科馆员必须具备较强的计算机操作能力，以适应这种转变。这不仅包括基本的计算机操作技能，还包括对各种数据库、信息检索系统和数字化工具的熟练应用。学科馆员需要能够有效地管理和处理大量的数字信息，包括数字资源的采集、整理、存储和共享。除了处理日常的数字资源外，学科馆员还应具备使用现代化技术手段如云计算、大数据分析工具的能力，以便更有效地进行信息管理和服务创新。他们还需熟悉网络信息资源的导航和利用，能够指导用户高效地获取和使用网络资源。此外，对于数字资源的安全管理和保护也是学科馆员必须掌握的重要技能。

随着全球化的加深，很多重要的科学技术文献都是外文资料。这些文献是了解全球科技发展的关键窗口。为了更好地服务于用户，尤其是在他们需要利用数字化外文信息资源时，学科馆员必须具备较高的外语水平。这不仅意味着要能够阅读和理解外文文献，还包括能够与国际学术界进行有效沟通，参与国际合作和交流。学科馆员的外语能力还应该包括能够对外文资料进行精准的翻译和解释，以帮助用户更好地理解和利用这些资源。同时，在外文资源的数字化过程中，学科馆员还需要具备相关的技术知识，以确保文献的准确性和完整性。随着国际合作和交流的不断增加，学科馆员的外语水平成了他们工作能力的重要指标。

第二节 现代图书馆学科服务创新实施

一、现代图书馆学科服务创新需遵循的原则

学科服务创新模式的基本原则包括导向性原则、整体性原则、层次性原则以及针对性原则（图3-2）。这些原则不仅互为补充，相互促进，而且彼此融合，集中反映了图书馆学科化服务的核心理念与终极目标，它们共同构成了提供优质学科服务工作的根本框架。

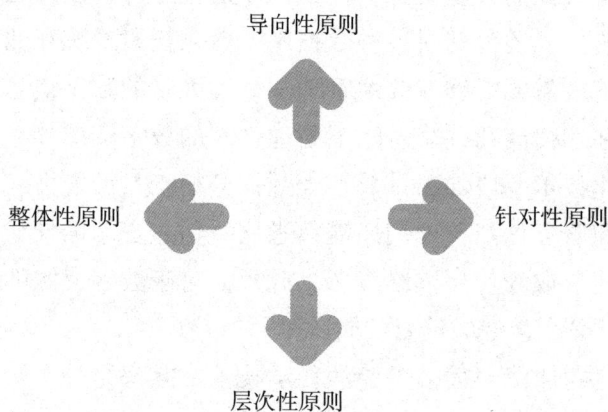

导向性原则

整体性原则 针对性原则

层次性原则

图3-2 现代图书馆学科服务创新原则

（一）导向性原则

导向性原则作为学科服务创新机制的基础，要求图书馆在服务提供过程中必须明确方向与目标。图书馆的每项服务和活动都应当围绕着支持和促进学科建设来展开，这样才能够保证服务不仅在理论上是科学的，在实践中也是高效的。为此，图书馆需要不断地审视和调整其服务策略，确保其与学科发展的最新趋势保持一致。此外，导向性原则意味着需要将用户、相关部门和图书馆人员的努力整合起来，形成一个共同推进学科服务的合力。在此基

础上，图书馆需密切关注学科发展的前沿动态，及时调整服务内容，优化服务手段，将学科化服务的远景规划与当前实践相结合，形成一条清晰的学科服务发展蓝图。

（二）整体性原则

整体性原则是对图书馆学科化服务的全面性和系统性的强调。图书馆必须从整体上把握和规划学科服务，这包括建立一个系统化的服务模式，将各种资源和活动有机地结合起来，形成协调一致的整体。在此过程中，图书馆要确保不同服务模块之间的相互联系和互动，同时，还要关注服务内容的完备性，确保在任何学科领域内，用户都能获得全方位的支持和帮助。整体性原则还要求图书馆在提供服务的同时，努力营造有利于学科服务发展的环境，这包括培养图书馆员工的学科服务意识、完善服务流程以及创建支持学科服务发展的策略和政策。

（三）层次性原则

层次性原则指学科化服务创新不应仅仅满足高端或高层次的学科需求，而应包含不同层次、面向各种用户的服务。在实施学科化服务时，图书馆需要考虑到用户需求的多样性和层次性，从基础的资料借阅到专业的研究支持，从学生的课程学习到教师的科研项目，图书馆都应提供相应的服务。层次性原则还强调在服务的设计和实施过程中，应关注不同用户群体的特定需求，这样才能使服务既具有广泛性也具有针对性，从而有效支持学科的全面发展。

（四）针对性原则

针对性原则是指图书馆的学科服务创新必须细致入微，能够精准地对应用户的特定需求。这要求图书馆在提供服务前，进行深入的需求调查和分析，了解用户的实际需求，并基于此来配置资源和设计服务。针对性原则的实践意味着图书馆要进行定制化的服务设计，不断地评估和调整服务策略，确保每一项服务都能达到最优的效果。这也要求图书馆能够及时响应学科发展的变化，灵活调整服务内容，以保证服务始终紧贴用户的实际需求和学科的最新进展。通过实施针对性原则，图书馆能够为用户提供更为个性化、更具深度和广度的支持和服务。

二、现代图书馆学科服务创新的实施

图书馆学科服务的创新应在遵循以上基本原则的基础上，紧扣时代的脉搏，尤其是在大数据时代背景下，要着重从以下几个方面入手去实施（图3-3）。

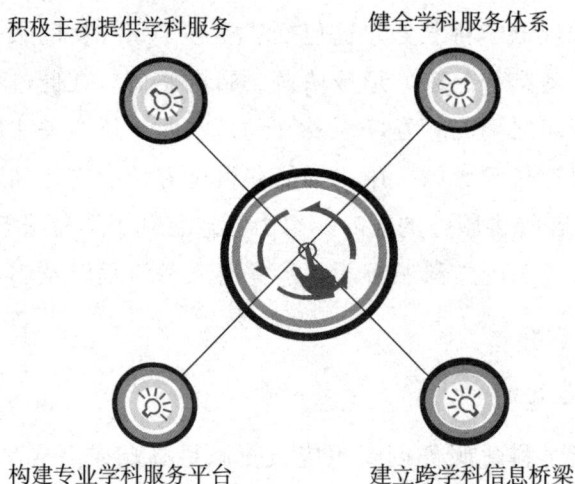

图 3-3　现代图书馆学科服务创新的实施

（一）积极主动提供学科服务

学科服务的本质是促进学科发展，为其提供必要的文献和技术支持。在大数据环境中，服务的动态化变得关键。传统的服务模式，多依赖于馆员的主动性和经验，而在大数据时代，这一模式应发生根本变化。学科馆员需要从数据分析入手，洞察用户的真实需求，这些需求往往是多元化和动态变化的。因此，学科服务应该基于大数据分析，实时调整和更新服务策略，使服务更为精准和及时。学科馆员应具备跨学科的知识和技能，能够熟练运用大数据和信息技术。通过主动学习，与时俱进地掌握新的知识体系和技术工具，学科馆员能够更好地适应学科服务的变化，主动解决问题，而不是被动应对。学科馆员的角色应从传统的知识管理者转变为学科发展的积极参与者和促进者。

（二）构建专业学科服务平台

构建一个针对性强的综合、专业的学科服务平台，对图书馆学科服务而言，是提升其服务质量和效果的关键步骤。

构建学科服务平台，首先考虑的是用户体验。图书馆需要开展定期的用户行为研究，了解不同学科用户的特定需求，以及他们在寻找和使用信息资源时遇到的痛点。这涉及用户界面的直观性、导航的便捷性、内容的可访问性以及个性化服务的准确性。图书馆可以采用设计思维方法，通过原型设计、用户反馈和迭代测试来完善平台的设计。目标是打造一个既能满足高级研究者需求，又足够友好方便新用户快速上手的平台。

学科服务平台应该提供一站式服务，将散落在不同数据库和目录中的资源进行深度整合，提供统一的检索入口。智能推荐系统则能基于用户的搜索习惯和历史行为，提供定制化的资源推荐。通过应用机器学习算法，系统可以不断研究用户的偏好，从而提供精准的个性化内容。这不仅增强了用户体验，还大幅度提升了资源的发现效率。

平台应具备强大的互动功能，如实时咨询服务，让用户能够直接与图书馆员工或专家进行沟通。构建学术社区，鼓励用户在平台上分享经验、讨论问题，促进知识的共享和传播。此外，实时反馈和评价机制也是必要的，这样图书馆可以及时了解和解决用户遇到的问题，不断优化服务。

保持学科服务平台的活力和相关性，需要进行不断的内容更新和技术升级。图书馆应与出版商、数据库供应商合作，确保平台资源的及时更新。同时，技术支持团队要确保平台运行的稳定性和安全性，及时响应用户的技术需求，提供必要的技术支援和教育资源。

为了最大限度地利用平台资源，用户需要具备一定的信息素养。图书馆可以提供系列培训课程，教授用户如何有效利用平台进行信息检索、数据分析等。这些课程可以是面对面的工作坊，也可以是在线视频教程，帮助用户提高研究效率，从而提升用户对平台的满意度和忠诚度。

（三）建立跨学科信息桥梁

在大数据环境下，学科间的界限日渐模糊，交叉融合成为常态。在这种背景下，不同学科之间的服务桥梁建设显得至关重要。图书馆应作为知识流通的枢纽，搭建有效的跨学科信息交流平台。通过建立高效的信息共享机制，不仅能促进学科间的相互启发和协同创新，还能加速学科发展的步伐。

信息桥梁的建立可以借助先进的互联网技术，打造多样化的在线服务模式，如虚拟参考服务、在线学术交流论坛、跨学科数据库等。这些在线服务模式能够为教师和学生提供即时、准确的跨学科信息，帮助他们在研究和学习中跨越学科壁垒，激发创新思维。

（四）健全学科服务体系

为了建立一个健全且有效的管理与运行机制，确保学科服务的可持续性，图书馆需要从根本上强化服务的质量保障体系，以及创新服务的模式和方法。

对于学科馆员的工作评估标准需要具体化、标准化，并且与馆员的培训、专业成长及激励机制相结合。加大考核力度，意味着要建立一个全面的绩效评价体系，这个体系应能反映馆员工作的多维度特征，既考量工作成果的数量和质量，也考量服务过程中的创新和用户满意度。评价结果应用于馆员的职业发展规划、奖励制度甚至是服务流程的调整。

同时，构建一个有效的反馈机制至关重要。这包括建立一个多层次、多渠道的反馈收集系统，它不仅能够及时捕捉和响应用户的意见和需求，还能够洞察潜在的服务创新点。针对用户反馈的分析应当系统化，可以运用数据分析工具来识别服务中的问题点和成功案例，以便持续改进服务。

管理与运行机制应当具备高度的灵活性和适应性，以便能够迅速适应学术界和信息技术的发展变化。这可能涉及建立灵活的工作团队、采用敏捷的工作方法、定期进行服务流程的审查和更新等。

第三节　现代图书馆学科服务评价体系

学科服务在图书馆服务中的推广和深化对于促进图书馆工作的专业化和个性化有着举足轻重的作用。在这样的背景下，对学科服务进行细致和系统的评估显得尤为必要，构建一个科学和合理的评估体系，有助于确立和完善学科服务的标准和规范，强化学科馆员的职责感和使命感。它不仅是对图书馆服务质量的一种监督和保证,而且是推动服务持续改进和升级的动力。

将学科服务纳入图书馆管理体系的评估,是确保其高效、有效和优质开展的关键。评估过程实质上对学科馆员的服务能力和服务成效进行监督和评价,意在持续提升其服务水平和工作效率。此外,定期的评价能够为学科馆员提供正向激励,鼓励其在工作中积极探索和创新,同时对存在的问题进行及时纠正。

学科服务评估对于图书馆和用户之间构建良好的互动关系至关重要。它有助于图书馆更好地理解用户的需求,从而提供精准和满意的服务。

综合而言,学科服务评估在引导服务方向、激励员工进步、完善服务体系和推动服务创新等方面发挥着不可替代的作用,它的实施对于提升图书馆的整体服务水平和满足用户日益增长的信息需求具有重大意义。

一、现代图书馆学科服务评价原则

现代图书馆学科服务评价原则如图 3-4 所示。

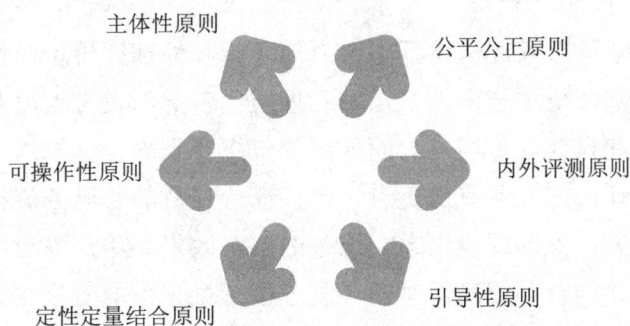

图 3-4 现代图书馆学科服务评价原则

(一)主体性原则

在图书馆的学科服务体系中,学科馆员扮演着关键的执行者角色,他们的专业水平和服务态度直接决定了服务的质量。而在服务评估中,学科馆员转变为被评估的对象,用户的满意度则成为评价的核心。因此,在整个评价体系中,我们必须遵循主体性原则,确保用户的感受和满意度是评价的首要标准。这不仅涉及评价方法的选择，还包括评价指标的设计和评价结果的确认，用户的需求和满意程度应始终放在首位。同时，我们要认可学科馆员在提供学科服务中的中心作用，他们的专业知识、服务技能、工作态度及整体素质都是评估中不可或缺的部分，应当得到重视。

（二）公平公正原则

评估学科化服务的过程中，坚持公平公正原则至关重要。这意味着在评估中需要揭示学科服务的真实状况，无论是在设计评价指标、制定评价流程还是在执行评价的各个环节中，都必须确保标准的统一性和评价的客观性。评价小组应遵循公正原则，科学制定评价指标，避免主观判断对评价结果产生影响，以确保评价过程的透明度和结果的可信度。这种评估不仅要公正地反映学科服务的实际成果，也要公平地指出其中的不足之处。透明化的评估流程和公正的评估结论对于指导和监督学科馆员的工作至关重要，有助于持续提升服务的整体质量和效率。

（三）内外评测原则

在图书馆学科服务评价体系中，内部评价和外部评价是衡量服务质量的两个维度。内部评价主要由图书馆的管理层、各部门负责人以及学科馆员之间的相互评价和自我评价组成，而外部评价主要指来自学校以及最终用户的反馈。这两种评价方式各有侧重点，内部评价强调的是服务流程的规范性和团队的自我提升，外部评价则重在服务的实际效果和用户满意度。将内部评价与外部评价相结合，能确保对学科服务进行全方位的考核，这种双向评价机制有利于全面收集反馈，从而客观地衡量服务的影响和效果，增强评价结果的真实性和说服力。

（四）定性定量结合原则

在对学科服务进行评价时，结合定性与定量分析至关重要。定性分析关注的是服务过程和结果的性质，比如服务的创新性、个性化等，而定量分析侧重于可计量的指标，例如服务使用的频次、用户满意度调查的分数等。一些不易量化的方面，如服务人员的专业性和服务态度，可以通过详细描述或案例分析来评估。通过这种结合，评价体系可以全面地展示学科服务的多维度效果，既能展示具体数值，又能呈现服务的深层次影响。定性与定量分析的综合使用，有助于减少单一方法的主观性和片面性，能全面和客观地反映学科服务的整体状况，增强评价的科学性和全面性。

（五）引导性原则

学科服务的引导性原则强调评价活动应当明确其目标导向和发展导向。学科服务评价应当基于该服务的职责、内容、目标、特性及其成果进行，确保评价的方法和体系能够真实地展现学科服务的实际水平，同时有助于促进服务能力的持续提升，发挥出指导性作用。以用户满意度为核心目标，学科服务人员是执行这一服务的关键者。在评价过程中，应指导性地凸显服务人员的创新精神和主动性，坚持以用户为中心的原则，强调用户体验和价值观在评价学科服务质量中的重要性。评价不仅是一个结果，而是一个过程，它应当对学科服务的未来走向提供方向性的引导，对服务人员的成长提供启迪和支持，并不断优化服务人员制度。没有指导作用的评价是不完整的，只有发挥出指导性作用的评价才是积极的。

（六）可操作性原则

学科服务评价的可操作性原则要求评价的方法和评价体系都应该是可执行的。评价方法的可操作性意味着所选取的评价手段应当适应学科服务的实际情况，确保评价的进行有明确的支撑点和适宜的参照标准，符合图书馆的具体状况。评价体系的可操作性则指的是体系必须能够科学、公正地展示学科服务的属性、内容和标准，能全面又便捷地搜集到必要的评价数据，具备高度的执行效率，降低评价执行的复杂性。此外，评价方法和体系的恰当结合，也使得学科服务的评价具有可行性且符合实际情况。

二、现代图书馆学科服务评价指标

现代图书馆学科服务评价指标如图 3-5 所示。

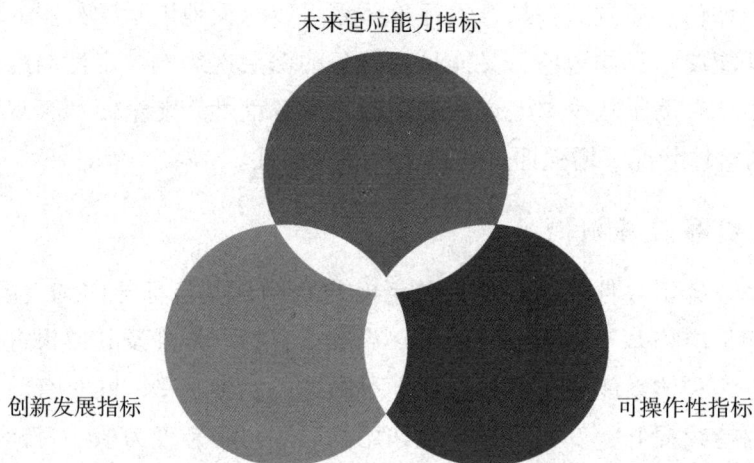

图3-5　现代图书馆学科服务评价指标

（一）未来适应能力指标

学科服务的未来适应能力指标是衡量图书馆能够多快以及如何有效地适应学科领域演变的重要工具。随着学科界限的不断扩大，新的研究领域不断涌现，图书馆需要预测这些变化，调整其服务，确保其资源和服务与学术界的最新需求保持同步。例如，评估图书馆是否能够及时采购新兴学科的文献资源，是否能提供跨学科研究的支持，以及是否能为新兴研究方向提供专业的信息咨询和学术交流平台。通过对未来趋势的分析，图书馆可以构建弹性体系，使其能够迅速适应学术界的需求变化，维持其服务的相关性和前瞻性。

（二）创新发展指标

学科服务创新发展指标则专注于图书馆推出新服务、改进现有服务方法及其对用户体验的影响。这要求图书馆不仅要跟随学科发展的步伐，还要主动寻求改进与创新，以提升用户满意度和服务效率。举例来说，图书馆可能会引入基于人工智能的检索系统，以提高文献检索的准确性和速度；或者开发个性化推荐服务，根据用户的研究兴趣和历史行为，推荐相关资源。此外，创新也表现在服务交付的方式上，如使用移动应用或增强现实（AR）技术，为用户提供丰富的互动体验。通过定期评估服务创新的实施情况和用户反馈，图书馆能够确保其服务始终保持活力和吸引力。

（三）可操作性指标

可操作性指标的目的是确保图书馆的服务发展规划不仅仅停留在纸面上，而且能够转化为实际操作并产生预期效果。这需要图书馆明确其长期目标和短期目标，通过具体的实施计划和阶段性评估确保这些目标的实现。有效的战略规划需要综合考虑内部资源和外部环境，制定合理的时间表以及明确的责任分配和进度监控机制。例如，图书馆可能设立特定学科或项目以推广电子资源的使用，制定具体的使用目标和推广策略，通过定期的进度报告和用户反馈调整其策略。通过这种方式，图书馆能够保证学科服务创新和改进活动与其整体发展战略保持一致，确保在未来几年中不断提升服务水平。

三、现代图书馆学科服务评价实施

学科服务评价的实施是图书馆服务质量保障体系中的重要组成部分，它通过精细化管理和持续改进，确保学科服务既满足当前用户的需求，又能预见并适应未来的变化（图3-6）。

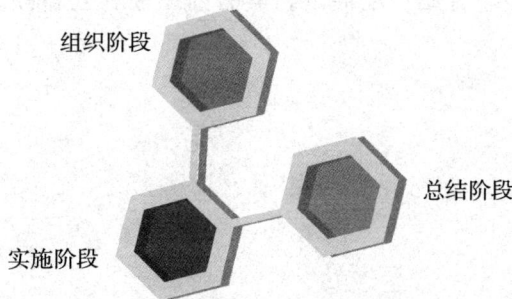

图3-6　图书馆学科服务评价实施过程

（一）组织阶段

组织阶段的核心是成立一个由具有高度专业知识和经验的团队组成的评价考核小组。该小组的主要任务是制定一套全面的评价方案，包括设立清晰的评价目标、选取恰当的评价指标以及确定合适的评价方法。在这个过程中，指标的选择应注重量化和定性相结合，既要能够客观衡量学科服务的效果，又要能够捕捉和评价那些难以量化的服务体验和用户满意度。

（二）实施阶段

实施阶段是将组织阶段的计划付诸行动的过程。在这个阶段，评价考核小组需要通过多种手段全面搜集相关的服务数据和用户反馈。搜集的信息必须经过仔细核实，并且要对其进行全面而深入的分析，确保结论的真实性和可靠性。这一阶段的成果是一个详尽的评价报告，它不仅总结了学科服务的当前表现，还提出了针对发现的问题的具体改进建议。

（三）总结阶段

总结阶段是对前两个阶段工作的回顾和评估，这一阶段要求评价小组及时向所有相关人员反馈评估进展，公布评价结果。这样做不仅可以确保评价的透明性和公正性，还可以激励图书馆人员持续提升服务质量。评价结果的发布旨在通过积极的沟通来促进图书馆内外部的协作，共同推动学科服务向更高标准迈进。此外，总结阶段还要根据评价结果调整服务策略，采取切实可行的措施，修正工作中的不足，增强服务的针对性和有效性，确保学科服务在今后的实践中贴合用户的需求，具有前瞻性和创新性。

第四章　现代图书馆阅读推广服务创新

第一节　现代图书馆阅读推广服务的内容

一、阅读推广

（一）阅读推广的定义

"阅读推广"一词来源于英文 Reading Promotion[①]。Promotion 有推广、促进、提升之意，因此也有人翻译为"阅读促进"。从 Promotion "提升"的含义中我们也可以看到，阅读推广不单是关于图书的流通，更是关于整个社会的文化和信息素养的提升一项系统工程。

自从国际上发起全民阅读的倡议后，中国迅速响应，图书馆界和出版界也开始频繁使用"阅读推广"这个概念，这个概念逐渐成为相关领域的高频词[②]。根据学者的研究和定义，阅读推广是指社会组织或个人为了促进人们的阅读而展开的系列活动。这些活动是一系列旨在激发和增强人们对阅读的兴趣、习惯和能力的活动和努力，不仅仅限于图书馆的墙内，而是一个全社会

---

① 邱源，徐方.阅读潜能[M].北京：中国国际广播出版社，2020.
② 李世娟，李东来.图书馆绘本阅读推广[M].北京：朝华出版社，2017.

性的行动，涉及个人、组织、教育机构、政府部门等多个层面的活动[①]。这些部门利用各自的特点和优势，有目的、有计划地组织和引导全体国民，特别是青少年和特殊群体，进行各种阅读活动，以提升他们的信息素养和文化水平。阅读推广还意味着提升公民的信息素养。在信息爆炸的时代，能够筛选、理解和有效使用信息变得至关重要。因此，阅读推广不仅要鼓励阅读数量的增加，更要提高阅读质量，使读者能够批判性地阅读，分辨信息的真伪，并将阅读到的知识应用到实际生活和工作中去，提升国民的文化水平，推动社会的进步和发展。

图书馆在这方面具有不可替代的作用，承担着开展全民阅读推广服务是的责任与义务，它们是文化建设的重要阵地，不仅可以为读者提供丰富的读物和舒适的阅读环境，还可以通过各种创新的方法和活动，促进读者的终身学习和文化享受。

（二）阅读推广的内容

阅读推广的内容如图 4-1 所示。

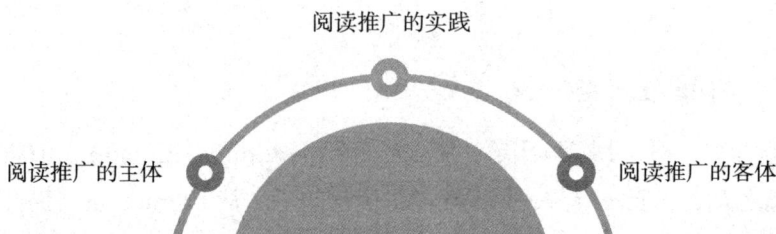

阅读推广的实践

阅读推广的主体　　　　　　　　阅读推广的客体

图 4-1　阅读推广的内容

1.阅读推广的实践

阅读推广是一个全面深入的过程，它的内容涵盖了从增强读物的多样性到提升阅读理解与批判性思维能力的广泛领域。推广的核心内容不仅仅是引导人们阅读更多的图书，也包括提升其阅读的深度和广度，增强阅读的趣味性和参与感以及创造支持和鼓励阅读的环境。这种推广不局限于传统的纸质图书，也扩展到数字化阅读材料，如电子图书、有声读物、视频内容以及互

[①]　张茜.阅读推广资源库构建研究 [D].镇江：江苏大学，2022.

动式和教育性的电子游戏等，这些都是现代人获取信息和知识的重要渠道。

为了适应不同人群的阅读能力，阅读推广活动应设计为不同层次，旨在提高每个人选择合适读物、理解多层次内容、有效表达观点以及批判性分析和创新思维的能力。阅读推广者需要通过有目的的活动，如读书俱乐部、作者见面会、讨论小组和写作工作坊等，激发人们对阅读的热爱，并促进读者之间的交流与思想碰撞。

2. 阅读推广的主体

阅读推广的主体包含了一系列推动阅读文化发展的关键参与者。在这一行动中，主体不仅仅是单一的个体或机构，而且是一个多元化的网络，涉及从个人到国家层面的各类实体。在这个网络中，政府部门扮演着制定政策和提供资金支持的角色，是推广阅读文化的宏观指导者和支持者。社会和文化组织则负责将政策落到实处，他们通过组织活动、提供资源来直接与公众互动。图书馆、学校和出版社是知识的仓库，它们通过收藏和分发图书来满足公众的阅读需求。媒体则是信息的传播者，它们通过报道和评论来引导公众关注阅读。此外，越来越多的非营利组织和志愿者加入这个网络，他们常常以创新的方式促进阅读，如开展在线读书会或社区阅读项目，丰富推广活动的形式。

3. 阅读推广的客体

阅读推广的客体即阅读推广的对象，是广泛而多样的，目标群体包括了社会的每一个成员。不同年龄、不同职业、不同文化背景的人们都是阅读推广的潜在受众。儿童和青少年作为教育的重点，他们的阅读兴趣和习惯培养对未来社会的知识结构有着深远的影响。而成人读者更多地需要阅读来继续教育自己、提高专业技能或丰富生活。老年人群体同样重要，阅读不仅能够为他们提供知识和娱乐，还能帮助他们保持心智活力。针对不同群体的特点和需求，阅读推广策略应当做到精准施策，例如为儿童选择具有教育意义的图画书，为青少年提供增长见识和拓宽视野的读物，为成人提供与其职业发展相关的专业图书，为老年人推荐易于理解和兴趣相投的图书。这样的细分策略能够确保阅读推广工作的有效性，让个体在阅读中找到自己的位置，满足其个性化的阅读需求。

兴趣是阅读持续性的关键驱动力，兴趣的培养最好是从儿童时期开始，利用孩子们天生的好奇心和想象力。图书馆、学校和家庭应共同努力，创造充满趣味和启发性的阅读环境，通过故事时间、图书角色扮演活动和互动式教学工具来激发孩子们对阅读的兴趣。同样重要的是，为成人提供持续的学习和发展机会，无论是通过专业书、学术讲座还是公共讲座，都可以增进他们对阅读的兴趣。

一个鼓励阅读的社会氛围是推广阅读不可或缺的一环。公共场所如图书馆、书店、社区中心以及学校，都应成为推广阅读的前沿阵地。这些场所可以通过布置阅读角落、举办主题阅读月活动、设立阅读挑战赛和奖励制度等形式，营造一个既正式又非正式的阅读环境，鼓励人们在日常生活中自然而然地融入阅读。

总之，阅读推广是一个多方面、多层次、跨年龄群体的持续过程，它需要从材料的选择到阅读技能的提升，再到营造阅读文化的氛围等各个方面来共同努力，以实现真正意义上的全民阅读。

（三）阅读推广的特征

阅读推广的特征如图 4-2 所示。

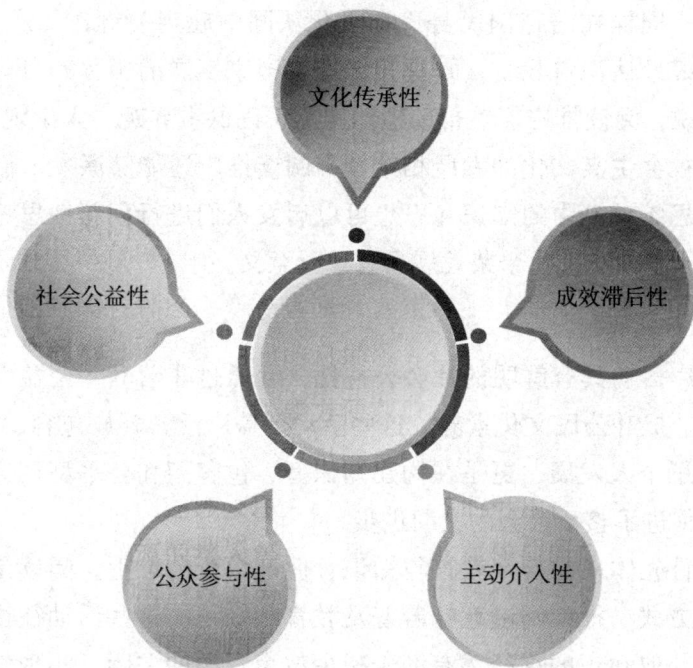

图 4-2　阅读推广的特征

1. 文化传承性

中国拥有丰富的历史文化遗产，这些文化资源是民族身份和自豪感的来源。通过阅读推广活动可以有效地传承这些文化，有关中国传统文化、历史的阅读材料和活动的策划和展开，可以让公众更好地理解和欣赏本国的文化。如对古典文学作品的推广、历史事件的深入解读等，都有助于加深民众对传统文化的认识和尊重。

阅读推广活动有利于传承中华民族优秀品质，有利于传播社会主义核心价值观。通过有目的的阅读推广，如书单推荐、主题讨论会和读书活动，可以有效地帮助公众理解和内化这些价值观念。

阅读推广活动还可以促进文化交流，尊重和体现文化多样性，这符合中国特色社会主义文化的发展方向。在推广中国传统文化的同时，也应当介绍和推广世界各国的优秀文化成果，促进文化的交流与融合，从而让公众拥有开阔的国际视野和包容的文化态度，这恰恰是文化传承需要秉承的态度。

阅读推广同样在培育国民身份和文化认同中起到关键作用。通过阅读，人们能够更好地认识自我、认知社会、理解国家发展的历程和目标。尤其是对青少年来说，阅读推广能够帮助他们建立正确的世界观、人生观和价值观。与中国特色社会主义文化的发展相结合，阅读推广还能够激发人们的创新精神和批判性思维。书中的知识和思想可以启发人们进行创新性思考，这对于建设文化强国、推动文化繁荣发展具有重要意义。

2. 社会公益性

阅读推广活动具有鲜明的社会公益性，它通过非营利、公益性的活动方式普及知识、提升公民文化素养，这些活动覆盖广泛、开放包容、机会平等，不仅仅促进了个人发展，更是在构建知识型、包容型和公平型社会中起到了关键作用，促进了整个社会的文明进步。

公益性首先体现在普及教育与知识、促进教育公平上，阅读是获取知识的一种基本方式，推广阅读意味着普及教育和知识。这些活动往往为社会各阶层提供了获取知识的途径，有助于减少教育资源的差距，实现教育的普及和教育公平。第二，公益性体现在提升公众素质、增强公民社会责任感和公共精神上。阅读能够增进公众的文化素养和道德水平。阅读推广活动往往伴随着各种时期事态和情景的呈现，帮助人们了解社会多元价值，形成正确的世界观和人生观，促进了个人品质的提升和社会文明的进步。第三，公益性体现在促进包容性上。阅读推广活动可以增加各个社会群体对不同文化和观念的了解，促进了社会成员之间的相互理解与尊重。这种理解与尊重是社会包容性的基础，它鼓励人们接受并欣赏不同的生活方式和思维方式，从而减少偏见和歧视，使社会更加和谐。通过共同的阅读经历和讨论，不同背景的人们能够围绕图书知识建立起对话桥梁，这样的交流是社会包容性增强的直接体现。此外，阅读推广活动还常常涉及多元文化的图书资料，这使得阅读本身成为一种跨文化交流的途径，提升了公民个人素质，促进文明社会建设。

3. 公众参与性

公众是阅读推广活动的客体，必须要有公众的参与，阅读推广活动才能完成其目标，达到其效果。阅读推广的核心目的在于激发和培养公众的阅读兴趣，提升其文化素养和知识水平，推动文化的发展和传播，促进文明社会建设。如果没有公众的积极参与，这些目标无法达成。公众的参与不仅体现在阅读过程中，也包括在阅读之后的讨论、分享和进一步的传播活动中。这种参与使得阅读推广的效果得以扩散和深化。反过来，阅读推广是一种普遍的活动，几乎不受年龄、性别、社会经济地位的限制。现代社会中，通过图书馆、学校、社区中心、在线平台等多种途径，人们可以轻松地获得阅读资源。公众的参与还决定了阅读推广活动的可持续性。活动需要持续吸引新的参与者，同时保持一直以来的参与者的活跃度，形成良性循环。

4.主动介入性

阅读推广的成功在很大程度上取决于其主动介入性，即推广者如何有策略地组织活动、激发兴趣、引导选择，并对读者需求作出响应。推广者通常会策划各种规模和形式的读书活动，如图书分享会、作家讲座、主题阅读会等，旨在营造一个鼓励阅读的社会氛围。这种组织的行为不仅为读者提供了学习和交流的平台，也潜移默化地影响着他们的阅读习惯和偏好。

推广者需要在活动中通过巧妙地设置议题、选书和引导讨论，主动有效地激发读者的阅读热情。他们的专业引导不仅有助于读者发现新的书籍和作者，还能够帮助读者开阔视野，提高阅读的深度和广度。同时，主动性还表现在推广者对读者反馈的重视上。他们倾听读者的需求，观察阅读行为，然后据此调整推广策略，使其更加贴近读者的实际需求。

推广者还会主动利用各种媒体和技术手段，比如社交媒体、博客、在线阅读社区等，来主动推荐阅读材料，增加与读者的互动，从而进一步影响读者的阅读选择。通过这种主动性的介入，阅读推广者不仅构建了一个能够响应读者多元需求的环境，也为读者提供了持续的动力和方向，使阅读成为生活的习惯。

5.成效滞后性

阅读推广活动在实施后，其成效往往并不会立即显现，而是需要一段时间才能体现，这是因为阅读的影响具有内化和累积的特点。个体受到推广活动的影响后，往往需要一段时间去消化所读的内容，将新获得的信息和知识与自身的经验相结合，通过反复地思考和实践来深化理解和应用。这一过程是渐进的，它的成果也多为内在的心智和认知上的变化，不如行为改变那样直接可见。

进一步地，当这些个体的阅读成效想要转化为社会成效时，挑战便愈加明显。社会成效通常体现在文化水平的提升、创新能力的增强、公民素养的改进等方面，这些都是长期而微妙的变化过程，难以在短期内直接观察和量化。例如，阅读推广可能促进了某个社区的文化交流，但是这种交流如何促进社区和谐，如何影响社区成员的长远发展，是缓慢而复杂的过程。

最后，成效的滞后性也意味着评估阅读推广活动的成效不能急于求成。评价指标和方法需要细致和全面，不仅要考虑短期内的参与度、满意度等直接指标，还应关注长期影响，如阅读习惯的养成、思维方式的改变等。因此，理解和应对阅读推广的成效滞后性，要求推广者耐心地投入，同时需要开发合适的评估工具来揭示和跟踪这些隐性的变化。

二、图书馆阅读推广服务

（一）图书馆阅读推广服务的内容

图书馆阅读推广服务的内容如图 4-3 所示。

图 4-3　图书馆阅读推广服务的内容

1. 引导

对于那些未能意识到阅读价值的人群，图书馆需要通过设计引人入胜的活动和项目，激发他们对图书的好奇心，带领他们体验阅读带来的愉悦和知识的喜悦。这种引导作用是培养阅读兴趣的第一步，也是促使阅读成为全民习惯的重要策略。

2.训练

图书馆在提升公众的阅读技能方面发挥着训练师的职能。对于渴望阅读但尚未掌握良好阅读技巧的人们，尤其是儿童和学生，以及那些错失持续学习机会的成年人，图书馆提供了学习和提高的平台。通过阅读指导课程、互动式学习工具和个性化的阅读计划，图书馆帮助他们系统地学习如何阅读，如何理解，以及如何思考。

3.帮助

图书馆对于读者提供了必不可少的支持。这种帮助不仅仅是通过无障碍的设施或特殊的阅读材料，还包括专业人员的辅导和技术的支持、帮助，以确保每个人都能享受阅读。

对于那些阅读能力已经较强的高层次读者，图书馆通过阅读推广活动为他们提供便捷服务，进一步满足他们的阅读需求和深化他们的阅读体验。对于学校图书馆而言，它们不仅服务于学生的专业阅读需求，还努力拓宽学生的视野，提供跨学科的知识资源，帮助他们构建全面发展的知识结构，为其未来的学术和职业道路打下坚实的基础。

（二）图书馆阅读推广服务的特点

图书馆阅读推广服务的特点如图 4-4 所示。

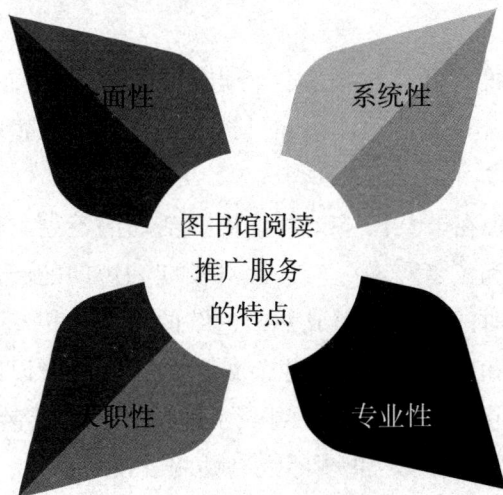

图 4-4　图书馆阅读推广服务的特点

1. 全面性

相比于其他形式的阅读推广活动，图书馆阅读推广活动具有全面性的特点，因为图书馆阅读推广活动在内容、服务对象、方式和目标上都追求全方位的覆盖和均衡的发展。

公共图书馆的服务对象包括所有公民，这使得其阅读推广活动必须覆盖不同年龄、性别、职业、教育水平和兴趣的读者。为此，公共图书馆提供了从幼儿绘本到老年读物、从科普知识到专业文献、从休闲杂志到学术期刊的丰富藏书，以满足不同读者群体的需求。

在全面性的推动下，图书馆的阅读推广活动不仅仅局限于内部阅读，还包括外部的社区参与和合作项目。例如，图书馆会与学校合作，开展青少年阅读提升项目；与社区中心合作，举办老年人图书交流会；甚至与商业伙伴合作，创建阅读促进项目，增强其活动的社会影响力。

公共图书馆特别强调对特殊人群和弱势群体的服务，这体现了其均等化、全面性的社会责任。通过提供有声图书、大字版图书、易于理解的阅读材料以及无障碍阅读环境，图书馆确保每个人都能享有阅读的权利和机会。

最后，图书馆的阅读推广活动通常是多样化的，包括但不限于作者讲座、书展、阅读俱乐部、创意写作工作坊等。这种多元化确保了不同读者的多种需求能得到满足，并鼓励人们从多角度和多层次享受阅读和学习的乐趣。

2. 系统性

图书馆的阅读推广活动的系统性特点表现在多个层面，从策划到执行，从馆藏管理到服务流程，再到评估和反馈，每个环节都紧密相连，构成了一个高效、有序的整体。

系统性首先表现在公共图书馆阅读推广活动的策划与实施。图书馆会基于广泛的市场调研和读者需求分析，制订长期和短期的阅读推广计划。这些计划不是孤立或临时的，而是形成一个连续的系列，相互关联，共同服务于图书馆的长远目标和读者的发展需求。如图书馆可能会以国家教育大纲为指导，结合社会热点话题，逐步规划一系列针对不同年龄层次的阅读活动，这些活动包括儿童阅读启蒙、青少年批判性阅读技巧提升、成人终身学习等。

馆藏资源是公共图书馆阅读推广活动系统性的核心。公共图书馆所拥有的资源经过专业人员按照一定的分类体系和标准进行组织，这使得资源不仅在物理上有序排列，而且在信息检索系统中便于检索。图书馆的阅读推广活动能够依托这种结构化的馆藏资源，进行主题性或针对性的阅读引导，如主题书展、特定领域的深度探索等。

公共图书馆的服务流程一致性也是其系统性的体现。无论是图书借阅、阅读推荐还是活动组织，图书馆都会遵循一套标准化流程，确保服务的质量。这种流程的一致性让图书馆能够有效地推广阅读，同时也为读者提供了可预期的服务体验。图书馆员工在阅读推广过程中会采用一致的指导原则和服务标准，使得推广活动不仅有序进行，而且效果可衡量。

系统性体现在活动结束后的评估和反馈机制。公共图书馆会对每一次的阅读推广活动进行效果评估，收集参与者的反馈，并将这些信息用于改进未来的推广活动。这种基于反馈的不断调整和优化，形成了一个闭环的评估机制，使得图书馆的阅读推广活动会更加精准、有效。

图书馆的系统性还体现在其与其他教育文化机构的合作上。通过与学校、社区中心、出版社等机构的协作，图书馆能够建立起强大的阅读推广网络，共同促进阅读文化的传播，提升公民的文化素养。

3. 天职性

从其历史角度来看，图书馆的建立和发展一直与知识普及的使命紧密相连，承担着知识普及的责任。图书馆作为存储和传递人类知识与文化遗产的机构，其存在的根本目的就是让更多人能够接触、阅读和利用这些知识资源。因此，阅读推广不仅是图书馆的一项服务，更是其在长期发展中形成的核心价值观，是其天然的责任和义务，这也是图书馆得以持续存在并发挥作用的基础。

公共图书馆阅读推广的天职性还在于其对公众教育和终身学习的支持。在正规教育之外，图书馆提供的各种资源和阅读推广活动，成为公民自我教育和终身学习的重要补充。通过阅读推广，图书馆不仅传播知识，更激发了公众的学习兴趣和学习能力，对维护社会智力资源和促进社会进步有着深远的影响。

阅读推广活动的天职性也体现在公共图书馆作为实现文化平等的重要工

具上。图书馆为所有人提供平等的信息获取和阅读机会，特别是对于弱势群体和边缘人群，公共图书馆的阅读推广活动具有不可替代的社会价值。图书馆通过各种形式的阅读推广活动，实现知识的平等获取，促进社会的整体文化提升。公共图书馆的阅读推广活动是其社会文化功能的具体体现。图书馆不仅仅是一个提供图书的场所，更是城市社会文化生活的核心组成部分。阅读推广活动通过增进公众对文化多样性的理解和认识，强化社区文化交流和社会凝聚力，反映了图书馆在推动社会文化发展中的重要作用。

随着信息技术的发展，知识更新的速度不断加快，公共图书馆的阅读推广活动也是适应时代发展的必然要求。图书馆不仅需要传统的图书借阅服务，更需要积极地通过各种现代化手段和平台，如数字化资源、线上阅读等，来推广阅读，满足现代社会公众的阅读需求和习惯。

4.专业性

图书馆在其长期积累的专业知识基础上，通过科学的采购、筛选和分类流程，建立起严谨的馆藏体系。这不仅包括图书本身，还涉及电子资源和其他多媒体材料。图书馆通过这种专业的管理，确保阅读推广活动能够依托高质量和多样化的资源，满足不同读者的需求。

图书馆提供的专业性还体现在高效的信息检索与服务能力上，通过精确的目录系统、有效的关键词索引以及对用户友好的检索平台，能够帮助读者快速找到所需资料。图书馆员工的专业培训使他们能够在对读者服务时提供专业的咨询回答、导读和参考推荐，提升阅读推广活动的质量和效率。

第二节　现代图书馆阅读推广服务创新实施

图书馆阅读推广服务的本身其实就是一种创新服务，它追求超越基本的图书出借功能，主动介入读者的阅读生活，提供丰富的阅读选择和指导。尤其在数字化浪潮影响下，图书馆为了应对读者需求的多样化，图书馆还在不断探索新的服务模式，利用多种平台和技术手段，如电子图书、在线数据库、社交媒体和移动应用，以满足现代用户的阅读习惯和偏好。

　　构建健全的公共文化服务体系也离不开全民阅读推广的重要环节。自2014年我国政府工作报告首次提出"倡导全民阅读"以来，全国各地便开始了积极地探索和实践，作为公共文化服务体系的核心力量，图书馆承载着推广全民阅读的使命和责任。为了有效落实这一战略，图书馆必须探索多元化的阅读推广方法与途径，不断适应社会发展，巩固在当代社会中的作用。

一、把握数字阅读趋势

　　随着信息技术的飞速发展，数字阅读已经逐步成为人们获取信息的重要方式。这种趋势对图书馆的阅读服务提出了新的挑战和要求。图书馆在维护传统阅读方式和经典文献传承的同时，也必须担负起培养读者数字阅读能力的责任。

　　为了适应数字阅读的新趋势，图书馆需将数字技术与传统阅读资源相结合。这不仅意味着将实体书籍数字化，更关键的是创造一个无缝的阅读体验，无论是在纸质书还是在网络和移动设备上。图书馆可以开发或整合现有的数字阅读平台，让读者可以通过电子书、有声读物、在线杂志等多样化的数字媒介享受阅读，同时也能够通过互动功能参与知识的交流与讨论。图书馆还应致力于打造个性化和精准化的数字阅读服务。通过数据分析，了解读者的阅读偏好和习惯，从而提供贴心的阅读推荐和服务。此举不仅能提升读者的阅读体验，也能增强图书馆服务的有效性。为了进一步推动数字阅读的普及，图书馆应当完善多元化的数字阅读平台。这包括提供多种形式的电子资源，如电子书库、在线数据库、互动式电子学习工具等。同时，图书馆可以建立公共数字文化空间，如设立专门的电子阅读区、互动讨论区和在线研讨会，让数字阅读成为公共文化生活的一部分。

　　在把握数字阅读趋势的过程中，图书馆还应积极参与数字阅读资源的建设与共享，与出版社、教育机构以及其他图书馆等合作，共同构建丰富多元的数字阅读生态系统。通过这些方式，图书馆不仅能在数字时代中保持其文化与知识传播的核心地位，也能引导社会形成更加健康、活跃的阅读文化环境。

二、营造浓厚的文化氛围

在图书馆推广阅读服务的过程中，营造一个浓厚的阅读文化氛围是至关重要的。这不仅能够提升公众对于阅读的兴趣，还能够形成持续的阅读习惯。公共图书馆可以利用多种媒体渠道，如传统的报纸、电视和广播，以及新兴的社交媒体平台如微博、微信，架构出一个多元化的信息传播网络来扩大阅读推广活动的影响力和覆盖面。借助新媒体的广泛覆盖和即时互动特点，如微博、微信等社交平台，即时发布各类阅读相关的动态、资讯和活动预告。如：定期推出"每周一书"或"月度主题阅读"等项目，激发和维持公众的阅读热情；开展在线读书挑战、知识竞赛、文献研讨会、诗歌吟诵等，构建起一种积极的阅读文化氛围，这对人们创作出更多优秀作品具有不可估量的价值。

图书馆还可以在如世界读书日、图书馆服务宣传周和全民读书月等时期，组织系列推广活动，利用听书类 App、直播等方式将阅读推广活动塑造为一个连接作者、读者和评述人士的文化盛宴，拉近彼此间的距离，丰富读者的阅读体验。如：通过策划新书推介会、专题讲座和文化展览等形式多样的活动，可以有效地吸引不同年龄、不同背景的读者参与。

除此之外，图书馆可以定期举办读书会和读书节，以此作为平台，邀请作家、学者、评书人等文化界的知名人士举办讲座。例如，举办专题讲座，深入解读经典文学作品，创造机会让读者与作者直接对话，促进交流。

三、构建全面有效的保障机制

构建一个全面有效的全民阅读推广保障机制，这不仅要依托于政府的大力支持和政策导向，也需要一个周密的顶层规划以及相应的基础设施支持。通过市级中心图书馆的领头，辅以县级和基层图书馆的网络，营造一个涵盖市、县、乡镇、社区的全民阅读体系，从而保证阅读资源和服务的均衡分布。

在此基础上，各区域应当注重数字图书馆的建设，通过高效的资源共享，打造一个线上线下结合、集中与分散相结合的公共文化服务体系。此举旨在实现服务平台的完善与阅读资源的整合，创新阅读推广方式，为公众提供更全面、更高效的文化阅读服务。

设立全民阅读推广委员会，作为专门机构，该机构负责将全民阅读工作作为重要职责，实施统筹规划和系统管理，确保阅读推广活动能够有效开展。通过建立全民阅读制度，完善各项政策，同时建立读者反馈机制，确保阅读服务的质量和效果。

面对全民阅读时代的到来，图书馆需要转变传统的偶尔性、节日性阅读推广活动模式，实现阅读推广的常态化与持续性。以鞍山市图书馆为例，该馆成立了专门的阅读推广工作部门，标志着阅读推广工作的专业化和系统化。通过举办各类大型活动，同时构建沟通交流的平台有效开展了系统性的阅读推广工作，鞍山市图书馆成为全民阅读推广的典范。

此外，图书馆还应该重视阅读推广人才的培养和引进。这些阅读推广专家既包括专业人士，也包括热心于阅读推广的业余人士，他们能够通过各种渠道和形式，传播阅读理念，开展阅读指导，激发人们的阅读兴趣。图书馆通过组织多样化的阅读推广活动，不仅能够培养读者的阅读兴趣，还能深入了解读者的阅读需求和阅读习惯，为读者量身定制阅读推广方案，有效地推进全民阅读的普及。

四、建立常态化阅读推广长效机制

为了有效推广阅读并激发公众的阅读兴趣，图书馆必须设立明确的长期规划，采取全方位和多角度的策略来建立常态化的阅读推广机制，确保活动的连贯性和目标的达成。首先，至关重要的一步是成立一个专门的阅读推广机构，这个机构将成为策划、执行和评估所有阅读活动的核心。它需要具备明确的责任范围，如进行市场调研、追踪阅读趋势以及评价活动成效等。为了支持这一机构的运作，要培养一支专业化的人才队伍，他们不仅理解如何点燃公众对阅读的热情，还要精通策划和执行引人入胜的阅读活动，设计出新颖且富有创意的主题和内容，活动之后更要能够实时响应公众的反馈，确保服务的持续性和相关性，因此，需要建立一个评估和反馈机制，用以定期审视阅读推广活动的成效，保证能够根据反馈进行必要的调整，从而实现自我完善和持续更新。图书馆还需与教育机构合作培养专业人才，同时为图书馆工作人员提供持续的在职培训，以确保他们具备最新的阅读推广技能。比如提高特定人群的阅读参与度或者推广数字阅读资源。

图书馆需要构建一个志愿者网络，这个网络可以由来自社区、学校和非政府组织的成员组成，他们将定期在图书馆和社区中开展各种阅读推广活动，努力将提高阅读推广活动的参与度和覆盖面。

为满足不同读者的需求，图书馆还要举办各种形式的阅读活动，在活动形式上进行创新，通过与外部机构如学校、出版社和文化中心的合作，图书馆能够整合资源，吸取各种创新模式，创造更大的推广效果。同时，利用数字技术的优势，图书馆可以发展线上阅读俱乐部和电子图书借阅服务，这不仅能够扩大服务的范围，还能提高图书馆服务的可访问性。

通过这种多维度的努力，图书馆的角色将得到重新定义，不再仅仅是图书的提供者，而是成为一个促进文化交流、知识分享和个人成长的动态平台。在这样的环境中，全民阅读的参与度将大幅提升，公众的阅读意识和能力也将随之增强，推动公众阅读水平的整体提升。

五、强化硬件设施建设

图书馆作为推广全民阅读的重要阵地，其基础设施的先进性和完备性直接关系到全民阅读活动的效果和广泛性。

现代化的图书馆不仅仅是图书的堆砌场所，它应该是一个集知识传递、文化交流、休闲娱乐于一身的综合性空间。因此，需要政府部门加大投入，不断改进和扩建图书馆设施。这涵盖了图书馆的物理建筑扩容、室内环境优化以及高科技服务设备的配备，如自助借还书机、电子阅报屏、智能导航机器人等，这些设备的引入能显著提高图书馆服务的效率和便捷性，进而吸引更多的市民走进图书馆，享受阅读的乐趣。

积极构建覆盖城乡的公共阅读服务网络。目前，城市与乡村在图书馆服务水平上存在较大的差异，这种差异限制了全民阅读的推广范围。因此，政府应努力推动市县、乡镇、村庄三级图书馆服务网络的建设，使之形成一个有机整体。这样的网络不仅能实现区域内的文化资源共享，也将促进基层阅读场所的转型升级，为广大乡村读者提供更为丰富和多元的阅读资源。通过这种方式，我们可以有效缩小城乡在公共文化服务设施方面的差距，让全民阅读活动真正实现城乡并举，让每一个角落的居民都能享受到平等、高质量的阅读资源。

硬件设施的完善还应注重智能化和人性化的设计。图书馆内的阅读空间应当充分考虑不同群体的需求，如设置儿童阅读区、静音学习区、多媒体互动区等，以满足不同读者的阅读和学习习惯。图书馆应成为一个温馨、舒适、智能化的第三生活空间，使读者在享受阅读的同时，也能感受到科技带来的便捷和舒适。

六、完善合作推广机制

全民阅读的推广不仅仅是图书馆的责任，也是全社会的共同使命。要让阅读文化深入人心，必须实现各方资源的有效整合和协同推进。通过建立多元化的合作关系，可以激发社会各界的参与热情，共同打造一个全民参与阅读、享受阅读的社会氛围。

要深化与教育部门的合作。图书馆与教育部门的合作应当深入学校教学的各个层面。图书馆可以提供个性化的阅读指导和书目推荐服务，帮助学校教师为学生挑选合适的阅读材料。同时，利用假期和特殊节日，共同策划针对性的阅读活动，如青少年文学节、儿童阅读嘉年华等，以此吸引学生积极参与，培养他们的阅读兴趣和习惯。此外，图书馆还可以为教师提供专业培训，增强他们的阅读教学能力。

图书馆还可以利用名人效应提升阅读活动的吸引力。名人及公众人物可以在阅读推广中扮演关键角色。图书馆可以定期邀请作家、学者、艺术家参与签名售书会、作品讲解会或者是"与名人同读一本书"的系列活动。这些活动不仅能够提升公众对阅读的兴趣，还能够借助名人的社会影响力扩大活动的覆盖范围。通过他们的分享，读者能够获得更加深刻的阅读体验和理解。

拓展其他社会力量的参与渠道。为了使阅读推广活动可持续发展，需要充分利用社会各界的力量。图书馆可以与本地企业合作，发起企业社会责任项目，如"一企一馆"项目，鼓励企业为公共图书馆提供资助，或者是为社区内的小型图书角提供图书捐赠。同时，可以与公益组织一起，筹办二手书交换市场、阅读知识讲座等活动，既能增加图书馆的书籍资源，也能增进社区居民的交流与合作。

七、设立自助机构

图书馆在推广阅读的过程中，设立自助机构是对服务模式的一种创新实践。自助机构使得读者能够依据个人时间和偏好进行自主阅读，这不仅符合现代人对高效便捷服务的需求，还可以提升了读者的参与感和满意度。

通过自助借阅机、自助查询系统以及电子资源的普及，图书馆能够实现24 小时不间断服务，满足不同读者群体在不同时间段的阅读需求。这种自助服务方式减少了因图书馆开放时间限制给读者带来的不便，增加了阅读的可能性和灵活性。自助机构还助力于读者自发组织的阅读小组或社区的形成。图书馆提供的线上平台和线下空间，成为读者交流思想、分享感悟的场所，促进了阅读文化的交流和扩散，激发了读者的阅读兴趣和社交动力。

随着数字资源的丰富，图书馆的自助服务还可以包括对电子图书、有声读物、在线课程等数字化阅读材料的引入和推广。这样的服务拓宽了读者的阅读选择，尤其是对于那些生活节奏快、无法频繁访问图书馆实体空间的读者，他们可以通过网络远程访问阅读材料，享受到同样的文化滋养。

资金的稳定支持保障了自助服务的连续性和更新迭代的可能性。这些投入不仅用于基础设施的建设和维护，更重要的是用于不断更新图书馆的藏书资源和技术平台，以匹配日新月异的信息技术和读者的阅读习惯。

除了提供自主阅读的硬件和资源，自助机构也担当起了指导和教育的职能。图书馆可以通过自助服务系统推送阅读指导、建议书目和主题讲座等内容，帮助读者提升阅读技巧和批判性思维，从而深层次地参与阅读。

设立自助机构，图书馆不仅创新了自身的服务方式，也进一步发挥了社会文化中心的作用，为读者提供了开放、互动和个性化的阅读环境。这些举措有效地促进了阅读的普及，有助于构建学习型社会，提升公众的整体文化素质。

第三节　现代图书馆阅读推广服务评价体系

评价图书馆阅读推广服务的质量涉及综合多方面的因素。通过这些指标的全面评估能够更全面地测量图书馆在推广阅读方面的表现（图 4-5）。

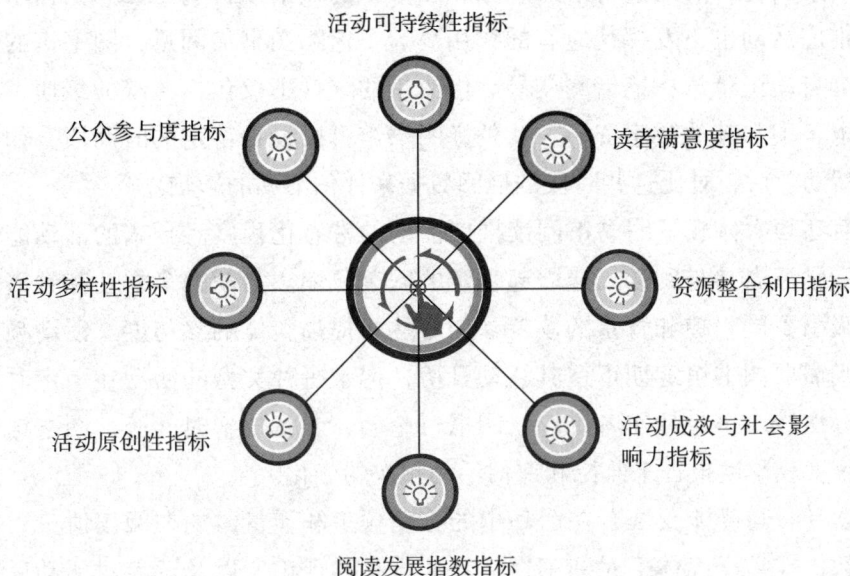

图 4-5　现代图书馆阅读推广服务评价指标

一、公众参与度指标

在阅读推广中，公众参与度是衡量活动成功与否的关键指标之一。它直接反映了图书馆在吸引公众参与阅读活动方面的效果，包含了多个方面的具体数据。

活动出席率是评估阅读推广活动参与度的首要指标。它记录了每次活动实际到场的人数与预期人数的比例，这个比率越高，说明活动越能吸引目标群体。出席率的高低受多种因素影响，如活动的宣传效果、时间安排的合理性、活动内容的吸引力以及读者对图书馆服务的整体满意度等。图书馆可以利用在线注册系统来记录预期参与者数量，并在活动现场通过签到表或电子签到来记录实际到场人数。活动结束后，通过比较预注册人数与实际出席人数，可以计算出活动的出席率。

图书借阅量是另一个重要的指标，它显示了在一定时间内读者借阅图书的数量。这个数据可以从整体上反映出图书馆藏书的流通情况和读者的活跃度。一般而言，借阅量的增加意味着图书馆的藏书能够满足读者的需求，而阅读推广活动也正发挥其应有的作用。为了追踪图书借阅量，图书馆的借阅系统会自动记录每一笔借阅交易。借阅量的统计不仅包括传统的纸质书，也包括电子书和其他数字资源。此外，图书馆可以设置特定的时间段，如阅读推广活动前后，对比这些时段的借阅数据来评估活动的影响。

活动频次体现了图书馆阅读推广活动的常态化程度。频繁的活动能够持续地激励读者参与阅读，建立起稳定的阅读习惯。活动的多样性和频繁度也能够吸引不同兴趣和背景的读者参与，从而提高整体的参与度。活动频次的统计则需要图书馆定期审视其活动日历，记录每种类型的活动在一定时期内的举办次数。这包括作者讲座、图书讨论会、儿童故事时间等。图书馆可以通过年度或季度报告来监控和评估活动频次的变化。

读者参与度涉及读者在活动中的互动频率和质量，如在阅读讨论中的发言次数、在社交媒体上对图书馆活动的分享和评论，以及读者对活动反馈的积极性等。这些互动的深度和广度可以反映出读者对于图书馆阅读推广活动的认可和兴趣。评估读者参与度则更为复杂，因为它包含了定量和定性两方面的数据。为了全面衡量参与度，图书馆可以利用调查问卷、访谈、焦点小组讨论或开放式的反馈收集参与者对活动的反馈，包括他们的参与频率和活动的互动情况。同时，社交媒体平台上的数据分析工具可以帮助图书馆量化读者在网络上的互动程度，如点赞、分享和评论的数量，以便深入了解读者的阅读体验和满意度。

最终，通过整合和分析这些定量和定性数据，图书馆可以得到关于阅读推广活动参与度的全面图景，并据此做出相应的策略调整，以提高其服务质量和读者的阅读参与度。

二、活动多样性指标

在阅读推广中，活动多样性是至关重要的指标，因为它们直接关系到阅读推广服务能否吸引广大读者的兴趣去参与，以及能否满足广泛读者的需求、能否触及各个社会群体等。优秀的阅读推广服务不应只是固定某种活动类型、只关注某一特定人群，而是应该以多样的方式覆盖所有年龄层和具有不同阅读兴趣的读者，因此多样性指标涵盖了活动覆盖率指标这一项内容。

图书馆藏书的多样性首先是核心。一家图书馆是否拥有广泛的藏书类别，包括小说、诗歌、剧本、科普等，是衡量其服务多样性的基本指标。图书馆应当定期评估和更新其藏书目录，确保文献资源与时俱进，满足不断变化的读者需求。图书馆所提供的阅读活动类型也应多样化。

图书馆阅读推广活动在内容与形式上的多样化是吸引不同读者群体和满足他们多元化需求的关键。在内容方面，图书馆应设计一系列覆盖各个年龄段和兴趣层面的活动。对于年幼的读者，可以安排富有趣味性的故事时间和绘本阅读，培养他们的语言能力和想象力；青少年可以通过参与写作工作坊、辩论俱乐部或科技制作活动来提升创造力和批判性思维；成人读者可能倾向于参加文学讨论会、历史讲座或者个人发展相关的研讨会；而老年人可能对回忆录写作指导和家谱研究等活动感兴趣。为推广不同文化和知识领域，图书馆可以根据特定主题组织活动，如专门为女性作家设立的特别阅读月，科学阅读周以激发公众对科学主题的兴趣，或多元文化节以展示和教育公众关于世界各地不同的文化传统。在活动形式上，图书馆应该创造多样的体验方式来吸引读者。这包括但不限于传统的阅读和讨论，还包括互动式的研讨会、现场或虚拟的作家见面会、社交媒体挑战赛、图书交换活动，以及结合了音乐和艺术的诗歌朗诵夜。图书馆也可以尝试推出户外阅读活动，如在咖啡馆、儿童活动中心、公园、海滩或山区进行的读书野餐，为读者提供新颖的阅读体验。图书馆可以依托节日或纪念日的机会，围绕这些特殊日子设计和推广相关的阅读活动。例如，可以在地方或国家重要的历史纪念日举办与之相关的图书展览和主题讲座，邀请历史学者分享深度见解。

图书馆还应该采取创新的形式来满足当代读者对知识获取的新方式，比如推出线上讲座、网络研讨会、互动式网络直播等，使即便是远在他乡的读者也能参与图书馆的活动。

三、活动原创性指标

活动的原创性直接关系到活动的吸引力和影响力。原创活动指的是那些独特的、创新的、未曾出现过的推广方式，它们可以提供新颖的阅读体验，激发公众的阅读兴趣。它的优点在于能够提供与众不同的阅读场景和互动方式，从而在信息过载的时代中脱颖而出，吸引人们的注意。它们通常更能够引起媒体和公众的兴趣，因为人们总是对新鲜事物保有好奇心。这种新奇感可以增加活动的传播范围，通过口碑和社交媒体扩大影响力。原创活动的另一优点是可以更好地与特定的读者群体产生共鸣。设计活动时考虑到特定社群的兴趣和需求，可以使活动更加贴合目标受众，从而提高参与度和满意度。

对于阅读推广而言，原创活动可以带来积极影响。第一，它们可以增强图书馆在社区中的形象，将图书馆塑造成一个创新和前瞻性的学习中心。第二，通过提供独特的阅读推广活动，图书馆能够激发读者的想象力和探索精神，这对于培养长期的阅读习惯至关重要。原创活动能够为读者带来新的学习体验，促进知识的交流和文化的多样性，有助于构建一个终身学习的社会环境。

四、阅读发展指数指标

"阅读发展指数"评价指标包括阅读率增长、阅读深度、阅读广度和阅读持续性四个关键指标。

阅读率增长衡量的是图书馆能否有效地吸引更多的人参与阅读。这不仅仅是看活动的短期吸引力，而且是关注在一段时间后，图书馆服务和推广活动是否促进了更多人将阅读作为一种常态化的习惯。统计数据可以从图书馆的注册读者数量、活动参与人数以及社区报告的阅读频率中获得。

阅读深度关注的是读者阅读内容的复杂性和挑战性。这个指标帮助图书馆了解读者是否仅停留在轻松娱乐的阅读上，或者已经开始探索更为深奥的文学作品、专业资料或高难度的学术著作。阅读深度的提升通常意味着读者的认知水平和理解能力在提高，这可以通过跟踪读者借阅图书的类别和难度来衡量。

阅读广度则评估读者在阅读选择上的多样性。一位拥有广阅读视野的读者通常会探索不同文化、体裁和主题的书。图书馆可以通过分析借阅记录和活动主题来评估其服务是否帮助读者接触和欣赏多元化的阅读材料。

阅读持续性是衡量阅读习惯在个体生活中的稳定性。图书馆的目标是培养终身阅读的习惯，而不是让阅读成为一时的热潮。这可以通过追踪读者在一段时间内的借阅频率和参与阅读活动的持续性来衡量。稳定的或增长的借阅频率，以及长期参与阅读俱乐部或其他活动的读者，都是阅读持续性强的信号。

评估"阅读发展指数"时，图书馆应收集和分析相关数据，如年度读者增长率、阅读材料的种类和难度水平、读者借阅和活动参与的跨文化和跨体裁情况，以及读者在长期内的借阅行为模式。这些数据的综合分析将揭示图书馆阅读推广活动的长期效果，帮助图书馆识别成功的策略，挖掘需要改进的领域，并指导未来的阅读推广计划。通过持续监测和提升"阅读发展指数"，图书馆能够更好地履行其教育和文化传播的使命，推动阅读文化的繁荣发展。

五、活动成效与社会影响力指标

阅读推广活动的效果并非一蹴而就，而是随着时间的推移逐渐显现和扩散的长期、缓慢的过程，是需要长期性和累积才能呈现的。在评估阅读延展性和社会影响力时，应当注意以下几个问题：

第一，时间跨度。评估阅读推广活动的成效需要设定合理的时间框架。由于阅读习惯的养成和知识的吸收都是长期过程，短期内可能观察不到明显变化。因此，应考虑长期跟踪读者的阅读行为和态度变化。例如，可以在阅读推广活动后的六个月、一年和两年等多个时间点进行评估，以观察和分析长期趋势和影响。

第二，内化过程。阅读的影响不易直接观察，它更多体现在读者的内在改变上，如思维方式、知识储备、价值观念等。评估时需要通过调查问卷、访谈等方式来间接测量这些内在的变化，调查问题可以包含对读者阅读习惯、阅读偏好、知识水平和阅读态度等方面的问题。访谈和小组讨论可以提供更深层次的见解，帮助图书馆了解读者如何内化阅读体验，并将其转化为个人成长和认知发展。

第三，累积效应。阅读的积极效应可能是逐步累积的，一个活动可能只是触发点，而真正的变化可能在一系列活动和时间的累积下逐渐显现。因此，评估时应考虑多个阅读推广活动的累积作用。

第四，多元数据。由于阅读影响的延展性，评估时需要结合使用多种数据源，如图书借阅记录、参与度数据、社区反馈以及长期的阅读习惯跟踪调查等。这些数据不仅可以量化参与度，还可以反映阅读推广活动的社会影响力。

第五，定性与定量结合。在评估阅读推广活动的长期成效时，应当结合定性和定量的研究方法。定性数据可以更深入地理解读者的个人体验和感受，而定量数据提供客观的行为指标。定性数据可以通过活动心得、故事讲述和开放式漫谈等方式获得，帮助理解读者的个性化体验和感受；而定量数据可以通过统计分析提供客观的评估，如参与率、阅读量和阅读频率等。

六、资源整合利用指标

资源整合利用指标是一个综合性的评价指标，它衡量图书馆如何通过整合内部资源与外部资源以及外部合作来增强阅读推广活动的效能和范围。这个指数的核心在于评估资源的利用是否最大化，并且合作是否产生了"1+1>2"的效果。通过这个指数，图书馆可以持续改进其战略规划，开展更具吸引力和影响力的阅读推广活动。

资源整合关注的是图书馆如何高效地使用其资金、人员、藏书以及技术资源。在财政预算有限的情况下，有效的资源整合意味着能够确保每一份投入都能产生最佳的推广效果。这可能涉及采购策略的优化，确保所购买的书籍和材料能满足最广泛的读者需求；人力资源管理的精细化，通过培训和合理分配职责来提升员工和志愿者的服务效率；以及技术投入的策略性规划，使得数字资源和在线服务能够扩大阅读推广的覆盖面。

资源整合与利用还包括合作效益的评估，它评估图书馆与外部机构合作的成果。这不仅包括合作的数量和质量，还包括合作是否带来了新的资源、观众和阅读推广的机会。例如，与学校的合作能够将阅读推广直接融入学生的教育过程，而与当地企业的合作可能为图书馆带来额外的资金支持或技术支持。与文化和社区组织的合作则可能使图书馆能够触及新的社区群体，开展更为深入的阅读推广活动。

在实际操作中，资源整合与利用指数的评估需要图书馆从多个维度进行。首要的，可以通过财务报告和资源使用报告来跟踪资源整合的效率。然后，可以通过活动统计数据和用户反馈来评估资源是否被有效利用。合作项目的成功案例、参与人数和长期影响的追踪也是不可或缺的评估部分。

一个成功的阅读推广计划应该能够证明其资源整合能力强，且在合作中创造出比单独行动更大的价值。这不仅涉及当下的阅读率提升，还包括长期的阅读习惯培养、知识提升和文化交流。因此，资源整合与合作效益指数也应该包含对这些长期效果的评估。

评估这个指数时，图书馆需要注意合作的质量和持续性，而不仅仅是数量。高质量的合作关系能够持续地为图书馆带来资源和支持，从而确保阅读推广活动能够长期运行并持续发展。同时，图书馆需要确保资源整合策略的灵活性和适应性，以便能够响应不断变化的阅读需求和社会发展趋势。

七、读者满意度指标

在阅读推广活动中，读者满意度是衡量服务效果的重要指标。这个指标不仅反映了图书馆服务和活动的质量，也是推广成功与否的关键因素，更是图书馆服务改进、用户忠诚度建立和长期战略发展的基础。一个满意的读者更有可能成为长期的图书馆用户，也更愿意推荐图书馆的资源和服务给他人，从而扩大图书馆的影响力和用户基础，巩固图书馆的品牌忠诚度，这种正面的反馈循环将有助于图书馆在推广阅读方面取得更大的成功，

读者满意度的调查通常包括对图书馆环境、藏书质量、服务态度、活动内容等方面的评价。图书馆可以通过多种方式收集满意度信息，包括在线问卷、纸质调查表、个人或电话访谈，甚至是通过社交媒体和网站的反馈功能。

满意度调查的设计应确保问题全面，覆盖图书馆提供的所有主要服务和活动，以便收集到有关不同方面的详细反馈。通过定期的满意度调查和细致的数据分析，图书馆能够更好地理解读者需求，不断提升服务水平，有效推广阅读文化。满意度调查提供了直接反馈，帮助图书馆了解哪些服务和活动最受欢迎、哪些需要改进。例如，如果调查结果显示读者对儿童阅读活动的满意度高，图书馆可以考虑增加类似活动的次数和种类。反之，如果某些服务的满意度不高，图书馆则需要调查原因，采取相应措施，如改善藏书的多样性、提高服务人员的专业培训等。

但在执行图书馆阅读推广的满意度调查时，需要确保数据的客观性和准确性。排除主观偏见和恶意差评等非客观因素的影响，因此需要制定一个科学、准确的策略，贯串调查的设计、实施和分析的每个环节。问卷设计应包含筛选性问题以确认回答者是否真实经历了服务或活动。为避免单一问题带来的主观性影响，对于每项服务应设计多个从不同角度进行评价的问题，通过统计分析方法，如计算标准差和中位数，识别出异常值。开放式问题的引入能鼓励读者提供具体的正面或负面反馈，而跟进访谈进一步验证极低评分的真实性。长期的趋势分析可以揭示数据的一致性，异常波动则需要特别注意。还可以设置阈值，如排除最高和最低的评分百分比，缓和极端评分的影响。同时，对比分析也是一种有效的手段，将当前数据与历史数据或其他机构的数据相对比，可提供更广阔的视角。必要时，引入专业的市场调查机构进行满意度调查也是保障调查质量的有效方法。采取这些措施，图书馆可以确保收集到的数据更能真实反映读者的满意度，为改善服务和提升阅读推广活动提供有力的支持。

读者满意度调查还可以作为图书馆内部评估和管理的工具。满意度数据可以帮助图书馆在战略规划中做出明智决策，用于评估和激励员工的表现。在预算分配和资源投入方面，高满意度的服务或活动可以被视为有效的投资，而低满意度的领域可能需要重新考虑和调整。

八、活动可持续性指标

活动持续性指标在图书馆阅读推广活动中是核心考量因素之一，它不仅关乎活动本身的生命力，也深刻反映了图书馆服务的质量和影响力。这一指标涉及的不只是活动的连续举办，更重要的是其能否随着时间的推移而不断进化，适应社会的变化，持续激发读者群体的兴趣和参与。

评估活动持续性时，需要关注以下内容：

活动的吸引力是否持久，是否能够不断刷新内容和形式来适应不同年龄段、不同背景的读者群体。同时，活动的设计需兼顾持久性，以确保其能够持续吸引新老读者。例如，图书馆可以举办同一主题的多期活动，将特殊节日活动或者本馆特色活动举办日期固定下来，并且定期举办，形式上可以不断变化，但是活动主题要有一定的持久性，例如，通过引入新的技术，如增强现实或虚拟现实（VR），提升阅读体验，或者通过社交媒体平台拓展其阅读推广的影响力，但是这些形式都是服务于活动主题，主题设计上要具有一定的持久性。

活动持续性的另一个关键是其对社会或读者的影响。持续的阅读推广活动应能够促进区域内的文化交流和知识共享。这意味着活动不仅仅是推广阅读的工具，还是连接区域成员，促进文化理解和交流的平台。

活动的可持续性还体现在其对图书馆自身发展的促进作用上。长期且成功的阅读推广活动能够为图书馆带来稳定的读者群体，从而增强其在公共服务体系中的地位。这不仅可以提升图书馆的社会认知度，还能够为图书馆带来更多的资源支持，包括资金和人才。

需要注意的是，图书馆在考虑活动可持续性的基础上要考虑到技术和社会快速变化的因素。随着信息技术的发展和社会文化的演变，读者的需求和期望在不断变化。图书馆必须具备灵活性和适应性，以确保其阅读推广活动能够持续吸引读者。这可能意味着需要定期对活动进行评估和调整，以确保它们与时俱进，满足读者的当前需求。

第五章　现代图书馆社会化服务创新

第一节　现代图书馆社会化服务的内容

一、图书馆社会化服务的内容

（一）公共图书馆的社会化服务的内容

图书馆作为一种社会文化机构，肩负的文化建设方面的社会责任，是公共文化服务体系的有机构成，图书馆的社会化服务即社会层面的公共文化服务。公共文化服务是一个宽泛而包容的概念，它涵盖了由政府或公共机构提供的各种文化产品与服务，这些服务的核心宗旨旨在通过提供文化产品和服务，如图书馆、博物馆、艺术展览和公共讲座等，保障和满足民众的基本文化权益，满足公民的文化需求，推动个人的文化素养与整体文化生活质量的提升，支持民众的个人文化素养发展和社会文化的进步。

在这一服务体系中，图书馆扮演了一个极其关键的角色。图书馆社会化服务是指图书馆超越其传统角色，不仅作为图书和信息的存储中心，而且转型为一个活跃的文化交流平台，面向社会各个阶层，积极参与社会化服务的供给。这种服务的提供不再局限于物理空间和传统的借阅功能，而是延伸到了线上资源的共享、社会教育、文化推广活动以及为特定群体量身定制的文化服务项目等多个社会层面的维度。

图书馆社会化服务的深化和扩展，是对公共文化服务理论基点的进一步具体化和实践。它们共同的终极目标是确保每个人都能公平地获取文化资源，享有平等的文化参与机会，维护和促进公共文化权利的实现。

在构建社会主义和谐社会的过程中，图书馆社会化服务的提供不仅能够丰富社区文化生活，促进文化知识的普及与传播，还能助力于社会文化以及社会主义核心价值观的传播、学习和文化多样性的保护，加强图书馆社会化服务，对于提高我国公民文化素质、繁荣发展我国社会主义先进文化、建设社会主义文化强国具有深远的意义。

（二）高校图书馆社会化服务的内容

在满足校园主体需求的基础上，高校图书馆主动拓展服务边界，将其丰富的文献信息资源以及先进的信息技术能力，通过多元化的服务手段和渠道向社会公众提供全面的信息服务，既包括无偿或有偿地向外界开放图书馆藏书、电子资源、研究资料及其他文献信息，也包括提供图书馆利用指导、信息素养教育等增值服务。社会化服务强调的是高校图书馆服务功能的外延扩展，旨在更广泛地参与社会信息资源的共建共享，实现知识传播的社会化。

具体而言，高校图书馆社会化服务的内容体现在三方面：服务对象社会化、服务内容社会化、服务能力社会化（图5-1）。

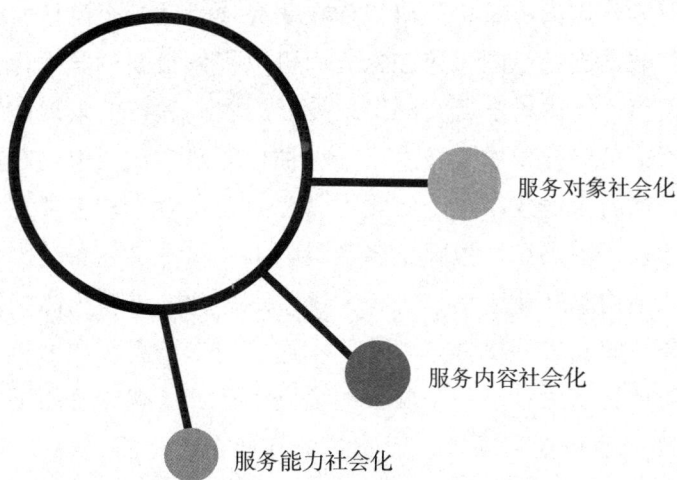

图5-1 高校图书馆社会化服务的内容

1.服务对象社会化

传统意义上，图书馆主要服务对象是校内师生，但在社会化服务框架下，其服务的触角需延伸至整个社会，服务对象不仅仅局限于校内师生，还包括政府机构、企事业单位、社区成员等，甚至延伸到较为边缘的农村和社会团体。从行业角度看，服务对象穿越了各个领域，无论是科研、商业、农业还是娱乐，都在高校图书馆的服务范围之内。服务对象社会化，要求高校图书馆深入理解并研究社会成员的信息需求，细分市场，根据地域范围、人口密度和用户群体的分布等因素来确定服务的规模。这不仅是一种服务范围的扩展，更是高校图书馆适应社会发展需求、提升自身价值和社会影响力的重要途径。通过这种转变，高校图书馆能够更好地服务于社会，促进信息资源的共享，提高公众的信息素养，从而发挥更大的社会作用。这种转变不仅增强了图书馆服务的广泛性和包容性，而且强调了其在知识共享和传播方面的社会职能。

2.服务内容社会化

服务内容社会化要求高校图书馆的服务内容同样要跨越其传统的界限。面对社会用户多样化的需求，高校图书馆必须提供各种信息资源，包括政府部门在政策制定和公共管理过程中，需要依赖准确、全面的信息支持。高校图书馆可以提供相关的政策分析、社会调查报告、历史数据等，帮助政府机构作出更加科学合理的决策；科研机构在研究项目的各个阶段，都需要大量的科学文献和数据支持，图书馆在这方面可以提供最新的学术论文、研究报告、实验数据等，促进科学研究的深入发展；农业领域的发展需要科技知识的支持，图书馆可以提供农业技术指导、种植养殖方法、市场趋势分析等信息，帮助农民提高生产效率和经济收入；普通公众对于教育资源和文化内容的需求日益增长，图书馆可以提供各类科普书、历史文献、艺术作品等，丰富公众的知识结构和文化生活；等等，这些多样化的需求为高校图书馆提供了广阔的服务空间和发展机遇。为了适应这一转变，高校图书馆需要从传统的教育辅助角色转变为社会信息服务的关键平台。这意味着图书馆的服务内容不仅要覆盖学术和教育领域，还要扩展到社会、经济、科技等多个领域。信息服务应当贯串于用户的各个需求阶段，这为图书馆的发展提供了广泛的可能性，同时也是其服务社会化的重要体现。

3.服务能力社会化

服务能力社会化指高校图书馆需跳出传统的框架，拓展服务功能，利用丰富的资源和先进的技术手段，满足社会成员的信息需求。这意味着图书馆不仅支持学术研究，还应对经济发展、社会进步、文化传承等领域发挥积极作用。为此，图书馆需要不断创新服务方式，如提供线上资源的远程访问、定制化信息服务以及社会教育和终身学习的平台等。

在社会化服务过程中，高校图书馆应确保其服务的优先序列，即首先保障本校师生的教学和研究需求，同时打开门户，对外界社会成员也提供相应的服务。此外，高校图书馆应采取灵活多样的方式开放资源，利用线上线下相结合的服务模式，确保图书馆的资源和服务可以被社会各界有效利用。

高校图书馆社会化服务的目的是双重的：一方面是通过优化资源配置，促进知识的公平再分配，让更多的社会成员受益，增强社会整体的文化素质和创新能力；另一方面，通过社会服务拓宽影响力，赢得更广泛的社会认可和支持，为高校图书馆的可持续发展提供助力。

二、图书馆提供社会化服务的天然优势

图书馆提供社会化服务的天然优势如图 5-2 所示。

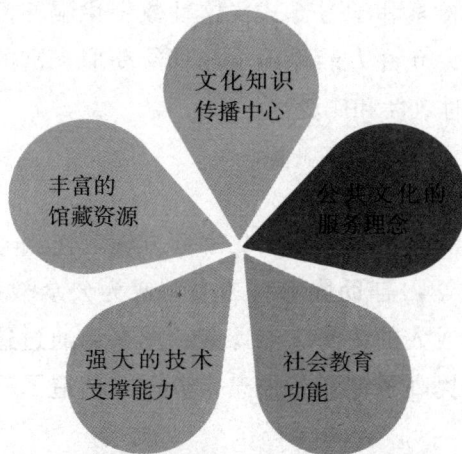

图 5-2　图书馆提供社会化服务的天然优势

（一）文化知识传播中心

图书馆是集知识传递、文化传承与智力发展于一身的关键机构。在这些空间内，图书、期刊、文献等各种形式的知识资源为公众提供了一个学习和探索的广阔天地。图书馆还常常举办各种讲座、研讨会和展览，这些活动不仅拓宽了公众的视野，还激发了社会成员的创造力和想象力。通过这样的活动和资源，图书馆成为推动社会文化发展、教育普及和公民自我提升的一个重要平台。

（二）丰富的馆藏资源

图书馆所拥有的丰富馆藏资源是其作为文化组成部分的重要优势之一。各种图书、档案、手稿、地图、多媒体资料等，构成了一个广泛的知识体系。这些资源的多样性保证了可以满足不同人群的文化需求，不论是学者进行深入研究，还是普通读者的日常阅读，图书馆都能提供支持。此外，图书馆的特殊收藏和罕见文献也为研究人员提供了难得的研究材料，这些都是图书馆无可比拟的文化价值和社会作用的体现。

（三）强大的技术支撑能力

现代图书馆的另一个优势在于其技术支撑能力。随着信息技术的不断进步，图书馆通过电子图书、在线数据库、数字档案等数字资源，为公众提供了快速、便捷的信息检索和学习方式。这种数字化服务模式极大地提升了资源的可达性和利用率，允许人们足不出户就能获取丰富的知识和信息，显著提高了图书馆服务的时效性和广泛性。

（四）社会教育功能

图书馆在提升公众教育水平和文化素养方面的作用不容忽视。通过举办各类教育活动和提供学习辅助服务，图书馆成为公众教育的一个重要支点。从儿童的故事时间到成人的终身学习课程，图书馆通过这些教育活动，培养了公众的阅读习惯，提高了他们的信息素养，并创造了一个促进社会成员间交流和学习的平台。

（五）公共文化的服务理念

图书馆的公共性、公益性和普惠性是其作为文化组成部分的核心优势。它们为所有社会成员提供免费或低成本的服务，这种开放的态度体现了图书馆服务的普遍可及性和包容性。同时，图书馆在普及优秀文化、推广科学知识、提升文明素养方面起着不可替代的作用，实质上为社会的可持续发展奠定了坚实的文化基础。

三、图书馆提供社会化服务的体系层级

图书馆社会化服务体系构成了国家或地区公共文化服务的骨架。具体而言，这一体系综合了实体图书馆、数字化资源、流动图书馆服务以及众多的服务点，通过总分馆系统、图书馆联盟、高校图书馆以及区域性服务网络等形式为公众提供服务。

在纵向上，图书馆服务体系层级丰富，覆盖从中央到地方，从省级到市、县、乡镇、村庄的多级图书馆服务网络，以确保不同行政层级的文化需求得到满足。

在横向上，区域图书馆服务体系既包括城市区域的图书馆服务网络，如市、区、街道至社区级别的图书馆，也涵盖了高校、农村等区域性图书馆服务体系，即从县级到乡镇和村庄级别的服务网络。在城市地区，图书馆通常具有更强的资源集中度和服务功能，而在农村地区，更侧重于满足基础的文化需求，发挥基础性作用。只有当城乡图书馆服务网络协同发展，形成互补和有机联系，才能确保整个国家或地区的图书馆事业的均衡发展，从而构建起全面繁荣的图书馆社会化服务体系。这不仅反映了图书馆服务的普及和平等性原则，也是实现文化知识传播和信息资源共享的基础。

此外，随着科技的进步，数字化图书馆及其在线服务越来越成为图书馆社会化服务体系中不可或缺的组成部分，提供远程访问、数字借阅等便捷服务，满足现代用户多样化的阅读和研究需求。通过图书馆社会化服务体系的持续优化和创新发展，能够在广泛的范围内推动文化普及和知识共享，促进社会文化的整体进步。

四、图书馆社会化服务的特点

图书馆社会化服务的特点不仅体现了公共文化服务的基本原则，也表现出图书馆作为文化机构应肩负的社会责任。下面我们就具体分析图书馆社会化服务的四大特点（图 5-3）：

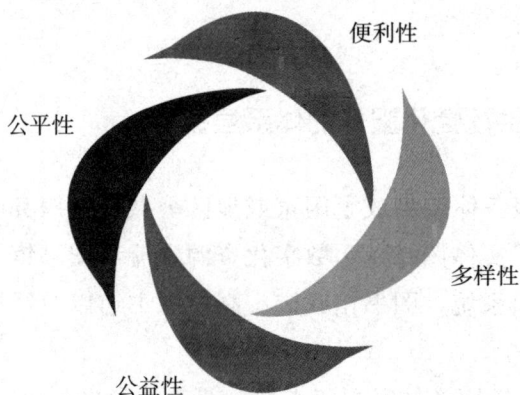

便利性

公平性

多样性

公益性

图 5-3　图书馆社会化服务的特点

（一）公平性

公平性是图书馆社会化服务的基础。这意味着图书馆服务的设计与实施必须确保每个人，无论其社会、经济、文化背景如何，都能获得同等的服务。这种公平性的体现可以是图书馆藏书的广泛性，确保覆盖多样化的文化与兴趣点；也可以是图书馆服务地理位置的合理分布，让每个居民都能方便地接触到图书馆资源；还包括提供无障碍服务，确保身体障碍者也能享有文化服务。

（二）公益性

图书馆社会化服务的公益性反映了图书馆服务不追求商业利益，而是着眼于社会效益和公共利益。这种公益性表现为向公众提供免费或低成本的服务，如免费借阅图书、免费访问数字资源和数据库等。它还体现在政府通过财政投入，支持图书馆的运营和发展，以确保长期为公众提供高质量的文化产品和服务。

（三）多样性

多样性体现在图书馆社会化服务的内容上。图书馆应该提供不同种类的图书、报纸杂志、电子音像制品、网络资源等，以满足不同文化背景和兴趣需求的公众。多样性也是对社会文化多元化的一种回应，图书馆通过收藏多种语言的文献、不同文化的艺术作品、各个领域的学术资源来服务于不同的社会群体。

（四）便利性

便利性要求图书馆的服务既要方便获取，又要频繁可用。图书馆的地理位置要便于大众到达，开放时间要足够长，使得大家在工作日和周末都能获得服务。此外，便利性还涉及图书馆数字服务的可用性，如在线咨询、电子书下载、远程教育资源的接入等，让公民能够在任何时间、任何地点享受到图书馆的服务。

五、图书馆社会化服务的意义

（一）有利于满足大众日益增长的文化需求

人类的需求可以分为不同层次。随着我国改革开放的不断深化，公众的经济生活达到一定水平，基本温饱问题得到解决，于是，人们的精神需求会就逐渐提升。人们渴望获取更加丰富的精神文化体验，追求最新的科学文化知识。而公共文化服务体系建设的目标和最终使命旨在提高公众的文化素质。在这一背景下，图书馆的社会化服务就发挥着重要的作用，图书馆是将人类在漫长历史中积累的文化和知识汇集、储存并传播的理想场所，也是公众满足精神文化需求的重要选择，因为它拥有丰富的文化资源、扩展了服务受众的范围，并可以促进文化交流与合作。

图书馆拥有丰富的文化资源和知识库。随着时间的推移，图书馆不仅积累了大量的纸质图书和期刊，还拥有了数字化文献、电子书、在线期刊等现代信息资源。这些资源覆盖了各个领域的知识和文化内容，为满足不同人群的文化需求提供了坚实的基础。通过社会化服务，图书馆可以将这些资源向社会公众开放，使更多的人能够自由获取所需的文化信息，满足其精神文化需求。

图书馆的社会化服务能够促进文化交流与合作。通过与其他文化机构、学术界、社会团体等建立合作关系，图书馆可以举办各种文化活动、展览和讲座。这些活动不仅丰富了人们的文化生活，还促进了不同领域的文化资源互通互惠，为社会公众提供更多的文化选择。图书馆还可以成为社会文化交流的平台，促进不同文化和观念的碰撞与交流，有利于满足多元化的文化需求。

通过社会化服务，图书馆能够更好地履行其作为文化知识的仓库和信息资源的服务器的角色，为社会文化的满足和发展作出积极贡献。这不仅有利于提高公众的文化素质，还有助于推动社会文化的繁荣与进步。

（二）有利于促进学习型社会与和谐社会的创建

图书馆作为文献信息资源的聚集地，具备丰富的馆藏资源和便捷的网络资源，拥有信息服务的强大功能，它在传播知识和促进学习的过程中，对学习型社会构建和和谐社会建设具有积极作用。

第一，图书馆的开放性有利于学习型社会的形成。在当前终身教育观念逐渐深入人心的背景下，人们对知识和信息的需求愈发迫切。图书馆以其广泛而专精的馆藏资源，以及便捷的获取渠道，为广大社会成员提供了一个自由获取知识的场所。这种开放性的特点有助于培养全民学习的风气，激发人们的求知欲望，提高社会成员的综合素质和竞争能力。图书馆不仅服务于在校学生、教职员工，还向广大社会公众开放，为更多人提供学习的机会和资源，为构建学习型社会奠定了坚实的基础。

第二，图书馆的社会化服务有助于促进社会的和谐进步。图书馆作为文化教育事业的重要组成部分，具有推动社会文化繁荣的功能。图书馆通过开展各种文化活动，如讲座、展览等，能够引领社会大众参与文化教育，提高人们的文化素养。这有助于形成更加和谐的社会氛围，促进社会各个层面的进步。图书馆还可以扩大文化产业的影响力，带动以大众文化为基础的文化产业的快速发展，为社会的文化繁荣和经济发展提供助力。

第三，图书馆的社会化服务能够为构建公共文化服务体系和营造书香社会做出贡献。图书馆不仅仅是知识的仓库，还是文化传承和传播的中心。通过与其他文化机构、学术界、社会团体等建立合作关系，图书馆可以与它们共同举办文化活动，吸引社会各界参与。这种合作可以促进不同领域的文化资源互通互惠，为社会公众提供更多的文化选择。图书馆还可以通过社会化媒体平台与公众保持紧密联系，及时了解他们的文化需求，提供更加个性化的文化服务，为构建公共文化服务体系和营造书香社会提供有力支持。

高校图书馆开放性和丰富的资源有助于培养全民学习的氛围，提高社会成员的综合素质和竞争力。同时，通过文化活动和合作，高校图书馆也能够促进社会的文化繁荣，为构建公共文化服务体系和书香社会的建设做出积极贡献。高校图书馆应积极发挥其作为知识传播和文化教育中心的作用，为社会的学习和和谐进步提供坚实的支持。只有这样，高校图书馆才能充分履行其在社会进步和文化繁荣中的使命，为社会的可持续发展做出更大的贡献。

（三）有利于图书馆自身的建设

随着政府对教育不断加大关注和投入，图书馆在取得长足发展的同时，社会公众也对其提出了更高的要求。社会化服务的引入可以弥补图书馆服务力度不足的问题，满足对不同需求的服务能力，使图书馆更好地服务于广大读者，特别是在大数据时代，社会化服务可以更好地适应信息技术的发展，提供更加智能化、个性化的服务，满足用户的精细化需求。此外，通过与社会各界的合作，图书馆可以获取更多的资源支持，提升馆藏的丰富度和内容质量，提高学术研究的水平，为学术建设和科研工作提供更强有力的支持。

社会化服务有利于提升图书馆的影响力。高校图书馆可以利用自身的优势资源，如优秀的智囊团队，参与社会化服务合作项目，为社会提供知识和信息服务。图书馆可以通过举办各类活动，如科技赶集、送书下乡等，与社会广泛互动，提升自身的社会认可度和影响力。此外，图书馆还可以积极参与所在地区的发展计划，促进图书馆与地方的融合，提升图书馆的社会影响力和资源辐射力，为地方经济社会发展做出贡献。

（四）有利于提升图书馆员的综合素质

社会化服务不仅有益于图书馆的声誉和发展进步，还可以激发图书馆工作人员的积极性和创造力，提高其参与意识和责任感，优化工作效率，更好地为学校和社会服务。这是因为社会化服务不仅拓宽了图书馆员的知识视野，还提供了更多的机会锻炼他们的能力和提升他们的职业素养。

通过参与社会化服务，图书馆员有机会与来自不同领域的专业人士合作和交流，参与各种项目，如数字化资源管理、文化活动策划、社会调查等。这使他们接触到新的知识领域，扩展自己的专业知识，提高综合素质。此外，社会化服务常常需要图书馆员处理各种信息和数据，这促使他们不断提高信息素养和技术能力，学习使用新的工具和技术来处理信息和提供服务，适应数字时代的图书馆工作。

从另外一个角度来说，社会化服务要求图书馆员与不同背景和专业的人合作，培养了他们的团队合作精神和沟通能力。他们需要与项目成员、合作伙伴以及用户进行有效的沟通和协作，提高了职业素质。此外，社会化服务项目可能涉及各种问题和挑战，图书馆员需要积极解决这些问题，提出创新性的解决方案，这有助于培养解决问题和创新的能力。

另外，社会化服务要求图书馆员更加关注用户需求和服务质量。通过与合作伙伴和用户的互动，他们可以更好地理解用户的需求，提高服务意识，增强用户导向意识，为用户提供更好的服务体验。同时，社会化服务有助于培养图书馆员的社会责任感和文化敏感性，他们可能参与社会公益项目，了解社会问题，为社会做出贡献，并与不同类型文化和社区互动，增强他们的文化敏感性和跨文化交流能力。

第二节　现代图书馆社会化服务创新实施

一、举办丰富多样的跨界文化活动

新时代，图书馆作为知识与文化的殿堂，需要逐步扩展其功能范畴，转型为文化交流的活跃场所。在这一进程中，跨界文化活动显得尤为重要，它不仅有利于丰富图书馆的服务内容，还能提升公共文化服务的品质和效果，使得图书馆不仅是图书的存存地，更是文化交流的桥梁和平台，为推动社会主义特色文化的传承开辟新的渠道。

图书馆可以与相关文艺部门、艺术团体等联合，定期举办多样化、主体化的文化艺术展览，丰富自身的创意力量。这些展览既可以是社会主义核心价值观主题的文学作品、绘本、国画、书法、诗歌等传统展示，也可以是现代艺术或摄影作品的展出。通过这种形式，不同主题、不同艺术门类文化的魅力得以在图书馆这一公共空间得到展现，而丰富多彩的展览内容也更能满足不同观众的文化需求，激发公众对文化艺术的兴趣与热爱。

图书馆还可以与学校的联合，为青少年提供丰富的知识资源和创新的学习体验，如通过组织公益讲座、阅读促进活动等宣扬红色文化，强化青少年对红色文化的认知与理解，增强他们学习革命先烈品质的内驱力。这样的合作不仅有助于培养学生的综合素质，还能够为他们提供一个了解中国红色文化和优秀革命传统的窗口。

图书馆与非营利组织的协作，能够有效推广社会公益活动，增强公民的社会责任感。图书馆可通过举办主题讲座、工作坊等活动，加强公众对社会问题的认识，激发他们参与公共事务的热情。这种活动不仅提高了图书馆的社会参与度，也让公众有机会更加深入地了解并参与文化与社会公益活动。

图书馆还可以策划"文化周""图书馆节"等特定主题活动，将中国传统文化、传统节日的庆祝方式与图书馆活动相结合。通过这种方式，传统文化得以在现代社会中以一种新颖的形式得到传播与演绎，如在春节期间举办的手工艺制作、元宵节时举行的诗歌朗诵会，或者中秋节举行的家庭团圆故事分享会，都是对传统节日文化内涵的传承与创新。

通过不断的创新实践，图书馆在社会化服务的道路上将成为连接个体与社会的重要纽带。

二、设立线上虚拟图书馆

随着技术的不断进步和应用的深入，面向社会公众的虚拟现实技术正逐步改变我们获取信息和享用文化产品的方式，且有望成为未来社会文化生活的重要组成部分，它也为传统图书馆服务提供了一种全新的转型路径，是图书馆社会化服务的创新方向之一。线上虚拟图书馆不仅是传统图书馆服务的延伸，更是文化交流与知识共享的创新平台。它通过技术手段突破了时间与空间的限制，实现了从物理空间到数字空间的跨越，为公众提供了一个全新的、高度互动和个性化的阅读及学习环境。

在这个框架下，线上虚拟图书馆成了连接过去与未来、现实与虚拟世界的桥梁。线上虚拟图书馆可以通过模拟真实图书馆环境，使读者无需步入实体图书馆，就可以在家中通过 VR 头盔享受到亲临其境的阅读体验。这不仅扩大了图书馆的服务范围，还可以使其他地区的居民也能享受优质的本地图书馆资源，同时也满足了不同读者对于学习环境个性化的需求。在这个虚拟环境中，读者可以自由选择阅读的位置，在仿古的书房、未来派的数字馆陈列室、宁静的海边与森林等场景中做选择，总能找到适合自己的阅读氛围。VR 图书馆将传统阅读体验提升到新的维度。结合物联网技术，可以模拟真实图书的触感，读者不仅能看到虚拟的书页，还能感受到翻书时的触觉反馈，这种多感官的阅读体验大大增强了读者的沉浸感，提升了阅读的趣味性和效果。

进一步地，虚拟图书馆可以为有特殊需要的群体提供更加便捷的服务，比如为视障人士提供语音阅读和图书内容的三维声音模拟，为听障人士提供手语翻译服务的虚拟助手，这些都是传统图书馆比较难实现的功能。

在管理和服务方面，虚拟图书馆还能实现智能化。借助 AI 技术，能够对用户的阅读习惯进行分析，提供个性化的推荐列表，甚至预测用户可能感兴趣的新书。同时，智能管理系统可以实时监控虚拟空间的使用情况，合理调配资源，优化用户体验。

最后，图书馆还可以将虚拟现实与图书馆文化服务相结合，可以创造出全新的文化活动形式，例如举办虚拟图书馆的主题展览、虚拟阅读俱乐部、在线文化讲座和互动研讨会等，使读者在享受服务的同时，也能参与文化的创新和传播。

三、打造全面化的公共教育平台

图书馆作为公众教育平台的角色正变得日益重要。通过提供多样化的学习资源和个性化服务，图书馆不仅能够满足广大群众的知识渴望，还能够帮助他们提高生活质量，促进社会整体的文化素质和教育水平的提升。随着社会的进步和技术的发展，图书馆在公共教育中的作用将会更加凸显，它的服务内容和形式也需向丰富性和多样化方向发展。

图书馆可以整合资源，打造成终身教育平台。在这个平台上，图书馆不再局限于传统的图书出借功能，同时还可以利用现代技术提供多样化的学习资源。在线课程的开发就是一个重要方面，通过与教育机构和在线教育企业的合作，图书馆能够提供丰富的网络课程资源，覆盖从基础教育到高等教育，再到成人教育和职业技能培训的广泛领域。这些课程通常具有灵活的学习时间，可以自适应不同学习者的节奏，尤其适合那些需要通过终身学习来提升自己技能的成年人。

图书馆与当地学校的合作，补充学校教育资源，如提供课后辅导服务，帮助学生解决学习中的困难。在这些辅导活动中，图书馆不仅提供学习资料，还可以组织各类学科的专家和志愿者进行一对一辅导，提高学生的学习效率。同时，图书馆的安静环境也为学生提供了好的学习空间，这里远离了喧嚣，可以让学生更加专注于学习。

为促进学生的全面发展，图书馆还可以开展各类课外活动，如阅读俱乐部、科学实验室、艺术工作坊等，这些活动不仅能丰富学生的课余生活，还能激发他们的创造力和探索精神。通过这些活动，学生能够在实践中学习新知识，增强自己的社会实践能力。

图书馆社会化服务的人群要全面化。还应为特殊群体提供个性化的服务，对于老年人，图书馆可以开设专门的数字技能课程，帮助他们适应数字化社会，如智能手机和电脑的使用培训，这样可以减少老年人在现代社会中的信息隔阂；对于残疾人，图书馆则可以提供有声读物、大字版图书等服务，甚至可以通过特殊软件支持视障人士阅读电子文档，让他们也能享受到阅读的乐趣。

四、设立移动图书馆

移动图书馆服务作为图书馆服务体系中的一种创新模式，是将图书馆服务延伸到城乡结合部、偏远地区，甚至是常规图书馆服务无法覆盖的每一个角落。它以图书车、图书船等多种形态出现，在提供传统图书借阅服务的同时，也充分利用了现代智能技术，让图书馆服务真正做到"移动服务"。它不仅拓宽了图书馆的服务边界，还使得图书馆服务更加个性化、智能化，极大地提升了公共文化服务的覆盖面和效率。在未来，随着技术的进一步发展，移动图书馆有望成为连接城乡文化、推动社会文化平等发展的重要力量。

图书车是移动图书馆服务中常见的一种形式，它将车辆改造成可移动的图书馆，内部装有书架、阅读区甚至小型讲座区。图书车定期访问那些没有固定图书馆或图书馆资源匮乏的地区，让这些地方的居民也能享受到阅读的乐趣和获取知识的机会。同样，图书船针对沿海和沿河地区，为居民提供相似的服务。

这些移动图书馆不仅仅是图书的移动仓库，更是文化交流的重要平台。在停靠期间，除了图书借阅，图书车和图书船上还可以举办小型的读书会、作家讲座和儿童故事演说等文化活动，促进当地文化氛围的建设，增强社区的凝聚力。

随着智能技术的应用，移动图书馆的服务也趋于智能化和个性化。图书车上装载的智能系统可以根据读者的借阅历史和偏好，提供个性化的阅读建议。此外，利用移动互联网，读者还能通过智能手机等移动设备，随时随地进行图书查询、借阅和预约，大大提升了服务的便捷性。

对于移动图书馆服务的未来展望，随着大数据、云计算的发展，移动图书馆可以收集阅读数据，分析当地居民的阅读习惯和需求，从而优化图书采购和服务流程，例如某一地区的居民更偏爱农业技术类图书，图书车就可以增加这类图书的存量，满足当地需求。

为了使移动图书馆的服务更加贴近民生，还可以与健康、法律等领域专家的合作，定期提供健康咨询、法律援助等公益服务，这样，移动图书馆就不再只是一个简单的图书借阅点，而是成为一个集教育、文化、服务于一身的综合性移动服务站。

五、强化社会责任和志愿服务

图书馆的社会责任和志愿服务是多元化的，不仅可以扩展知识的传播，还能够促进文化交流。例如，图书馆可以通过赠书活动向贫困学校或偏远地区捐赠图书，激发学生对阅读和学习的热情。在重阳节举办读书伴随计划，将志愿者与需要帮助的群体相连接，可以为敬老院的老人提供定期的阅读服务，如朗读会或一对一的读书辅导等。此外，经过培训的志愿者可以作为图书馆的专业导游，为访客介绍图书馆的资源和特殊展览。在发生自然灾害或其他紧急事件时，志愿者可以将图书馆作为临时避难所，整理救灾信息，为受影响的社区提供信息支持和心理安慰。图书馆还可以举办知识普及讲座，邀请专家志愿者定期在图书馆内举办各种主题的公开课或讲座，覆盖健康、法律、科技等多方面内容，如讲解民法典条例、普及专业知识，提升公众素养和法律意识等。

随着经济发展与社会进步，人们对文化内容的要求日益提高，图书馆社会化服务正是对这一需求的直接回应，它通过多元化的文化活动与资源共享，响应并满足了公民对精神文化生活多样化、个性化的迫切需求，保障和提升了公民的基本文化权利。这种服务的扩展，不仅增强了图书馆的文化基础功能，而且充分发挥了图书馆在公共文化服务体系中的重要职能。

同时，图书馆社会化服务作为一种文化交流的平台，促进了不同社群之间的理解与和谐相处，有助于构建和谐的社会文化环境。图书馆在推动文化普及与创新方面发挥了积极作用，有效推动了公共文化服务体系的建设与发展。通过城乡全覆盖的服务网络，确保了所有社会成员，不论是城市还是乡村，都能享受到均等、高质量的文化服务，实现了公共文化服务的普遍性和平等性。这样的社会化服务不仅提升了公民的文化生活品质，也为社会文化的可持续发展奠定了坚实的基础。

第三节　现代图书馆社会化服务评价体系

一、现代图书馆社会化服务评价的原则

现代图书馆社会化服务评价的原则如图 5-4 所示。

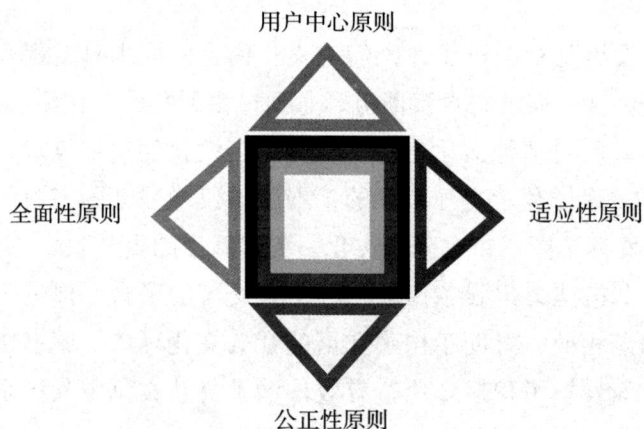

图 5-4　现代图书馆社会化服务评价的原则

（一）用户中心原则

图书馆社会化服务的评价应始终将用户需求和体验放在首位。这意味着服务的设计、实施和评价都应围绕用户的实际需求进行，确保服务内容和形式能够满足用户多样化的文化、教育和信息需求。通过用户满意度调查、反馈收集和参与度量表等方式或工具来评估服务效果，强调以用户反馈为导向不断优化服务。

（二）全面性原则

在进行评价时，应全面考虑图书馆服务的多个方面，包括资源获取、知

识分享、文化交流和社区参与等。评价体系应覆盖图书馆社会化服务的各个层面，既注重数量指标，如服务覆盖率、活动参与人数等，也强调质量指标，如服务满意度、用户能力提升等。

（三）公正性原则

评价过程和结果应保持公正性，不受任何外在因素的影响。这要求评价过程中的数据收集和分析要科学、准确，确保评价指标的设计公平合理，能够真实反映服务的实际情况。同时，应对所有用户群体一视同仁，特别是关注边缘群体，保证评价体系的包容性和平等性。

（四）适应性原则

图书馆社会化服务的评价体系需要灵活适应时代变化和社会发展的新需求。图书馆应根据社会趋势、技术革新以及用户行为的变化调整服务内容和评价指标。这种适应性要求图书馆不仅对现有服务进行评价，而且要预测未来的服务趋势，以确保其服务能够持续地满足用户的期望和需要，以及适应数字化和全球化的环境。通过动态调整评价体系，图书馆能保持其服务的相关性和前瞻性。

二、现代图书馆社会化服务评价的指标

现代图书馆社会化服务评价的指数如图5-5所示。

图 5-5　现代图书馆社会化服务评价的指数

（一）服务覆盖指数

服务覆盖指数反映的是图书馆服务在社会各个层面和地域上的普及程度。例如，评价标准可能包括服务达到的人口比例、服务网络在城乡地区的分布均匀性以及对不同年龄、性别、职业和教育背景人群的覆盖情况。这个指标强调图书馆必须突破物理边界，可以延伸服务触角，或者发展远程数字服务，以及通过移动图书馆等方式将资源带给偏远地区的居民，确保社会文化服务的均等化。

（二）参与动态指数

参与动态指数衡量的是社会化服务中用户参与图书馆服务的频率和深度。这不仅涉及实体借阅量的统计，也包括数字内容的下载次数、活动的参与人数、用户在图书馆内的停留时间等。此外，用户对图书馆活动的互动和反馈，如在线讨论的活跃程度，亦是该指标的重要组成部分。这个指数体现了图书馆服务的吸引力和用户黏性。

（三）用户满意指数

用户满意指数以用户的满意度作为衡量的核心。通过调查问卷、用户访谈和社交媒体分析等手段收集数据，评估用户对图书馆资源质量、环境、服务态度、便利性等方面的满意程度。此指数的提升意味着用户的需求和期望得到了更好的满足，图书馆的服务更加人性化和个性化。

（四）文化推广指数

文化推广指数衡量的是图书馆在传播文化知识和促进社会文化交流方面的成效。这包括图书馆组织的展览、讲座、文化节等活动的数量和质量，以及这些活动对提高公众文化素质、保存和传承文化遗产的作用。这个指标特别强调图书馆服务与当地文化的结合，推动地方文化的发展和多样性表达。

（五）社会影响指数

社会影响指数衡量图书馆服务对于社区和社会的正面影响。这包括图书馆如何通过文化活动提升社区居民的凝聚力，促进不同文化和群体之间的理解与交流；如何通过教育项目对提升公众文化素养和批判性思维能力做出贡献；如何在社会热点事件中扮演信息提供者和讨论平台的角色。该指数着重考量图书馆的社会责任实现程度及其在促进社会进步中的作用。

（六）服务可持续指数

服务可持续指数衡量图书馆服务能否持续提供某项社会化服务，并且在社会发展变化中保持适应性和弹性。这一评价指标可以包含两方面：一是涉及图书馆的财务管理、资源更新、服务模式创新等方面的可持续性；二是包括图书馆如何在环境可持续性方面做出努力，如减少资源消耗、推广数字资源以减少纸张使用等。

第六章　现代图书馆个性化服务创新

第一节　现代图书馆个性化服务的内容

一、现代图书馆个性化服务的内容

在当今社会，随着科技的快速发展和信息的大量涌现，人们的生活方式和消费习惯发生了显著变化。在商品和服务过剩的市场环境中，个性化已经成为各行各业的一个显著趋势。消费者不再满足于统一的、批量生产的产品，而是追求更加符合个人需求的精准、高效的商品和服务。这种变化不仅体现在物质商品上，同样体现在服务行业，包括教育和知识服务领域。

在这样的背景下，图书馆作为知识的仓库和传播者，也必须适应这种变化。过去，图书馆的服务相对标准化，主要集中在为大众提供统一的信息资源。然而，随着用户需求的日益多样化和个性化，传统的图书馆服务模式已不能完全满足用户的个性化需求。因此，图书馆服务必须向个性化服务靠拢，为读者和客户提供精准和贴心的服务。

图书馆的个性化服务，意味着深入地理解和响应每一位用户的特定需求。这可能包括为用户推荐与其兴趣相符的图书、数据库和其他资源，或者根据用户的研究方向和专业背景提供定制化的信息检索服务。同时，个性化服务也可能体现在图书馆的空间布局和环境设计上，为不同用户群体创造更符合其需求的阅读和学习环境。

在信息爆炸的时代，图书馆若重视和响应用户需求，提供精准匹配用户需求的服务，就能增强用户的参与感和满意度，建立稳定和持久的用户关系，提升图书馆的整体形象和价值，从而在众多信息提供者中脱颖而出，成为用户获取知识的首选。因此，图书馆个性化服务的发展，不仅是对市场变化的响应，更是图书馆服务创新的必然选择。

图书馆个性化服务是为了满足用户个体化的信息需求而提供的一系列服务模式。它主要包括服务方式的个性化、服务内容的个性化，以及服务时间和地点的个性化（图6-1）。

服务时间和地点的个性化

服务方式的个性化

服务内容的个性化

图 6-1　现代图书馆个性化服务的内容

（一）服务方式的个性化

图书馆的个性化服务方式体现了对不同用户群体需求的深入理解和积极响应。随着技术的进步和用户习惯的多样化，图书馆通过各种创新手段来适应用户的特定需求。比如，技术熟练者可以远程访问丰富的线上资源，而传统纸书的爱好者可以在图书馆内享受到宁静的阅读环境。在线咨询服务为那些寻求快速信息的用户提供了便捷的途径，而面对面的定制参考咨询满足了专业研究人员对深度信息的需求。教育培训同样呈现出多样化，既包括可以自主学习的在线教程和研讨会，也包括适合集中学习和交流的现场工作坊。自助服务设施和技术协助点兼顾了自助与人工帮助之间的平衡，满足了不同技术能力用户的需求。个性化的阅读推荐和针对特定研究主题的资源包为用户提供了定制化的学习和研究材料。此外，图书馆还特别关注儿童、青少年以及特殊需求群体，为他们设计了符合特点的服务和活动，保障了服务的普遍性和可及性。用户反馈机制的建立和优化确保了服务的持续改进，图书馆通过这些反馈对服务进行调整，以期达到更高的用户满意度。这样全面而细致的个性化服务方式让图书馆成为满足知识渴望和学习需求的理想场所，不仅仅是图书的存储库，更是知识交流和文化传承的活跃中心。

（二）服务内容的个性化

服务内容的个性化指图书馆提供的信息内容要针对不同用户群体的特定需求而定制，这要求图书馆根据不同用户的具体需求提供量身定做的内容，例如对于文学爱好者的个性化服务可以不限于静态的书架浏览活动，还可以举办互动的文学体验。具体而言，图书馆不仅可能会根据用户的阅读喜好，推荐个性化的阅读列表，包括经典作品、现代文学甚至是地方作家的小众作品。还可以通过与当地文学团体合作，为用户提供诗歌朗诵会、作家见面会和创意写作研讨会等活动信息，提升用户的参与感和满足感。此外，图书馆也可以策划与特定文学事件或节日相关的主题展览，如某位作家的诞辰或是文学纪念日，丰富用户的文化生活。而对于专业研究人员，图书馆提供的个性化服务内容需更加聚焦学术支持和研究资源，这可能包括特定研究领域的数据库访问权限、研究数据管理咨询以及定制的文献检索和管理培训。对于正在进行研究项目的学者，图书馆还可能提供一对一的研究咨询服务，这包括研究设计、数据分析、文章撰写等方面的专业指导。再例如，在青少年和儿童教育方面，图书馆提供的个性化服务内容可能包括根据不同年龄段和兴趣定制的读物推荐、有助于提高阅读和写作技能的工作坊以及寓教于乐的活动（如科学实验、艺术创作和故事讲述等等）。

图书馆个性化服务内容的实施，离不开精准的用户需求分析和持续的服务创新。图书馆需要利用现代信息技术，如大数据分析、用户行为研究以及互动式用户界面设计来洞察和预测用户需求，不断调整和优化服务内容。通过邮件、社交媒体、App 推送等多渠道与用户互动，图书馆能够确保服务内容的时效性和相关性，确保用户的声音能够被听见并作为改进服务内容的依据。

（三）服务时间和地点的个性化

图书馆服务时间和地点的个性化是对用户日益增长的无时无刻、无处不在信息需求的积极响应。在数字化和网络技术日新月异的今天，图书馆服务已经跨越了传统的物理空间和时间界限。现代图书馆通过提供全天候在线资源访问，让用户可以随时浏览和下载电子书、在线期刊和各种数据库资源。这种服务的延展性不仅限于方便了用户，也为图书馆开创了广阔的服务范围。而虚拟咨询服务的推出确保了用户在遇到任何疑难问题时，都能够通过电子邮件、在线聊天或社交媒体平台获得专业人员的即时帮助。此外，针对那些不便前往图书馆的用户，移动图书馆和流动服务的概念被引入，通过图书车等方式直接将图书资源送达用户所在的社区，极大地便利了用户的阅读生活。

在物理服务方面，图书馆通过在多个公共场所设立自助服务终端，如借还书机和自助打印机，让用户在图书馆关闭后仍能自助完成相关操作。同时，预约制服务的实施则允许用户根据个人时间表安排使用图书馆的私人学习空间、研究室或特殊设备。为了扩大服务的触角，图书馆还利用社交媒体平台进行信息发布和用户互动，通过网络平台直播讲座或发布教育课程，用户可以根据自身时间安排灵活参与，打破了时空的限制。特别是对于需要个性化服务的用户群体，如老年人或视障人士，图书馆提供的上门服务或特殊时间开放等措施显得尤为有意义，这确保了每一位用户都能在适宜的时间和方便的地点享受到图书馆的资源和服务。在校园内，图书馆可在学生服务中心、休息室等校内场所设立图书借阅机和信息查询点，使学生无论身处校园何处都能轻松享用图书馆的服务。这种服务的时间和地点个性化，不仅提高了图书馆服务的覆盖面和使用效率，更满足了现代社会个性化信息需求和快节奏生活的需要。通过这些举措，图书馆确保了它们的服务在任何时间、任何地点都是对用户友好和易于访问的，极大地促进了信息的流通与知识的传播。

二、现代图书馆个性化服务中应当特别注意的客户群体

图书馆作为知识与信息共享的核心场所，也承载着平等化服务的社会责任。《中华人民共和国公共图书馆法》中明确指出，在设立公共图书馆的过程中，应当全面考虑特殊群体的需求，积极创造条件，提供适合其需要的文献

信息、设备和服务等。现代图书馆的个性化服务就是要针对不同读者和客户，为他们提供量身定制的服务，因此，在服务过程中，要充分考虑到这几类人群信息查询和利用的能力薄弱、有较强的社会依附性的特征，围绕这些特征展开服务，要充分认识到图书馆对特殊群体的服务不仅是一种个性化服务的践行，也是对社会公平原则的一种实践。

（一）未成年群体

1.图书馆开展未成年群体个性化服务的必要性

当前社会对未成年人教育的重视程度不断提升，家长对孩子的期望也越来越高，孩子们的学习需求增大，这时图书馆以其丰富的学习资源和良好的学习环境成了他们学习的好去处。加之随着国家推广和社会发展，孩子们的阅读兴趣和需求也显著提升，越来越多的孩子将阅读作为一种兴趣和一项业余娱乐活动，他们更愿意主动走进图书馆，沉浸在书的海洋中，未成年群体对个性化服务需求逐渐增加是摆在图书馆面前的事实。

但在使用图书馆的过程中，未成年人可能会遇到一些困难和不便，例如信息检索是他们常常会遇到的问题，由于缺乏相关知识和经验，他们在查找所需信息时可能会感到困惑。对于阅读材料的选择，他们也可能无法作出准确的判断，需要图书馆工作人员的指导和帮助。图书馆的环境也可能不完全适合未成年人，如他们活泼好动、不能安静久坐，桌椅、书架太高，没有合适的儿童读物等问题，这些都可能影响到孩子们的阅读体验。

2.图书馆开展未成年群体个性化服务需要注意的问题

在推进图书馆未成年人个性化服务时，需重点考虑以下几个核心问题。

第一，资金问题。增加资金投入与服务设施的全面升级构成服务质量提升的基础。政府层面的持续财政支持是确保图书馆基础设施能与服务需求同步增长的前提，尤其是扩展至人口较少或地理位置偏远的区域，确保每位未成年人都能获得平等的阅读机会。移动图书馆的模式对于偏远地区的未成年人尤为关键，它们能够弥补常规图书馆服务的地理限制。

第二，构建符合少年儿童心理和阅读需求的馆藏资源库也显得尤为重要。图书馆应当针对不同年龄段的未成年人，提供包括纸质和数字资源在内的多元化阅读材料。同时，随着数字时代的到来，图书馆需要强化电子资源的建设，满足未成年人对网络资源的需求。

第三，专为未成年人设置的阅读与活动区域需要贴近他们的生活与学习习惯，使之成为吸引未成年人阅读和学习的理想空间。图书馆内的环境装饰应充满启发性和趣味性，诸如阅览区、玩具书区、多功能活动区等，都应考虑到不同年龄层次的需求。

第四，配备具备专业知识的青少年服务馆员对于引导未成年人形成正确的阅读习惯至关重要。馆员不仅需要具备图书馆学的知识，更应具备涵盖儿童心理学、教育学等领域的专业知识，以便为未成年读者提供全面的指导和服务。开展丰富的针对未成年读者的服务活动也是激发他们阅读兴趣和社交能力的有效手段。图书馆应通过组织各种健康向上的活动，如知识竞赛、节假日特别活动等，丰富未成年人的业余生活，同时帮助他们增强社会适应能力。

只有通过一系列的个性化的措施，图书馆才能够为未成年人提供更为贴心、有效的服务，促进他们的全面发展。

（二）老年群体

1. 图书馆开展老年群体个性化服务的必要性

在中国人口老龄化的快速进程下，老年人口的增多带来了对图书馆服务需求的变化。这一变化要求图书馆提供更加个性化的服务，以满足这一群体特有的需求。尊老爱幼作为社会主义核心价值观的一部分，要求社会各界，包括公共服务机构，如图书馆，要在服务中体现对老年人的尊重和关爱。个性化服务是这一价值观在图书馆服务中的实际体现。

退休后的老年人在物质生活得到保障的同时，渴望丰富的精神文化生活。个性化的图书馆服务能够提供多样化的精神食粮，满足他们对于知识、娱乐、交流的需求。在构建和谐社会的进程中，图书馆通过提供个性化服务，帮助老年人增强社会参与感，减少孤独感，从而维护社会的和谐与稳定。健康老龄化的理念强调了老年人身心健康的重要性。个性化服务不仅能提供知识和信息，还能通过活动和社交平台帮助老年人保持身心活力。这种服务形式有助于促进老年人的健康，增强其幸福感，这是图书馆对社会负责任态度的体现。

法律也对老年人的权益保护提出了明确要求，图书馆作为公共文化服务机构，提供个性化服务是其履行法律义务、满足老年人精神文化需求的重要途径。因此，图书馆为老年人提供个性化服务，既是对老年群体实际需求的回应，也是对社会进步和文明发展要求的积极响应。这种服务既体现了图书馆对老年群体的关怀，也促进了社会整体的和谐发展。

2.图书馆开展老年人群体个性化服务需要注意的问题

在探讨图书馆为老年人提供个性化服务时，需关注几个问题。

第一个问题是服务细节的匹配性。虽然在服务上提供耐心细致的关怀是基本要求，但如何确保服务能够真正贴合老年人的具体需求是一个挑战。例如，设置在低楼层的老年阅读区域、茶水间和订阅的报刊种类需定期了解其使用情况，做出适应性调整以满足老年人不断变化的需求。此外，放大镜、老花镜和常用药品的提供需要考虑使用频率和老年人的实际利用率，以避免资源的浪费和服务的形式化。

第二个问题是服务人员的专业素质和同理心。加强馆员的专业培训固然重要，但在实际服务过程中，如何监督和激励馆员将培训成果转化为对老年读者实际、贴心的服务是个难题。由于老年人可能对服务有更多的情感需求，如安全感、被重视感等，馆员的服务态度和专业技能需要更加细腻和人性化。

第三个问题是活动设计的持续性和针对性。举办文化活动可以极大丰富老年人的精神生活，但活动的成功不仅在于其内容的丰富性和有趣性，更在于其是否能持续吸引老年人的参与，以及是否能真正对应老年人的兴趣和需求。因此，公共图书馆需要不断地评估和优化活动的设计，确保其长期的吸引力和参与度。

第四个问题是新技术的普及和使用问题。目前，图书馆的许多通知和服务，如开放时间、活动宣传等，大量依赖数字化媒介，尤其是微信公众号等新媒体渠道。然而，这种宣传方式并不总是对所有老年读者友好，因为并非所有老年人都能熟练运用这些工具，因此，在老年人群体的个性化服务中，要特别注意这一现象，公共图书馆应当针对老年人的需求采取主动措施，避免老年群体被边缘化。

（三）残障群体

1.图书馆开展残障群体个性化服务的必要性

新时期，随着社会的快速发展和信息化水平的不断提高，公共图书馆已经成了人们获取信息、提升自我、享受文化生活的重要场所。残障群体的信息获取需求、图书馆使用需求也日益突出。但残障群体在使用图书馆服务时面临着许多困难。他们在信息查询、获取和利用方面的能力相对较弱，身体上的限制更加突出，这些因素都制约了他们更好地利用图书馆资源。

《中华人民共和国公共图书馆法》明确要求图书馆提供无障碍设施和服务，确保残障人士能够平等地享受图书馆服务。这为残障群体使用图书馆服务提供了坚强的支持，也指明了图书馆服务残障群体的方向。国内外针对残障群体的图书馆服务已经取得了显著的进展，许多图书馆为残障人士提供了一系列的便利设施和服务，如无障碍通道、盲文图书、有声读物、手语翻译服务等，提供这些服务，尝试创新服务模式，更好地满足残障群体的需求。

将残障群体服务纳入图书馆个性化服务体系，不仅能够满足残障群体日益增长的文化需求，也能体现社会的公平和正义，这是图书馆社会责任的重要体现。通过不断优化服务，图书馆可以更好地服务残障群体，助力社会的和谐发展。

2.图书馆开展残障群体个性化服务需要注意的问题

在探讨公共图书馆为残障群体提供个性化服务时，需要认识到在实际服务过程中面临的一系列问题。首要的问题是对残障群体需求认知的不全面。虽然图书馆在努力提供服务，但对于非视力障碍的残障人群，如听力、言语、肢体、智力、精神障碍和多重残障人士的特定需求，往往缺乏足够的认识和适宜的服务。

图书馆的空间布局和设施配备有时面临着"一刀切"的问题。例如，为视障人士提供的盲文书籍和音频资料可能相对充足，而针对其他类型残障人士的专用资源和辅助工具可能稀缺。这不仅限于物理设施，也包括数字资源和服务的无障碍访问问题，如网站和电子资源可能未对残障人士进行优化。此外，外部交通和环境无障碍化在很多情况下是图书馆无法直接控制的。即便图书馆本身具备了优良的无障碍设计，如果残障人士无法方便地到达图书馆，那么这些内部设施和服务的实际可用性就会大打折扣。例如，交通工具未能提供必要的无障碍设施或者周边环境存在障碍物，都可能成为残障人士无法充分利用图书馆资源的因素。图书馆为残障人士设计的服务和活动，往往集中于特定日子或活动，而没有形成一个持续的、整合到日常服务中的体系。这种偶尔的、形式化的服务很难满足残障人士的长期和持续发展的需求。

最后，社会对残障群体的普遍意识和态度也会影响图书馆服务的实施和效果。如果社会对残障人士的需求理解不够，那么图书馆在提供服务时也可能会遇到各种直接或间接的阻碍，如缺乏足够的资金、人员和政策支持。

第二节　现代图书馆个性化服务的技术

现代图书馆个性化服务的技术，下面介绍三项（图6-2）：

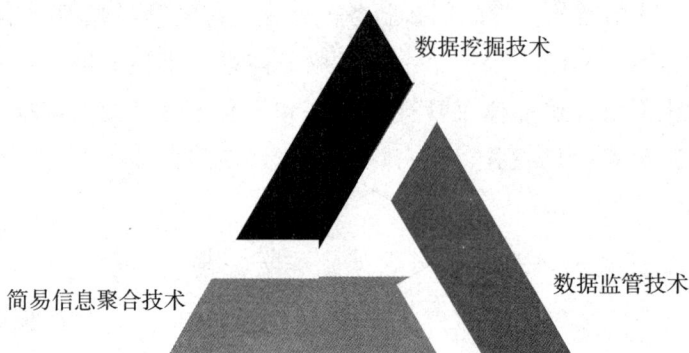

数据挖掘技术

数据监管技术

简易信息聚合技术

图6-2　现代图书馆个性化服务的技术

一、数据挖掘技术

在当代图书馆服务中，个性化信息服务技术发挥着重要的作用，其中数据挖掘技术是实现服务个性化的核心之一。数据挖掘是一个复杂的过程，旨在从大量的、不完整的、含有噪声的、模糊的、随机的数据中提取出隐含的、未知的但潜在有用的信息和知识。在图书馆运用管理中，数据挖掘技术可以帮助了解用户的需求和行为，从而提供精确和个性化的服务。

整合数据挖掘的技术流程，主要包括几个步骤：首先是信息收集，图书馆需确定数据分析对象，并提取所需的特征信息，采用适宜的方法收集信息并存入数据库系统；接着进行数据集成，这一阶段涉及将不同来源和格式的数据逻辑或物理地整合，以实现数据的全面共享；随后是数据规约，这是对大数据集进行简化的过程，旨在在减少数据量的同时保持其分析结果的准确性；数据清理则确保数据的完整性、正确性和一致性，这对挖掘结果的质量至关重要；数据变换包括平滑、聚集、概化和规范化等处理，使数据适配于挖掘任务。

实施数据挖掘时，图书馆需要根据数据仓库中的信息选择合适的分析工具，运用统计方法、事例推理、决策树、规则推理、模糊集、神经网络、遗传算法等多种方法进行处理，以获得有用的分析信息。挖掘完成后，模式评估和知识表示则分别涉及挖掘结果的商业验证和将结果以可视化方式展现给用户或存入知识库中供未来使用。

值得注意的是，数据挖掘不是一次性过程，而是一个迭代循环的过程。如果在任何一个阶段未能达到预期目标，就需要返回到之前的步骤，进行调整和重新执行。根据具体的工作需求，不是所有步骤都是必需的，如只有单一数据源时，可以省略数据集成步骤。另外，在数据挖掘中，大量的时间和精力往往投入到信息收集和数据预处理阶段，这两个环节对最终结果的质量有着决定性的影响。

二、简易信息聚合技术

图书馆作为知识与信息的中心，正在利用简易信息聚合（Really Simple Syndication，RSS）来扩展和改善其服务。RSS 技术，作为一个基于 XML 的信息分发标准，允许用户通过订阅机制来自动接收更新的网站内容，如新闻、博客文章、音频或视频摘要，从而为用户提供定制化的信息流。这一机制极大地丰富了图书馆为读者提供服务的方式，使其能够及时推送最新的资料和信息，而读者无需直接访问图书馆的网站。

RSS 技术的应用在图书馆中展现出几大显著优点。首先，RSS 聚合多样性和个性化信息，使得用户可以根据自己的兴趣和需要，订阅特定的内容源，实现信息服务的个性化。这种"一站式"信息服务方式极大提升了信息检索的效率。其次，信息更新的时效性和成本效率使 RSS 技术成为信息快速传播的有力工具。RSS 订阅源的信息随着网站内容的更新而更新，为用户带来了最新的资讯。而且，从服务器端看，RSS 的维护成本相对较低，这对于图书馆来说是一种资源节约的方式。此外，RSS 避免了垃圾信息的困扰，用户只接收他们显示订阅的内容，不必担心过量的无关信息。同时，RSS 阅读器本质上是防病毒的，因为它仅仅同步信息的标题或摘要，而不会打开潜在的危险电子邮件附件。

图书馆在提供 RSS 技术时，可以选择不同类型的 RSS 阅读器来满足不同用户的需求。RSS 阅读器大致可以分为三类：第一类是桌面应用程序，如 Awasu、Feed Demon 和 RSS Reader 等，它们能够在用户的电脑上自动更新信息。第二类是内嵌于其他应用程序的 RSS 阅读器，如 NewsGator 就内嵌在微软的 Outlook 中，使得用户可以在收件箱里直接阅读新闻摘要。第三类是 Web 基础的 RSS 阅读器，这种阅读器的优势在于无须安装任何软件，便可跨设备保存阅读状态，方便用户随时访问他们的订阅。图书馆可以根据自身服务模式和用户群体的特点，选择适当的 RSS 阅读器类型来提供服务，以保证用户无论在何种环境下都能够方便地获取和管理他们所需的信息。

RSS 技术在图书馆个性化信息服务中的应用不仅提高了服务的效率和质量，还优化了用户的阅读体验。通过不断扩充和改进 RSS 服务，图书馆可以进一步提升其在信息服务方面的能力和影响力。

三、数据监管技术

在当代图书馆中，个性化信息服务技术正成为提升用户体验和管理效率的关键。其中，数据监管技术是图书馆数字资源管理不可或缺的一部分，它包含了数据监护、数据归档以及数据保存几个重要方面。

数据监护是数据监管的基础，它在数据产生开始就对其进行有效管理，确保数据的长期利用价值和可访问性。这涉及数据进行不断地补充和更新，以适应再利用的需求。在确保数据监护的质量方面，图书馆要提供恰当的标注和相关资料链接，这些都是高标准数据监护的重要组成部分。

数据归档作为数据监护的一项核心任务，关注的则是对数据进行筛选、存储，并确保数据的完整性、可获取性、安全性和可靠性。它从内容层面保障了数据的长期可用性，这对图书馆来说至关重要，因为这直接关系到图书馆能否满足用户对知识和信息的持续需求。

数据保存，作为数据归档的关键任务，涵盖了对数据的持续维护，确保其能被长期有效地读取和理解。它从技术层面保障数据的持续性，对于图书馆来说，这意味着历史数据也能为未来的研究和参考保持活力。

数据监护实施方案及措施在图书馆个性化信息服务技术中占据核心地位。制定明确的数据监护策略要求图书馆对当前的资料管理现状和未来的发展进行透彻的分析与规划。图书馆要推出指导性文档，设立数据保存的紧急性分类系统，并采取项目来实际操作。这要求图书馆预估未来需求，设立可量化的目标和评估指标。跨学科合作在数据监护中也显得至关重要。图书馆需与信息技术人员、学科专家和研究者建立合作机制，确保数据监护的全面性和有效性。参照美国康奈尔大学图书馆的学科馆员服务模式，专门的馆员负责对应学科数据的监护，以深入理解和高效管理数据。强化数据监护教育和人才培养同样不可或缺。图书馆通过与教育机构合作，设计包含数据监护内容的课程和提供实践机会，如美国伊利诺伊大学图书馆所做，能够让学生掌握关键的数据保存和监护技能，并为图书馆输送懂得数据监护的人才。图书馆还应激励研究团队和个人将数据管理和监护纳入他们的研究工作。提供指导、工具和服务支持，助推学术社区对数据监护的认识和参与。图书馆的数据监护实施方案及措施依托于明确的规划、合作的机制、教育培养和社区参与，确保数据监护既系统又高效，满足不断演变的信息服务需求。

第三节 现代图书馆个性化服务的措施

信息技术的飞速进步加剧了人们对信息资源的渴求，图书馆作为知识传递的关键场所，必须更新其传统服务模式，适应变化，通过创新为读者提供多元的个性化服务方式。这种个性化服务涉及个性化信息搜索、个性化定制、个性化推荐、个性化提醒以及个性化代理等各个层面，形成了一个与用户需求相互作用的信息化、综合化的服务体系。

个性化信息服务，就是运用现代信息技术，根据用户的知识背景、需求行为和心理特点，提供定制化的服务环境，包括精准的信息预订和个人信息系统的搭建。在这个过程中，用户的需求是图书馆服务能否持续进步的基础。因此，图书馆必须深入分析读者的需求行为，不断调整服务内容，以满足他们的个性化需求。

网络环境下，激发并引导用户的个性化信息需求是吸引他们使用个性化服务的关键步骤。这些需求不仅是图书馆提供个性化服务的基础，也是提升服务水平的推动力。通过这样的服务，图书馆能够更精准地满足用户的信息需求，提升整体服务的品质。

一、对个性化服务的资源进行整合

在现代图书馆服务中，对于个性化信息服务资源的整合是至关重要的一环。这种整合不仅是信息服务个性化发展的关键，也是数字资源多样性增长的显著成果。资源整合能够确保用户通过统一的界面访问和检索到各类数据库和网络资源，这一点在高等学府的图书馆服务中尤为明显。图书馆在提供个性化服务的实践中，积极建设了众多优质数据库，使得图书馆的数字信息资源，如电子书和网络数据库资源数量得到了大幅增长，极大地扩展了读者的信息获取渠道。

然而，在数字信息资源整合过程中，图书馆面临着由于资源供应商的多样性导致的问题。不同供应商所提供的数字信息资源在格式、检索软件的兼容性以及检索语言上的差异，对用户来说是一个不小的挑战。在这种情况下，用户在检索时往往会遭遇低效率和不准确的结果，不仅增加了检索难度，还浪费了用户的时间和精力，给他们带来了较差的信息获取体验。为此，图书馆需将这些多样化的信息资源通过技术手段有机整合，以便构建起一个简洁、友好的公共用户界面。这个界面可以实现"一步到位"的信息服务，即用户只需利用单一的检索方式或一个有效的检索词，就可以快速获得目标信息。这种整合满足了读者对检索主题的直接需求，也是信息资源检索发展的必然趋势。图书馆还致力于建立以用户为核心的新型服务模式，将集成信息服务与个性化定制服务相结合，以满足用户多元化、多层次的信息需求。这不仅改进了数字资源的利用率，也显著提升了服务质量。

从技术层面讲，信息资源整合是一个由计算机网络和相关技术支持的系统，旨在实现信息资源的集中管理及跨平台、跨数据库的高效检索。这样的整合旨在构建一个异构数据库信息共享平台，并搭建一个统一的检索系统和用户界面。通过这样的系统，用户能够使用统一的检索表达式，在包含各种不同信息资源的集合中迅速获得响应，有效实现了对多个异构信息资源库的统一化检索，大幅提高了检索效率，优化了用户的检索体验。

因此，建立与网络服务运营商的密切合作对于图书馆来说也是至关重要的，网络服务运营商掌握着海量的网络数据和高效的数据处理能力，能够提供超出局域网范围的数据支持，从而极大地丰富了图书馆的数据来源。通过与运营商的合作，图书馆能够获取更加广泛的用户行为数据，包括但不限于访问习惯、内容偏好、在线时长等多维度信息。这样的数据对于图书馆来说，是精细化管理和服务的宝贵资源。图书馆可以利用这些数据，通过深度学习和分析，更准确地描绘出用户的信息需求图谱，实现更为个性化的资源推荐和服务。例如，如果图书馆了解到特定用户群体在晚间更倾向于检索学术资料，那么图书馆可以调整资源推荐算法，在该时间段为这部分用户推送更多的学术资源。同样，如果发现用户在特定的学科领域有更深入的研究，图书馆可以提前收集和整理该领域的新资料，以便及时满足用户的需求。

与网络服务运营商的合作也意味着图书馆可以利用运营商的技术优势，如云计算和大数据分析工具，这些技术平台可以有效提高数据处理的效率和精度。借助专业的技术力量，图书馆不仅可以提高图书馆个性化服务的精准度和效率，还可以极大地扩展图书馆的服务范围并提升服务质量，是实现图书馆服务现代化、智能化不可或缺的一步。

二、树立个性化信息服务理念

在信息时代的浪潮中，图书馆的服务模式也在经历一场深刻的变化。用户的期望不限于图书馆的藏书量或者科技手段的先进性，而是追求图书馆所能提供的个性化关怀与服务。随着用户素质的普遍提升和观念的更新，个性化信息服务应运而生，这是一种基于用户个性化需求而形成的、层次更深、更具主动性的服务模式。这种服务理念不仅是一种趋势，更是图书馆展现其价值和适应时代发展的必然选择。

图书馆必须坚持"以人为本，读者至上"的服务理念，这不仅是一种服务宗旨，也是图书馆工作人员的职业准则。这要求图书馆工作人员充分了解和尊重用户的个性化需求，提供定制化的信息服务。这涉及对用户兴趣的深入研究，不断地对服务内容进行创新和优化，以满足用户多样化的信息需求。同时，要紧跟时代的步伐，利用先进的信息技术手段，如大数据分析和人工智能，对用户的行为数据进行深入分析，从而能够预测用户的潜在需求，实现信息服务的主动推送。

图书馆在构建个性化信息服务系统时，应注重平台的互动性和服务的连续性，确保服务流程的透明度和用户体验的一致性。此外，应通过不断的技术创新，使图书馆的服务平台具备更好的用户界面和交互设计，减小用户的操作难度，提高信息获取的便捷性和准确性。

为了实现真正的个性化服务，图书馆应该致力于打造"智能图书馆"，利用互联网、物联网、云计算等现代信息技术，构建起一个智能化的、个性化的信息服务体系。在此基础上，图书馆还应积极开展用户教育与引导，帮助用户提升信息素养，优化信息检索能力，使用户在享受个性化服务的同时，也能够更加独立和高效地获取和利用信息资源。

总之，图书馆在个性化信息服务建设上的不断探索和实践，将极大提升其服务质量和用户满意度，同时将推动图书馆服务的创新发展，使图书馆在信息化社会中扮演重要的角色，更好地满足用户的个性化和多样化需求。

三、深化信息服务系统

随着信息时代的深入发展，图书馆的信息服务功能正逐步从传统的收藏与借阅向复杂的知识管理和个性化信息服务演变。在这一背景下，图书馆迫切需要通过利用大数据技术来不断优化信息检索系统，实现服务的高度个性化和智能化。

在数字化时代背景下，图书馆的信息服务系统，如常用的"My Library"

信息服务系统，以其强大的个性化功能，提供了一种与时俱进的信息服务模式。用户能根据个人喜好定制服务，设定偏好，追踪借阅历史，自动接收新书提醒，从而丰富了用户的阅读体验和学术探索。系统会记录借阅历史，自动推送新书提醒，使用户体验和学术探索变得多元和便捷。

　　信息服务系统不仅会优化用户体验，还有助于提升图书资源的利用效率。系统分析用户行为后，利用智能推荐功能推送相关资料，并结合用户的学术背景，传递最新的学术资源。为了让图书馆信息服务系统深入人心，图书馆需在智能推荐功能上下功夫，引入协同过滤或内容推荐算法及大数据技术来优化系统，提升推荐的个性化和智能化。还需了解用户需求，用户需求通过对用户行为的研究可以获得，定期对用户调查和日志数据分析有助于捕捉需求动向并指导资源配置和服务设计。互动性的增强，如增设反馈机制和社交互动元素，将提高用户参与度，为服务优化提供反馈。

　　第一，图书馆应不断扩展服务内容，提供在线学习支持和学术咨询等，以满足用户多样化需求，提升服务的附加值。图书馆可以设立在线学习平台，提供数字化课件和专业讲座录像，与教师合作为特定课程设计资源清单，以及翻转课堂的辅导材料，使学习支持不再局限于物理空间。此外，图书馆还可以引入学术咨询服务，如设立学科专家咨询窗口，针对用户的学术研究项目提供个性化指导和支持，涵盖文献检索、管理到学术写作和出版等多个环节。为适应数字化时代，虚拟参考服务通过即时通信、邮件或视频会议等手段提供实时互动，以便用户即使不在图书馆也能得到帮助。针对当前学术界对研究数据管理的需求，图书馆还可以提供数据存储解决方案并开放获取指导，确保研究数据的规范化管理和利用。更进一步，通过组织专业发展工作坊和讲座，传授高级检索技巧、引文管理、知识产权等知识，提升用户的研究能力。此外，利用用户的历史检索和借阅数据，为他们定制推荐资源，带来个性化的学术资源服务。这些举措共同作用，不仅丰富了"My Library"的服务内容，更是将图书馆打造成了一个能够提供深层次学术支持、增强学术交流、提升研究质量的综合服务体系，满足了用户的个性化和深入的学术需求。

　　第二，在个性化服务深化的同时，用户隐私保护尤为重要，图书馆应确保用户数据安全。图书馆应制定严格的隐私政策和数据管理策略，确立具体的数据收集、存储及销毁标准，保证用户敏感信息的安全，只有确保用户数据安全，才能形成读者对服务的信任感，让用户在享受个性化服务的同时，不必担忧个人信息泄露。为此，图书馆必须向用户明确传达这些政策，加密技术、安全认证与授权策略的运用是保护用户数据传输安全的关键，加密技术可以保障用户数据在存储与传输过程中的安全性，仅授权人员在必要时才能接触到这些数据。而安全审计是评估和提升数据保护措施的有效手段。在服务实施中，图书馆可采取匿名化处理用户数据，以便在优化服务的同时保护用户身份信息。工作人员对隐私保护和数据安全的定期培训，确保了对用户隐私的深刻理解和隐私保护措施的严格执行。遇到数据泄露或安全事件时，图书馆的应急响应机制能够及时启动，有效减轻损害并向用户透明化通报。通过这些综合措施，图书馆在确保为用户提供高质量个性化服务的同时，也坚定承担了对用户隐私的保护责任，建立起了用户的信任基础。

用户主动结束服务或请求删除个人信息时，图书馆必须及时清除用户隐私信息，确保相关数据被彻底且无法恢复地删除。物理与技术手段的结合使用可彻底擦除数据，避免任何潜在的信息泄露风险。图书馆还应当向用户提供隐私保护的教育资源及自主管理个人数据的工具，增强用户对个人信息控制的能力，这种透明度的提升有助于增强用户对图书馆服务的信任，形成尊重并保护用户隐私的良好服务环境。

第三，面对信息资源的多样化和用户需求的多元化，图书馆必须保证信息检索系统的兼容性与灵活性。为了满足这一点，图书馆需要投入资源构建支持各类数据格式和检索需求的系统，确保用户能够在单一的界面上完成对多种类型资源的搜索和获取。

优化信息检索系统并不仅仅是提高检索速度或者简化用户操作的技术升级，更是一个深入了解用户需求、提升用户体验的过程。通过大数据分析用户的检索习惯和行为模式，图书馆可以精细地构建用户画像，对不同用户群体进行精确的信息服务。比如，如果分析发现一部分用户频繁检索特定领域的资源，图书馆可以主动推送该领域的最新研究进展或者相关书籍，这样的主动服务能显著增强用户满意度。

而在移动互联网时代，用户越来越习惯于通过移动设备获取信息，因此图书馆还应加强移动信息服务平台的建设。构建适配各种移动设备的智能化检索系统，不仅能够满足用户随时随地访问信息的需求，还能够利用移动设备的特性，如位置服务，为用户提供精准的地理位置相关的信息服务。

进一步地，智能化的信息检索系统可以根据用户的反馈和评价，自我学习和调整推荐算法，以达到个性化的推送效果。例如，用户可以对推送的资源进行评价，系统便能据此调整后续推送内容，使其更加符合用户实际需求。此外，智能系统还可以根据用户的搜索历史，自动保存用户感兴趣的搜索主题，下次用户访问时能够快速获取相关信息。

第四，图书馆需要不断对"My Library"系统持续更新完善、升级，维持其技术先进性和服务时效性，使之能够应对信息技术发展和用户需求变化，提供与课程相应的信息资源，全面支持教学和学习。并且图书馆"My Library"信息服务系统应演化为集检索、推荐、互动和学习支持的综合平台，既是信息服务的提供者，也是学术交流的助推器。技术革新和服务模式升级后的"My Library"，能够为用户带来更贴心和高效的学术支持体验。

完善的信息检索系统是图书馆个性化服务的核心组成部分。它直接影响到图书馆能否在数字化和智能化的浪潮中为用户提供高效、便捷且贴心的信息服务。随着技术的不断进步和用户需求的日益复杂化，图书馆应当持续关注和引入新技术，不断创新服务模式，提升信息检索系统的智能化水平，以实现个性化服务的深化和拓展。这样的进步不仅能够提升用户的满意度和忠诚度，也会巩固图书馆在知识服务领域的核心地位。

四、提高馆员专业素质，打造个性化服务团队

在构建个性化信息服务体系的过程中，图书馆馆员的专业素质起到了决定性的作用。馆员不仅是信息资源的管理者，更是连接读者与图书馆资源的桥梁。他们对馆藏资源的熟悉程度和服务技能的高低，直接影响到用户对个性化服务的满意程度。

提升图书馆馆员素质的基础在于人才的引进和培养。图书馆应该不断优化人才结构，通过招聘具有不同学科背景的馆员，以匹配多学科交叉的服务需求。例如，社会科学与自然科学领域的专家能够为图书馆服务提供更深层次的支持。此外，图书馆需要提高馆员的福利待遇，改善其工作条件，通过

这样的措施来吸引更多有才能的人才投身于图书馆事业。

持续的专业培训和终身学习是提高馆员素质的有效途径。图书馆应当建立系统的培训体系，不断更新馆员的专业知识和技能。通过组织内部的培训活动，如专题讲座、工作坊和经验分享会，馆员可以学习最新的信息组织技术、用户服务策略和信息检索方法。这些培训活动不仅能提高馆员的专业技能，也能强化他们的服务意识，使其能够以积极的态度去面对日益复杂的用户需求。

进一步地，图书馆需要通过激励机制提升馆员的工作积极性和效率。可以设立服务创新奖、最佳用户体验奖等奖项，鼓励馆员在服务中不断创新和改进，提供超出用户预期的服务体验。同时，通过合理的人力资源配置，确保馆员在工作中的专注度和效率，让他们能够有更多的时间和精力去深入理解和满足用户的个性化需求。

图书馆还应该重视馆员的职业规划，为他们提供成长和晋升的机会。通过建立职业发展路径，馆员可以看到自己的努力有明确的成长方向和回报，这将极大地激发他们的工作热情和创新能力。

高素质的图书馆馆员队伍是实现个性化服务的基础。他们不仅需要有深厚的学科知识，更应具备优秀的沟通能力和服务意识，能够精准捕捉用户需求，提供定制化的信息服务。通过馆员的专业引导，用户能够更高效地利用图书馆资源，促进知识的发现和创新。因此，投资于图书馆馆员的专业成长，无疑将为图书馆带来长远的发展潜力和持续优化的用户服务。

五、建立用户反馈和培训机制

图书馆在个性化服务的提供过程中，对用户需求的深入研究和对用户的培训显得尤为关键。通过综合运用图书馆自动记录系统与大数据分析技术，图书馆能够精确挖掘并分析用户的检索行为和偏好，这不仅帮助图书馆构建详细的用户信息档案，而且使得信息资源的筛选和推送过程更加精准，确保用户能接触到与其需求高度相关的资料。同时，用户的隐私保护也得以强化，因为数据分析的进行必须在确保用户个人信息安全的前提下操作。

利用现代通信技术的优势，图书馆通过社交媒体平台与用户进行互动，这样的即时沟通机制能够让图书馆实时捕捉到用户的反馈信息，这对服务的及时调整和优化提供了有力支撑。图书馆能够根据这些反馈对服务项目进行快速响应，逐步形成符合用户需求的服务体系。

为用户定期举办的专题讲座和数据库使用培训则是提高用户自身检索和学习能力的有力手段。通过这些培训，用户对图书馆资源的获取和利用能力得到显著提升，不仅可以更高效地利用图书馆资源，而且能够独立处理信息检索过程中遇到的各种问题。长远来看，这种能力的提升减少了用户对图书馆工作人员的依赖，增强了用户的自助服务体验，同时也减轻了图书馆工作人员的工作压力。

用户反馈机制的建立对于图书馆服务的改进同样重要。它不仅能提供用户直接反映问题和需求的渠道，而且能为图书馆收集宝贵的一手资料，帮助图书馆更好地理解用户的期望，进而调整服务策略和内容，确保服务的持续改进和优化。这种以用户反馈为基础的服务更新机制，使得图书馆能持续自我完善，不断提升服务的专业性和用户满意度。

图书馆要实现个性化服务的持续深化，必须对用户需求进行精确分析和调研，加强与用户的互动交流，通过用户培训提升用户的信息素养。这一系列措施将推动图书馆服务质量的整体提升，确保图书馆能够在满足用户需求的同时，维持服务的个性化和高效性。

第七章　现代图书馆部门管理创新

第一节　现代图书馆办公室工作创新

在这个信息化、网络化的时代，互联网和数字技术迅猛发展，图书馆正面临着一个转型的关键时刻，传统的图书馆管理模式已经难以满足日益增长的管理需求和社会发展的快速变化。因此，图书馆引入现代化的管理系统不仅是一种适应，更是为了跟上时代的步伐进行必要的创新。现代化管理系统不仅可以优化部门的工作流程，还可以提高图书馆整体的工作效率和服务质量。例如，办公室负责图书馆的日常行政、人力和财务管理。现代化管理系统可以自动化处理财务报告、人力资源管理和行政记录，从而提高工作效率，减少纸质文档的使用，努力做好环保工作。同时，系统还能提供决策支持，通过数据分析帮助管理层作出更加科学的管理决策。流通部门是图书馆的核心，负责图书的借阅和归还。现代化管理系统通过引入自助借还机、在线预约和自动化图书追踪系统，大大提高了流通效率。系统还可以实时更新图书的借阅状态，为读者和图书馆工作人员提供即时的图书位置和状态信息，减少了图书丢失和损坏的风险。编目部门现代化管理系统可以自动化处理大量数据，如图书分类、索引和元数据管理。这种自动化不仅提高了工作效率，还减少了人为错误，确保了图书馆藏书的准确分类和易于检索。此外，现代化系统还可以与其他图书馆和数据库连接，方便了资源共享和信息更新。下面我们从现代图书馆办公室人力资源管理工作创新、办公室财务管理工作创新、办公室设备管理工作创新、办公室技术支持工作创新、办公室其他行政类支持工作创新五个方面讨论。

一、办公室人力资源管理工作创新

（一）办公室人力资源管理的必要性

加强人力资源管理对于图书馆来说，是适应时代发展的重要需求。随着图书馆从传统模式向数字化、综合化过渡，其硬件水平和信息资源均已大幅提升，这不仅带来了新的技术和业务挑战，也对图书馆工作人员提出了更高的专业要求。在这个关键的转型期，图书馆的工作人员不仅需要掌握图书馆学、情报学及计算机网络等传统专业知识，还应具备数据库管理、信息搜集整理以及信息检索利用等多方面的技能。这种多元化的技能需求是对人力资源开发和管理的直接挑战。随着传统图书馆功能被数字化、网络化图书馆所取代，图书馆的服务功能在不断扩展。在这一现代化管理过程中，虽然计算机和网络技术得到了广泛应用，但这些先进技术的有效运用仍然依赖于图书馆人力资源的管理和操作。图书馆功能的实现，关键在于图书馆员的整体素质和业务能力。因此，构建强大的人力资源是图书馆保证知识传递及时、准确、高效的基础，这对于推动新时代高校教学和科研的发展至关重要。加强图书馆人力资源管理，意味着通过激励机制、规章制度和管理者的行为方式来最大限度地调动每位员工的积极性、主动性和创造性，使他们能够在图书馆中实现自身价值，发挥最大潜能。因此，加强人力资源管理，不仅是应对时代变革的需求，也是图书馆创新发展的关键所在。

加强人力资源管理对于图书馆员实现自我价值具有重要意义。随着高校图书馆从传统的手工管理向自动化、网络化、数字化的现代管理手段转型，图书馆员作为知识的桥梁，在图书馆的发展中扮演着重要的角色。他们不仅是服务的提供者，也是图书馆创新和发展的推动者。为了让图书馆员充分发挥其潜力，图书馆的人力资源管理需重视调动员工的积极性、主动性和创造性。通过激发他们的责任感和参与意识，使他们能在工作中实现个人价值和职业发展。图书馆应加强人力资源的开发和管理，以图书馆发展目标为导向，确立员工的主体地位，将人力资源作为制定发展战略和规划的基础。同时，应制定科学的培养和激励机制，鼓励图书馆员参与多种形式的学习和培训，使他们成为能够驾驭现代技术和信息的多能型人才。图书馆的人力资源管理还应关注员工的个人发展，结合他们的专长和能力安排合适的工作岗位，并为他们设计合理的职业生涯规划。同时，创造一个尊重劳动、知识、人才和创造的工作环境，促进员工之间的沟通和协作，使每位员工能在合适的岗位上发挥其才华，实现自我价值。

加强人力资源管理对于图书馆业务的发展和创新显得尤为重要。在图书馆网络化和数字化的进程中，馆藏文献的数量已经不再是衡量图书馆服务能力和对教学科研支撑力的唯一标准。人们越来越重视文献信息的组织、开发、导航与传递，同时将图书馆的服务能力评价标准更多地放在满足读者需求和服务质量上。在这一背景下，图书馆员的角色变得愈发重要，他们不仅是图书馆发展规划的积极参与者，也是网络信息资源的组织者，以及知识创新的传播者和创造者。因此，图书馆需要更新管理思想和服务观念，真正将人力资源管理提升到重要的地位。通过开发和培养高素质的复合型人才，吸引并留住这些人才，可以显著减少人为因素对信息服务效果的影响，保障信息服务的准确性和高效性。在数字化时代，图书馆员的文化素质、专业水平和技术能力直接影响信息资源的开发和服务质量。因此，图书馆应当建立科学的激励和培养机制，为馆员提供持续学习和成长的机会，促进他们在专业技能和技术应用方面的提升。同时，图书馆还应该关注馆员的个人发展，鼓励他们在工作中发挥创新精神和主动性，充分发挥其在图书馆业务发展中的作用。只有通过充分发挥人力资源的潜力，图书馆才能在网络化、数字化的时代中保持竞争力，更好地服务于读者，推动知识的传播和创新。

加强人力资源管理对于图书馆增强其核心竞争力具有至关重要的意义。图书馆的核心竞争力体现在其在社会中所拥有的独特竞争优势，这些优势是维持图书馆生存和促进其发展的关键因素。尽管传统图书馆在文献信息的收集和处理方面拥有显著的人力资源优势，但在网络技术、信息技术和数字化信息快速发展的现代社会中，图书馆的传统角色和地位面临着严峻挑战。随着各种新兴信息服务机构的出现和其他行业对知识资源产业的关注，传统图书馆原有的文献信息中心和重要的文化知识传播者的地位受到冲击。为了应对这些挑战，图书馆必须审时度势，认真分析内部资源结构，高效整合可利用资源，并合理配置人力资源。图书馆的人力资源管理需要突破传统模式，进行创新发展研究。这包括组建一个分工协作、高效合作的信息服务团队，以培育并提升图书馆自身的核心竞争力。图书馆需形成独具特色的竞争优势，长期有效地应对各种信息化的竞争和挑战。在网络化、数字化的背景下，图书馆的人力资源管理更加重要。图书馆工作人员的文化素质、专业水平和技术能力直接影响信息资源的开发和服务质量。因此，图书馆必须重视人才的培养和吸引，以减少人为因素对信息服务的影响，确保服务的准确性和高效性。这是图书馆业务发展和创新的必然要求。

（二）办公室人力资源管理创新的原则

办公室人力资源管理创新的原则如图 7-1 所示。

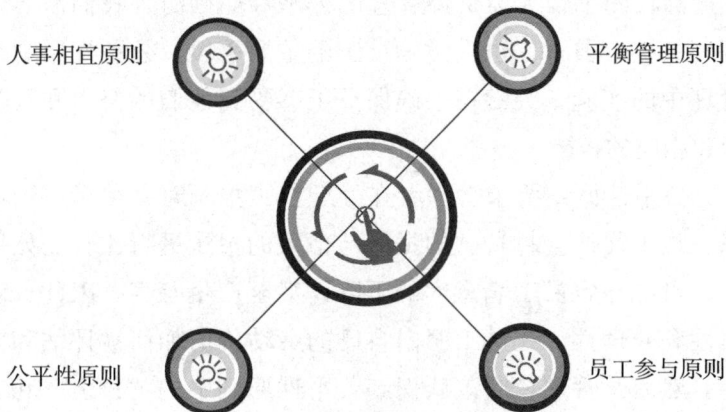

人事相宜原则　　平衡管理原则

公平性原则　　员工参与原则

图 7-1　办公室人力资源管理创新的原则

1.人事相宜原则

人事相宜原则强调在人力资源配置过程中，应考虑个体的素质、能力和需求，将他们安置于最合适的岗位。这一原则的目标是实现岗位与个人能力的最佳匹配，即"能位匹配"。

在图书馆的人力资源管理实践中，实施人事相宜原则意味着首先对各岗位的需求进行深入分析，明确每个岗位所需的专业技能、经验和个人素质。

随后，通过客观的评估方法评定员工的能力和素质，确保每个员工都能被安排到合适的岗位。这样，员工能够发挥出最大的潜能，同时能促进他们的个人成长。图书馆应采取多种策略来实现人事相宜原则，可通过定期的职业培训和技能提升课程，帮助员工不断提高其专业能力。通过定期的绩效评估和反馈，可以确保员工对自己的岗位适应性和工作表现有清晰的认识。图书馆还可以通过激励机制来鼓励员工在其岗位上追求卓越。

实施人事相宜原则不仅有利于图书馆工作的高效运行，而且能促进员工的个人成长和事业发展，进而提高图书馆整体的工作效率和服务质量。将员工安排在合适的岗位上，可以为图书馆创造一个更加和谐、高效的工作环境。这种环境不仅能帮助图书馆实现其服务和教育目标，还能促进员工之间的合作和发挥团队精神，最终实现组织目标的顺利实现。

2.公平性原则

在论述高校图书馆人力资源管理的公平性原则时，我们需要认识到公平不仅是管理的核心要素，也是激励员工的重要手段。公平性原则在图书馆人力资源管理中的实施，关键在于确保员工感受到他们的努力和贡献得到了公正的评价和相应的报酬。

最先，公平性原则要求管理者在处理员工报酬时必须考虑到员工之间的相对关系。员工往往会将自己的报酬与他人的报酬进行比较。如果管理者忽视这一点，可能导致员工满意度的下降，甚至产生怨气。因此，确保报酬体系的透明性和合理性，让员工明白自己的劳动价值如何被评估和回报，是至关重要的。然后，管理者应该认识到公平性原则中的"公道"和"善意"是管理员工的基础。公道意味着管理者应当严格遵守规章制度，保证对所有员工的平等对待，无论是在晋升、奖励还是在工作分配上。而善意要求管理者在对待员工时，展现出关怀、支持和鼓励的态度，帮助员工实现自我价值和职业发展。

实施公平性原则不仅能提高员工的工作积极性，还能促进图书馆内部的和谐与团结。当员工感到自己的贡献被公正地评价和奖励时，他们更愿意投入工作，积极为图书馆的目标和事业作出贡献。同时，通过充分尊重和鼓励员工，可以建立共同的价值观，从而有效提高图书馆的整体工作效率和服务质量。因此，在图书馆人力资源管理中，实现公平原则是提高员工满意度、激发工作热情和促进图书馆发展的关键。

3.员工参与原则

这一原则的核心在于增强员工的参与感、责任感和归属感，从而提高其工作积极性和创造性。员工参与管理意味着赋予员工更多的机会参与管理决策、监督和日常运作。这种参与不仅包括对工作流程和政策的意见表达，还应该扩展到参与设置工作目标、制定工作计划以及评估工作成效等方面。通过这种方式，要求管理层建立开放和包容的工作环境，鼓励员工参与管理，使员工能够感受到自己对图书馆运营的重要性，从而激发其主人翁精神和责任感。员工参与管理还有利于员工个人目标与组织目标的更好结合。当员工参与了决策过程，他们更容易理解和接受组织的目标，并将其转化为个人的努力方向。这种参与不仅让员工感到被重视和尊敬，同时也能激发员工的工作热情和创造力，有助于培养员工对组织的忠诚度和归属感，提高图书馆的管理效率和服务质量。

为了有效实施员工参与管理原则，图书馆管理层应当采取多种措施，如建立员工建议箱、定期召开员工大会、组织工作坊和小组讨论等，这些都是促进员工参与管理的有效手段，管理层还应当重视员工的反馈和建议，及时采纳并反映在管理实践中。

4.平衡管理原则

平衡管理原则要求图书馆在人力资源管理过程中有效地将结构化的规范性管理策略与灵活的激励性管理策略相结合，实现管理效率和员工积极性的最优管理效果，从而促进图书馆整体的持续发展和创新。

平衡管理原则中的结构化管理部分强调规章制度的重要性。这种管理方式侧重于清晰的命令、监督、检查和控制，目的在于确保图书馆工作的顺利进行和维护工作秩序。结构化管理的优点在于其明确性和可操作性，有利于量化员工的工作绩效，从而便于考核和管理。然而，此种管理方式可能降低工作的灵活性，导致员工处于一种被动的状态。

从另一个角度来说，平衡管理原则中的灵活性管理强调员工的自我管理和内在激励。这种管理方式更多地依赖员工对组织文化的认同、理解和内化。

在这种情境下，管理者的角色转变为启发者、引导者和支持者，而不仅仅是命令和控制者。灵活性管理侧重于激发员工的自主性、积极性和创造力，从而促成高效和创新的工作环境。

为了有效实施平衡管理原则，图书馆需要在强化制度建设的同时，刚柔并济，在刚性管理下要确保制度的明确性和可操作性，这有利于量化员工的工作绩效，便于考核和管理。在柔性管理下，要注重培养员工的自我管理能力和提升组织内部的凝聚力，管理者的角色从命令者转变为启发者、引导者和支持者。这包括尊重员工、真诚对待员工，同时促使员工感受到他们与图书馆的共同发展和荣辱共担。通过这种方式，员工的自我管理能力和创新精神将得到激发，使他们更加积极地为图书馆的发展和创新做出贡献。

（三）办公室人力资源管理创新的实施

办公室人力资源管理创新的实施如图 7-2 所示。

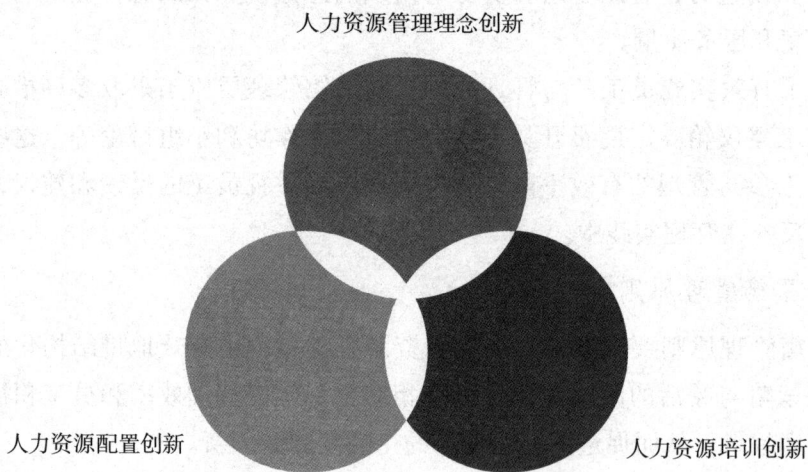

图 7-2 办公室人力资源管理创新的实施

1.人力资源管理理念创新

人力资源管理理念创新主要包括三方面的创新，即树立人本管理创新理念、树立能本管理创新理念、树立激励管理创新理念。

第一，在图书馆管理中，树立人本管理创新理念至关重要。这一理念将员工视为组织宝贵的资源，强调综合考虑员工的能力、兴趣、特长、心理状况等多方面因素，以科学的方式分配岗位和工作任务。同时，它强调员工在工作中的成长和价值，通过全面的人力资源开发计划，激发员工的工作主动性、积极性和创造性。在图书馆领域，这一理念的创新表现在以下方面：

为员工制订个性化的职业发展计划，以鼓励他们在图书馆领域内不断成长和学习；鼓励员工参与决策和项目，使他们能够为图书馆的发展提供独特的见解和建议；培养以员工为导向的发展计划，根据员工的需求和意愿，提供培训和发展机会，以帮助他们提升技能和实践创新能力等。

第二，在图书馆管理中，能本管理创新理念强调员工的能力，将知识、智力、技能以及实践创新能力视为核心。这种管理方法的关键是将员工的能力从知识到智力再到技能逐渐提升，最终推动员工实践创新的能力发展。在图书馆环境中，能本管理的应用可以表现为：鼓励员工持续学习和分享新知识，以促进他们的知识和智力水平的提高；提供员工所需的技能培训，支持他们在图书馆领域取得相关认证，以提升他们的技能水平；设立创新奖励和项目，激励员工积极参与图书馆的创新和改进工作，不断提高实践创新能力等。

第三，除了物质激励，还应落实激励管理新理念，强调满足员工的精神需求，包括社会认同和自我价值实现。在图书馆人力资源管理中，这一理念的创新体现在以下方面：确保员工的工作具有挑战性和意义，让他们感到自己的工作对图书馆和社会有贡献；建立员工社交网络，促进员工之间的互动和合作，以满足他们的社交需求；强调员工的自我价值，认可和奖励员工的贡献，使他们感到自己在图书馆工作中的价值和重要性。

人力资源管理理念的创新有助于提高员工的工作效率、提升工作业绩，同时满足他们的生理和精神需求，促使他们在图书馆领域实现个人和组织的共同目标。通过这些途径，图书馆可以更好地吸引、培养和保留优秀人才。

2.人力资源配置创新

图书馆优化人力资源配置方面的创新是复杂而精细的过程。这一过程要遵循一定的原则和方法，以适应不断变化的图书馆环境和需求。首先是能级对应原则，它强调员工能力与岗位要求的匹配。在图书馆领域，这意味着要确保具有特定技能和知识的员工被安排在需要这些技能的岗位上，如熟练掌握数字资源管理的员工应该被分配到负责数字化项目的部门。这种匹配不仅提高了工作效率，也有助于员工的职业成长和满意度提升。其次，优势定位原则关注发挥员工的个人优势。这需要管理者了解每位员工的独特技能和兴趣，并据此安排他们的工作，如拥有强大人际交往能力的员工可能更适合前台服务或读者咨询等岗位，而那些擅长技术分析和数据管理的员工则可能更适合在信息技术部门或数据分析团队工作。动态调节原则则要求对人力资源配置进行持续的审视和调整，以适应图书馆服务和技术的变化。图书馆领域正在经历快速的数字化转型，这要求员工不断更新技能以适应新的技术和服务需求。因此，人力资源配置必须灵活，能够迅速适应这些变化。

在人力资源配置形式方面，图书馆可以采取多种方法。人岗关系型配置关注确定员工与特定岗位之间的最佳匹配。这通常涉及对员工技能、经验和岗位需求的细致分析，如对于需要高度专业知识的岗位，如特殊藏品管理或信息技术支持，图书馆可能会寻找具有特定教育背景和工作经验的员工。移动配置型则更注重员工在岗位之间的灵活移动。这种配置方式允许图书馆根据需求和员工的发展目标调整其人力资源配置，如一位员工可能从前台服务转移到儿童图书馆工作，再从儿童图书馆转移到参考咨询岗位，这种流动性不仅有助于员工的全面发展，也能增强图书馆服务的多样性。流动配置型则涉及员工在图书馆内外岗位之间的流动。这种方法不仅包括内部调动，还可能包括借调到其他图书馆或部门，甚至是在图书馆系统内的职业上升或下降。这种配置方式可以根据图书馆的需求和员工的职业规划进行调整。

在优化人力资源配置机制方面，图书馆可以采取多种措施。实行资格准入制度是一种重要的方法，它要求员工具备特定的职业资格和培训，确保了他们的专业能力。这种制度在国际上已被广泛采用，许多图书馆员必须通过专业培训并获得相应的资质才能从事图书馆工作。岗位分类管理则将图书馆的岗位分为专业性和辅助性两类。专业馆员负责管理、研究、开发和建设等职责，而辅助性馆员负责日常服务性的工作。这种分类有助于清晰定义各个岗位的职责和要求，从而使人力资源配置高效和目标明确。合理使用组配则涉及如何有效地安排和分配员工的工作。这包括新进馆员的安置、老馆员的升降和余缺馆员的调配。在这个过程中，图书馆管理者需要综合考虑员工的技能、经验、职业发展意愿和图书馆的服务需求，如一位经验丰富的馆员可能被提升到高级的管理职位，而一位新进的馆员可能被安排到需要更多指导和培训的岗位。

整体而言，图书馆在优化人力资源配置方面的创新是一个多方面、多层次的过程。它不仅需要遵循一系列原则和采用多种配置形式，还需要在实际操作中灵活应用这些原则和方法。通过这样的方式，图书馆不仅可以提高工作效率和服务质量，还能更好地满足员工的职业发展需求，从而实现图书馆服务和员工福祉的双重提升。

3.人力资源培训创新

图书馆办公室在人力资源培训方面的创新关键在于制定和执行有效的、科学的培训机制。这涉及制订具有针对性、战略性和前瞻性的培训计划，以及明确和创新培训内容。

第一，要注重培训计划的制定与执行。在这一环节，图书馆可以采用数据驱动的方法来制定培训计划。通过分析图书馆的业务数据、用户反馈和市场趋势，图书馆可以更准确地识别哪些技能和知识领域是未来发展的关键。例如，如果数据显示电子资源的使用量显著增长，那么图书馆就可以优先考虑提供有关电子资源管理和数字媒体技术的培训。此外，图书馆也可以采用个性化的培训路径，根据每位员工的现有技能、职业发展目标和学习偏好制定个性化的培训计划，以提高培训的效果和满意度。

第二，要聚焦培训内容的创新和激励机制。在培训内容方面，图书馆可以引入跨界学习的元素，如结合心理学、商业管理、信息技术等学科的知识，提供综合性的培训课程。这样的跨界培训不仅能拓展馆员的知识面，还能增强他们解决复杂问题的能力。同时，图书馆可以利用游戏化学习（gamification）的策略，将学习内容转化为互动性强的游戏或挑战，以提高参与度和学习乐趣。在激励机制方面，除了重点培养优秀馆员外，图书馆还可以实施绩效与培训相结合的策略，即将员工的培训表现和工作绩效相结合，作为晋升和奖励的依据，从而提高员工的积极性和参与度。

第三，要注重培训形式和方法的创新。图书馆可以采用基于案例研究的培训方法。这种方法通过分析具体的图书馆管理案例，如用户服务创新、图书馆营销策略、数字化转型项目等，让馆员在实际情境中学习。案例研究不仅可以提供解决实际问题的经验，还能激发馆员的批判性思维和创新能力。例如，通过研究其他图书馆成功实施的数字化项目，馆员可以学习如何在自己的工作中应用类似的策略和技术。图书馆还可以利用技术，特别是虚拟现实和增强现实技术来创新培训方法。通过这些技术，可以创建模拟的图书馆环境，让馆员在虚拟空间中进行角色扮演和模拟操作，如模拟用户咨询、图书分类、数字资源管理等。这种沉浸式的学习体验不仅可以增强培训的实用性，还能增强学习的趣味性和互动性。

二、办公室财务管理工作创新

（一）办公室财务管理工作创新的必要性

1.提高财务决策的精确性

随着图书馆服务和运营的复杂化，准确的财务决策变得日益重要。财务管理创新，如引入高级数据分析工具和经济预测模型，可以帮助图书馆更准确地预测收入、支出和预算需求。这种精确性对于制定有效的财务策略和避免预算不足或浪费至关重要。

2.优化资金流动和管理效率

在财务资源有限的情况下，优化资金流动和提高管理效率变得尤为重要。创新的财务管理方法可以帮助图书馆更有效地监控和控制资金流动，如实时跟踪资金流入流出、优化现金流管理，这有助于图书馆在确保财务稳定的同时，能够灵活应对突发财务需求。

3.适应法规和合规性的变化

财务管理的创新还包括适应日益变化的法规和合规性要求。随着法律和监管环境的变化，图书馆必须确保其财务操作符合最新的法律法规。通过采用更新的财务软件和实施合规性培训，图书馆能够有效地应对这些变化，规避或减少规性方面的风险。

办公室财务管理工作创新直接影响到图书馆的财务健康和长期可持续性，

对于确保其财务安全和提升公众信任至关重要。

（二）办公室财务管理工作创新的实施

1.电子化财务管理系统的引入和优化

图书馆在引入电子化财务管理系统方面可以进行多方面的创新。首先，选择高效的财务软件是关键，这样的软件应具备自动化账目处理、实时财务报告生成以及高级数据分析功能。例如，集成人工智能的财务系统能自动识别和对各种财务事项分类，减少人工输入错误，提高工作效率。其次，利用云计算技术实现财务数据的远程存储和访问。这不仅能提高数据安全性和可靠性，也便于多场地的同一系统的图书馆的统一财务管理。此外，电子化系统应支持自动化的预算追踪和报告，使图书馆能够实时监控预算执行情况，及时调整预算分配。同时，电子化系统可以集成电子支付和在线审批流程，提高财务操作的效率和透明度。

2.成本效益分析和预算优化

在成本效益分析和预算优化方面，图书馆可以采用多种策略。首先，应用数据分析工具来评估不同服务和项目的成本效益，以决定最有效的资源分配。例如，通过分析用户参与度和服务满意度数据，可以决定哪些活动或服务应该增加投资。其次，实施动态预算管理，根据图书馆服务需求和市场环境的变化，灵活调整预算。这要求财务团队密切关注图书馆运营和外部环境的变化，以便及时做出调整。此外，图书馆还可以采用零基预算法，即每个预算周期都从零开始考虑预算需求，而不是简单地基于前一年的预算。这可以鼓励深入地审视每一项支出，确保每一笔花费都是必要和有效的。

3.透明和参与式的财务规划

透明和参与式的财务规划对于提高图书馆管理的透明度和公众信任至关重要。首先，图书馆应通过在线平台公开财务报告和预算分配，让公众和利益相关者了解资金的使用情况。这种透明度不仅增加了公众对图书馆的信任，还有助于吸引潜在的赞助者和捐赠者。其次，图书馆可以建立机制，鼓励员工和读者参与财务规划过程。例如，通过在线调查或开放日活动收集他们对图书馆服务和资源分配的意见。这种参与性不仅可以提高服务质量，还能增强居民对图书馆的归属感。

4. 探索多元化的资金来源

为了增强财务稳定性，图书馆需要探索多元化的资金来源。首先，除了政府资助，图书馆可以寻求私人赞助、企业合作伙伴以及社区捐赠。例如，通过举办特殊活动或展览来吸引企业赞助。其次，图书馆可以开发会员制度、对特定服务收费或售卖图书馆周边产品等方式增加自筹资金。此外，利用众筹平台和社交媒体推广特殊项目或活动，不仅能增加资金来源，还能提高图书馆在社区中的知名度和影响力。

5. 财务风险管理和应急计划

有效的财务风险管理和应急计划对于确保图书馆财务的稳定性至关重要。首先，图书馆需要建立财务风险评估机制，定期审查潜在的财务风险，如资金短缺、预算超支等，并制定相应的风险控制措施。其次，制定应急计划来应对突发事件，如经济衰退、自然灾害等对图书馆财务造成的影响。这包括建立紧急资金储备、调整服务和运营策略以减少支出等。同时，图书馆可以考虑购买适当的保险，以减少潜在损失。

6. 利用数据分析和报告

数据分析在现代财务管理中扮演着关键角色。图书馆可以利用数据分析工具来追踪和评估财务表现，如收入增长、支出效率、资金利用率等关键指标。这些数据不仅帮助管理层做出更明智的决策，还为制定未来的财务策略提供依据。此外，定期制作和发布详尽的财务报告，不仅提供对图书馆财务状况的深入洞察，还为公众和其他利益相关者展示图书馆的财务透明度和责任感。

7. 绿色财务管理

绿色财务管理是提高财务可持续性的重要方面。通过采用环保和节能措施，如节能照明、高效能空调系统等，图书馆不仅能减少运营成本，还能减小对环境的影响。此外，优先选择环保和可持续性较高的供应商和服务，不仅可以节约成本，还能提升图书馆在公众中的积极形象。同时，通过举办环保主题活动或参与社区的环保项目，图书馆还可以增强其在社区中的参与度和影响力。

这些创新举措有助于图书馆在财务管理方面实现更高效、透明和可持续的运作，为其长期发展提供坚实的财务支撑。

三、办公室设备管理工作创新

（一）办公室设备管理工作创新的必要性

1.提高效率和生产力

图书馆办公室设备管理的创新，首先意味着提高工作效率和整体生产力。通过采用先进的设备管理系统，如智能化监控和自动化维护，图书馆能够使设备使用效率最大化，减少因设备故障导致的工作中断。这不仅确保了图书馆服务的连续性和稳定性，还使员工能够更加专注于其核心工作，如用户服务和资源管理，而非设备的维护工作。

2.成本节约和优化资源

创新的设备管理工作还有助于长期的成本节约和资源优化。通过引入节能和多功能设备，图书馆能够显著降低能源消耗和采购费用。此外，通过智能化的设备管理，图书馆可以更精确地预测和规划设备的维护和更新周期，避免不必要的支出。长远来看，这种成本效益的提升对于资金不太充裕的图书馆尤其重要，能够使得有限的资金更用于有效地提升图书馆服务。

3.环境责任和担当

在当前全球面临的环境挑战下，图书馆作为公共机构，其在设备管理方面的创新也展现了对环保责任的承担。采用绿色、节能的设备和管理方式不仅减少了能源消耗和碳排放，还强化了图书馆在可持续发展方面的角色。这种对环境友好的运营方式，不仅提升了图书馆在社区中的形象，还能激励和影响更多人参与环保和可持续生活的实践。

整体来看，办公室设备管理工作的创新对图书馆而言是一种全面的升级，不仅提升了内部运作的效率和成本效益，还展示了图书馆对环境责任和可持续发展的承诺。这种创新对于提升图书馆的整体服务质量、员工满意度以及社会影响力都有着重要的意义。

（二）办公室设备管理工作创新的实施

1. 智能化设备管理系统

引入智能化设备管理系统，如基于物联网（IOT）技术的系统，可以极大提升图书馆设备管理的效率和预测性维护能力。通过实时监控设备状态和性能，这些系统能够自动报告需要维护或更换的设备，从而避免突发故障和服务中断。利用数据分析，图书馆可以优化设备使用，预测维护需求，减少不必要的维护成本。例如，智能传感器可以监测打印机的墨水水平和纸张存量，确保设备始终处于最佳工作状态。

2. 绿色和节能设备

采用绿色和节能设备是图书馆降低运营成本和提升环境可持续性的关键途径。通过替换旧设备为节能高效的模型，如 LED 照明和低能耗办公设备，图书馆不仅能减少能源消耗，还能降低长期运营成本。此外，实施节能措施，例如设定电脑和其他电子设备在不使用时自动进入休眠模式，也是减少能源消耗的有效方法。

3. 共享和多功能设备

引入多功能设备和实施设备共享机制可以有效提升设备使用的效率和成本效益。多功能设备，如集成打印、复印和扫描功能的设备，减少了对单一功能设备的需求，节省空间和成本。同时，共享高成本或不常使用的设备，如投影仪或专业扫描设备，可以最大化设备的使用率，降低整体购买和维护成本。

4. 移动和云技术应用

利用移动和云技术能极大提高图书馆工作的灵活性和便利性。例如，通过云打印服务，员工可以从任何位置发送打印任务，提高工作效率。同时，为员工提供移动设备如平板电脑和笔记本电脑，可以让他们在图书馆内外工作，增加工作灵活性。这种技术的应用不仅提升了员工的工作满意度，也优化了资源分配。

5. 设备培训和指导

定期对员工进行设备使用培训是确保设备高效使用的重要环节。通过培训，员工可以充分了解如何安全、高效地操作各种设备，减少操作错误和设备损耗。提供易懂的指导手册或在线教程能帮助员工快速解决常见问题，减少对技术人员的依赖。

6.维护和升级策略

建立定期的设备检查和维护计划对于延长设备寿命至关重要。通过定期维护，可以及时发现并解决小问题，避免大规模故障和昂贵的修理费用。同时，设定清晰的设备升级路径，确保图书馆的技术资源与服务需求保持同步，可以有效提升服务质量和用户满意度。

通过这些综合性的创新措施，图书馆可以有效地管理和维护其办公设备，提升工作效率，减少资源浪费，同时提高员工和访客的满意度。

四、办公室技术支持工作创新

（一）办公室技术支持创新的必要性

1.促进服务现代化

创新的技术支持使图书馆能够利用最新的信息技术来提升其服务质量。通过引入先进的管理系统、自动化工具和云服务，图书馆能够提供快速、准确的信息检索和资源管理。这不仅提高了工作效率，也使图书馆的服务更加符合现代用户的期望，如提供移动访问、个性化推荐和互动体验。

2.提高工作效率

技术支持的创新直接影响到图书馆员工的工作效率。通过自动化日常任务和简化工作流程，员工可以将更多的时间和精力投入核心服务和创新项目，如用户教育、文化活动的组织和特殊藏品的管理。这种效率的提升意味着图书馆能够用更少的资源实现更多的服务输出。

3.增强用户满意度

利用技术创新来改善用户体验是图书馆服务的核心。通过提供更便捷、更个性化的服务，如自助服务台、在线资源访问和移动应用，图书馆能够更好地满足用户的需求。这不仅提升了用户对图书馆的整体满意度，也增加了用户参与度和忠诚度。

4.保持信息时代的竞争力

随着信息技术的快速发展和用户需求的不断变化，图书馆面临着持续的竞争和挑战。技术支持的创新使图书馆能够紧跟技术趋势，不断优化其运营和服务模式。这种适应性和前瞻性是图书馆在信息时代保持竞争力的关键。

（二）办公室技术支持创新的实施

图书馆办公室技术支持的创新关键在于整合最新的信息技术，以提高工作效率和改善用户体验。第一，引入和升级信息管理系统是核心。图书馆可以采用先进的图书馆信息管理系统（LIMS），这些系统具备自动化分类、智能搜索和用户数据分析等高级功能。这不仅提升了资源管理的效率，还使得用户能更容易地找到所需信息。同时，通过利用大数据和分析工具，图书馆能够更深入地了解用户行为和偏好，从而优化收藏管理和服务提供。第二，在网络基础设施和安全性方面，升级网络硬件和软件至关重要，这样可以支撑起更快的数据传输速度和更多的用户访问。此外，加强网络安全措施，如部署防火墙、入侵检测系统和数据加密技术，是保护敏感信息和用户隐私的必要步骤。第三，移动技术和应用开发也是创新的关键环节。开发或优化图书馆的移动应用，不仅方便用户随时随地访问图书馆资源，还能通过增强现实（AR）等技术提供更丰富的用户互动体验，例如，通过 AR 引导用户在图书馆内部进行导航。第四，在自助服务和自动化技术方面，引入自助借还机和自动书籍归还系统可以极大地提高服务效率，减少人力需求。同时，利用机器人技术或自动化系统辅助进行图书排序和资料检索等工作，可以提高工作效率和准确性。第五，利用云服务和虚拟化技术对技术资源进行管理，不仅提高了资源的利用效率，还增加了服务的灵活性和可扩展性。此外，将用户体验（UX）设计理念融入技术解决方案，通过用户研究和测试不断优化技术应用，可以显著提高用户的满意度和参与度。

通过这些综合性的技术创新，图书馆能够有效地提升其办公室的技术支持水平，不仅能增强内部工作效率，也将极大地改善读者体验，适应快速发展的技术趋势和挑战。

五、办公室其他行政类支持工作创新

图书馆办公室其他行政支持类工作涉及多个方面，包括文档管理、服务协调、政策制定、会议安排等等，这里不再一一展开论述。例如，在文档管理方面，数字化是核心。通过引入先进的文档管理系统，可以实现文档的电子化存储、分类和检索，显著提高文档处理的效率。同时，利用云存储服务确保文档资料的安全备份和便捷的远程访问能力，这样不仅提高了数据安全性，还增加了工作的灵活性。在自动化和智能化办公流程的应用方面，可以通过采用自动化软件工具（如工作流程自动化系统），简化和加速日常行政任务（如报销处理、文档审批等）。此外，利用人工智能技术，如自然语言处理，可以进行高效的数据输入和信息整理，能够显著提高工作效率和准确性。在服务协调和管理方面，实施集成的服务管理平台是关键。这样的平台统一协调图书馆的各种服务，如借阅服务、活动组织等，能提高服务管理的协调性和执行效率。同时，采用项目管理软件有助于提高跨部门项目的协调和执行效率。政策和程序的电子化制定与更新也是创新的重要方面。通过在线协作平台，使政策制定和更新过程透明和高效。同时，利用在线调查和反馈工具，积极收集员工和读者的意见，以指导政策制定，确保政策更加贴近实际需求和时代发展。最后，高效的会议管理是重要的创新方向。使用电子会议系统和视频会议工具可以减少实体会议的需求，提高会议效率。同时，引入智能会议记录工具，如自动语音识别和记录软件，提高会议记录的准确性和效率。

图书馆办公室其他行政支持工作是一个涵盖面比较广、涉及部门非常多的工作，需要在方法上和技术上进行现代化改造创新，这样不仅有利于提升工作效率和图书馆的现代化水平，还会增强员工和用户的满意度，为图书馆的长远发展奠定坚实的基础。

第二节 现代图书馆采访部门工作创新

一、采访的定义和作用

文献采访是图书馆事业中的一项核心工作。文献采访可以被定义为图书馆为建立馆藏而进行的有关文献的选择、获取等工作。这个定义涵盖了文献采访工作的基本要素。

行为主体：在文献采访工作中，主体是图书馆，这意味着文献采访是图书馆作为信息中心的核心职责之一。图书馆通过其专业人员和资源来执行文献采访任务。

行为目的：文献采访的最终目的是建立馆藏，这意味着文献采访是为了满足读者对各种文献资源的信息需求。通过选择和获取文献，图书馆致力于构建多样化、丰富的馆藏，以支持教育、研究和文化事业。

行为对象：文献采访的对象是各种文献，包括但不限于图书、期刊、报纸、电子资源、学位论文等。文献采访的范围涵盖了多种形式和载体的信息资源。

行为方式：文献采访包括文献的选择和获取。选择涉及对潜在文献的筛选和评估，以确保选定的文献符合图书馆的馆藏策略和读者需求。获取则涵盖了从各种渠道获取选定文献的过程，包括购买、捐赠、订阅、互借等方式。

文献采访在图书馆事业中具有重要作用和深远的意义。第一，文献采访工作支持图书馆文献资源建设。文献采访是图书馆文献资源建设的基础和重要动力。通过选择和获取各类文献，图书馆能够建立丰富、多样化的馆藏，以满足不同领域的知识需求。文献采访直接决定了馆藏的数量和质量，进而影响着图书馆的学术声誉和影响力。第二，文献采访工作鞧能提高读者服务质量。文献采访对提高图书馆的读者服务质量至关重要。充实的馆藏资源使得图书馆能够更好地满足读者的信息需求，为其提供及时、准确、多样化的信息支持。文献采访有助于使图书馆成为知识的中心和学术交流的平台。第三，文献采访工作能提高图书馆工作效率。有效的文献采访工作可以提高图书馆的工作效率。通过合理的文献选择和获取流程，图书馆可以更高效地管理馆藏，避免资源的浪费和重复购买。这有助于控制图书馆的运营成本和优化资源利用率。第四，文献采访工作具有良好的社会影响和价值。图书馆的文献采访工作不仅仅服务于内部读者，还为社会提供了重要的知识资源。一个充实且有质量的图书馆馆藏有助于促进教育、研究和文化传承，为社会的发展和进步做出积极贡献。文献采访使图书馆成为社会知识传播和创新的重要推动力。

二、采访部门工作内容

（一）资源选择和采购

采访部门负责根据图书馆的服务目标和用户需求来选择适宜的图书和资源。这包括对新书、期刊、多媒体材料和电子资源的评估和选择。为了做出明智的采购决策，采访部门通常会进行市场研究，考察出版趋势，同时参考用户的反馈、借阅数据和专业推荐。此外，采访部门还需要与出版商和书商协商，以获得优惠的购买价格。这包括价格谈判、折扣获取和交付时间安排。在整个过程中，采访部门还需平衡图书馆的预算限制与资源的质量和数量，确保资源采购的经济性和实用性。

（二）预算管理

财务预算的管理对于采访部门至关重要。这个部门需要精确规划和监控资源采购的预算，确保不会超支。这涉及对各种资源的成本效益分析，以确定哪些投资能带来最大的回报。例如，高需求的图书可能需要多个副本，而对于需求较低的图书需慎重考虑。此外，预算管理包括对供应商账单的核对、支付和财务记录的维护，以及对资金流的定期审查，以确保所有采购活动都在预算范围内进行。

（三）收集和维护电子资源

随着数字时代的发展，电子资源成为图书馆重要的组成部分。采访部门负责选择和维护一系列的电子资源，包括电子书、电子期刊、数据库和在线课程等。这不仅涉及对资源内容的评估，还包括对技术兼容性、访问权限和用户界面的考虑。管理这些资源需要与多个供应商合作，确保资源的及时更新和可靠访问。电子资源的维护也涉及技术支持和用户培训，确保用户能够高效地利用这些资源。

（四）收货和目录编制

采访部门还负责接收、核对和处理新购入的图书和其他资源。这包括对货物的验收、数量和质量检查，以及将新资源纳入图书馆的目录系统。编目工作涉及详细的分类、标记和记录工作，确保每项资源能够被准确地归类和检索。这项工作对于维护图书馆整体的组织秩序和方便用户检索至关重要。

（五）市场调研和趋势分析

为了确保图书馆收藏的时效性和相关性，采访部门需要持续进行市场调研和趋势分析。这涉及对出版行业的动态、新出版物的评估和用户借阅习惯的分析。这些信息帮助图书馆理解哪些类型的资源最受欢迎，哪些主题需要增加收藏。市场调研和趋势分析还包括与作者、出版商和图书馆界的专业人士交流，以便及时了解最新的出版和图书信息。

三、采访部门工作创新的原则

采访部门工作创新原则是由图书馆采访工作人员在长期实践中积累而来的，作为指导文献采访活动的核心准则，对于图书馆建设尤为重要（图7-3）。这些原则是建立在图书馆的职能使命、读者的需求及现有藏书基础之上的，旨在确保采访活动具有明确的目标、系统性和计划性。图书馆通过有组织、有计划的方式补充和调整其藏书，以支持和满足大众及社会文化工作，这些努力不仅会提升读者的科学和文化素养，而且为国家培养全面发展的优秀人才奠定了坚实的资源基础。

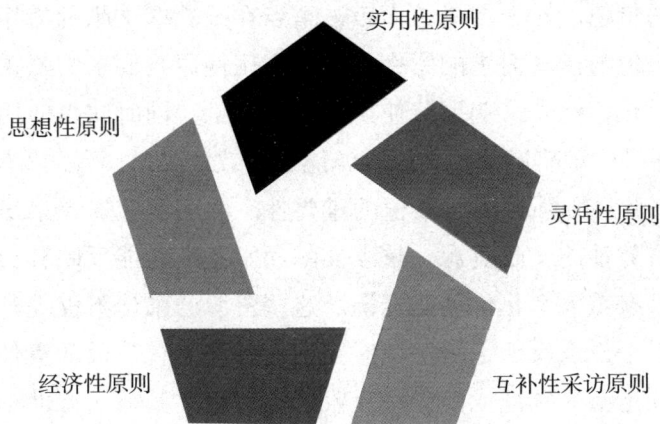

图7-3　采访部门工作创新的原则

（一）实用性原则

实用性原则在图书馆的文献采访工作创新中占据着核心位置，它要求所采购的文献既具有针对性也讲求实用，能够符合图书馆的定位和使命，并满足读者及所在区域和单位的具体需求。遵循这一原则是为了确保所选文献的实用性，与图书馆的职责和读者的需求相契合，从而保证馆藏的最高利用率。以下是实用性原则要求文献采访人员关注的三个关键方面：

1.依据图书馆性质和职责来选购

图书馆的双重职能——服务于教学和科研，决定了其采访工作必须紧扣实用性原则。这意味着采访工作应与图书馆的定位、性质、主题、建设方向等保持一致，以确保读者能够获得所需的广泛且系统的文献信息资源。

2.根据读者需求来选购

鉴于读者的多样性和层次性，所需的文献资源也必须有相应的馆藏来支撑。文献采访应多层次并举，全面准确地把握读者的阅读习惯、动机和使用图书的方式，以选择符合各行业、年龄和学历层次的读者的需求的文献。

3.依据文献的价值来选购

文献的价值可以从内容价值和使用价值两个维度来理解。内容价值涉及文献的学术性、思想性、科学性和艺术性等，而使用价值是指文献被读者使用时产生的价值。对于图书馆而言，重点在于获取文献的使用价值，这需要文献内容价值与读者需求的紧密结合。实用性原则要求文献采访工作紧跟读者需求的变化，优先采购那些使用率高的文献，同时减少使用率低的文献的采购量。这样的策略确保了文献资源能够有效地满足读者的实际需求。

同时，此原则强调内容价值的重要性。图书馆应优先采访那些内容具有重要性或时效性的文献资源。重点文献通常指那些能反映社会发展趋势、学术前沿或具有重大文化价值的资源。这些资源的采访不仅提升了图书馆藏书的质量和水平，也反映了图书馆对知识传播和文化建设的责任。新增种类的文献资源则指新兴领域或尚未广泛收录的资源，其采访有助于保持图书馆资源的时效性和前瞻性。这一原则要求图书馆密切关注社会发展、科技进步和用户兴趣的变化，及时调整采访策略，以满足用户的需求和期待。

（二）思想性原则

图书馆在创新其采访工作中遵循的思想性原则是其文化职能和教育使命的体现，这一原则强调图书馆在传播先进思想、科学知识和文化价值方面所承担的重要职责。作为中国特色社会文化的重要阵地，图书馆肩负着普及科学知识、提升公民素质、培育先进文化观念的任务，承载着培养具有全面发展能力、具备建设社会主义核心价值观的年轻一代的重任。

思想性原则要求图书馆在采访工作中，精心挑选能代表中国特色先进思想和文化的文献资源。这些资源不仅包含学术性和科学性的内容，更包括能够引导读者进行健康、文明和积极向上阅读的文献。通过这些文献资源，图书馆可以对读者，尤其是青少年群体进行有效的思想教育和文化熏陶，引导他们形成正确的世界观、人生观和价值观。

在实施思想性原则时，文献采访人员的角色尤为关键。他们不仅需要具备高水平的思想政治素养和科学文化素质，还要有较强的鉴别能力。这意味着采访人员需要能够准确识别出哪些文献能够传播积极健康的思想和文化，哪些则可能产生消极的影响。此外，思想性原则也要求采访人员深入了解读者的需求和阅读倾向，从而做到有的放矢，选购符合读者需求的文献资源。

通过遵循思想性原则，图书馆能够在文献资源的采购和管理上发挥更加积极主动的作用。这不仅有助于提升读者的文化信仰，还能促进其全面健康的心理和道德建设，尤其对于青少年群体来说，图书馆坚持这一原则更是至关重要，因为他们直接面对的是未来社会的建设者和接班人。因此，通过合理的文献采访，图书馆可以在培养德才兼备的合格人才、促进社会主义文化建设方面发挥不可替代的作用。

（三）经济性原则

图书馆采访工作创新要遵循经济性原则，这条原则强调图书馆要在有限的预算下实现最大化的资源利用和功能发挥。这意味着图书馆员不仅要具备专业知识和鉴别能力，还要具备良好的经济意识和成本控制能力，需要在采购文献时进行精准的市场调研、用户分析和成本效益评估，根据需求进行仔细的选择，避免盲目采购、错购、漏购和重购现象，确保有限的经费能合理分配，用于购买符合读者需求和图书馆发展目标的文献资源。要精心规划采访策略，同时注意资源的多样性、全面性和平衡性，同时关注各类文献在馆藏中的比例和均衡程度，适当控制复本的数量，慎重考虑文献的实际需求和使用率，确保经费在不同类型和领域的资源之间得到均衡使用，以减少不必要的支出，避免浪费资源。

经济性原则不仅体现在直接的采购成本上，还涉及长期的资源管理和利用。图书馆需考虑文献资源的长期价值和持久效益，选择那些能够长期服务于读者和社区的资源。此外，经济性原则鼓励图书馆探索合作采访、共享资源等方式，通过合作与联盟减少重复采购，提高资源利用效率。

（四）互补性采访原则

互补性采访原则关注纸质资源和电子资源之间的平衡与协调。随着信息时代的到来，书籍数字化趋势也在加强，电子资源成为图书馆不可或缺的一部分。互补性采访原则要求图书馆在采访过程中综合考虑纸质和电子资源的特点，确保两者相互补充、共同发展。这不仅涉及资源形式的多样性，也包括对资源内容的全面覆盖。在经费预算过程中，图书馆需合理分配纸质和电子资源上的经费，以适应不同用户的需求和阅读习惯，同时利用技术的优势扩大服务范围和深度。

（五）灵活性原则

灵活性原则要求图书馆在采访工作中展现出高度的适应性和响应性，图书馆定期对文献的借阅率和流通率等进行分析，帮助图书馆了解用户的阅读偏好和需求趋势，从而根据变化不断做出调整。这一原则要求图书馆基于实际的统计数据来调整采访策略。高借阅率和流通率的文献显示其受欢迎程度高，因此在此类文献上加大采访力度可以更好地满足用户需求。这种数据驱动的采访策略也有助于图书馆发现和弥补藏书的潜在空缺，确保资源的全面性和及时更新。此外，灵活性原则要求图书馆关注并迅速适应出版市场和信息技术的变化。随着数字化资源和在线访问的日益普及，图书馆需不断更新其资源采集策略，包含对电子书、数据库、多媒体材料等数字资源的合理采购。在用户需求多样化的当下，灵活性原则体现在提供更加个性化的服务上。通过分析用户的借阅历史和偏好，图书馆可以为用户推荐更符合其兴趣和需求的资源。这种个性化的服务不仅提升了用户体验，也增强了图书馆与用户之间的互动和联系。

四、采访部门工作创新的实施

（一）采用集成图书馆系统

集成图书馆系统（Intelligent Library System, ILS），如 Ex Libris Alma 或 OCLC World Share，是现代图书馆采访工作的重要创新途径。这类系统通过整合传统图书馆的多种功能，如采访、目录、流通和读者服务，实现了工作流程的自动化和数据共享。例如，系统可以自动跟踪用户的借阅行为和偏好，为图书馆提供关于更受欢迎的资源类型的信息。此外，这些系统通常包括高级的分析工具，使图书馆能够基于实际的使用数据进行精准的采访决策。这样不仅提高了工作效率，也确保了资源采购的准确性和时效性。进一步地，ILS 的引入还有助于减少人力成本，提高员工工作的满意度，因为它们能够自动处理一些重复性较高的工作。

（二）实施需求驱动采购（DDA）模式

需求驱动采购（Demand-Driven Acquisition，DDA）是一种以用户需求为导向的采访策略，它转变了传统的图书馆采访模式。在 DDA 模式下，图书馆先提供对大量电子书的临时访问，然后根据实际的使用情况来决定是否进行购买。这种模式有效地减少了对使用率较低的资源的不必要投资，同时确保了用户能够及时访问他们需要的资源。DDA 模式的一个关键优势是它使图书馆能够更灵活地响应用户的变化需求，避免了资源浪费，确保了馆藏资源的实用性和相关性。此外，DDA 也促使图书馆更加重视对用户行为的分析和理解，从而使采访工作更加以读者为中心。

（三）充分利用大数据和人工智能（AI）技术

大数据和人工智能技术为图书馆采访工作带来了革命性的变化。通过分析大量的借阅数据、用户反馈和市场趋势，AI 系统可以为图书馆提供关于未来热门领域和用户需求的预测。这种预测不仅基于历史数据，还包括对当前社会文化趋势的分析，从而使图书馆能够更加主动地调整其采访策略。例如，AI 系统可以识别出特定学科领域内即将出版的重要作品，或者预测某个领域的研究热点，从而指导图书馆进行前瞻性的资源采购。此外，利用 AI 技术，图书馆还可以为用户提供个性化的推荐，增强用户体验。

（四）开展联合采购和资源共享

联合采购和资源共享是现代图书馆采访工作的重要途径。通过与其他图书馆或机构建立合作关系，图书馆可以共同采购高成本的数据库或大型电子资源。这种合作不仅可以实现成本分摊，还能扩大资源的覆盖范围、增加访问量。例如，几个小型图书馆可以联合购买一套昂贵的学术数据库，从而使它们的用户能够访问到这些原本因成本限制无法获得的资源。除了成本节省，联合采购还有助于建立图书馆之间的网络，促进信息和经验的交流，提升服务质量。

（五）实施开放获取（OA）资源采访策略

开放获取运动的兴起为图书馆提供了新的采访资源。开放获取资源通常是免费获取的，包括学术期刊文章、图书和数据库等。图书馆可以积极采纳这些资源，丰富其数字馆藏，同时减少采购预算。例如，图书馆可以创建一个专门的 OA 资源数据库，使用户能够轻松访问到这些资源。此外，图书馆可以参与开放获取出版项目，支持学术共享和知识传播。这种策略不仅有助于节约成本，还能提升图书馆在学术界和公共领域的影响力和声誉。

第三节　现代图书馆编目部门工作创新

一、编目的定义和作用

文献编目是图书馆和信息机构中的一项重要工作，文献编目可以被定义为一种根据特定标准或规则，对文献的内容和形式特征进行分析、选择和记录的过程。这一过程包括文献著录，即对文献进行具体的记录和描述，以及通过字顺、分类等方式将这些记录组织成目录或其他检索工具的过程。文献编目的主要目的是使各种文献有序化，以便宣传、报道和检索利用。

广义的文献编目涵盖了多种编目工作，包括编制各种出版物发行目录、读书目录和藏书目录等。其中，藏书目录的编制根据范围的大小可以分为私人藏书目录、文献机构目录和联合目录。广义的文献编目还包括将著录形成的款目按照一定原则和方法组织成各类目录的过程，可以进一步分为描述性编目和主题编目。描述性编目是对文献实体形态进行客观描述的过程，包括文献的物理特征和形式。主题编目则关注文献所涉及的内容特征，以揭示文献的主题内容，并决定其主题标目和分类号。主题编目通常包括文献分类和主题标引的编制。

狭义的文献编目专注于文献机构目录的编制，通常反映一个特定文献机构的文献收藏情况。这包括两个主要内容，即著录和目录组织。著录是将文献的形式特征和内容特征记录下来，例如，题名、责任者、出版信息、主题等。目录组织则是将这些记录按照一定的方法组织起来，以便形成有序的目录，使每种文献都能在目录中找到特定的位置。

文献编目在图书馆和信息机构中具有重要的作用，对信息管理和利用具有多层次的影响和价值。第一，文献编目支持文献资源管理。文献编目是文献资源管理的关键环节之一。通过对文献进行著录和目录组织，文献可以被有效地组织、分类和维护。这有助于图书馆建立丰富的馆藏，满足读者的信息需求，提高文献资源的可管理性。第二，文献编目促进信息检索。文献编目是信息检索的基础。通过建立有序的目录或索引，读者可以轻松地查找和访问所需的文献资源。文献编目有助于提高信息检索的效率和准确性，为用户提供更好的检索体验。第三，文献编目有助于维护文献质量。文献编目过程中对文献的分析和记录有助于维护文献的质量。通过对文献的详细描述和分类，可以更好地管理文献的版本、来源和其他相关信息，减少信息失真和错误。第四，文献编目支持学术研究。文献编目为学术研究提供了重要的信息资源。研究人员可以利用文献编目工具来查找和访问相关文献，支持其研究工作。文献编目有助于学术界的知识传播和创新。第五，文献编目促进文化传承。文献编目有助于保存和传承文化遗产，如通过对古籍、历史文献等珍贵文献资源的编目，可以保护和传承文化财富，使其能够被后代继续欣赏和研究。

二、编目部门工作内容

图书馆编目部门的工作是将新购入的图书和其他资源有效地纳入图书馆的藏书系统，确保用户能够方便地查找和使用这些资源。编目工作的历史可以追溯到古代，如春秋时期孔子整理"六经"和编写《书序》《诗序》，以及西汉末刘向、刘歆父子编纂《别录》和《七略》。他们为文献著录和目录组织积累了宝贵的经验，奠定了古代编目工作的优良传统，一直影响到后世。

到了现代，文献编目工作经历了巨大的发展和变化，逐渐形成了编目这个专门学科，专门研究现代图书馆文献目录的编制及组织管理的理论和方法。编目工作不仅涵盖图书馆馆藏文献的特征，还包括读者的检索要求和文献目录的编制及组织管理。在现代图书馆的编目工作中，文献编目实际上是将各种文献信息有选择地记载在文献著录款目上。通过这些款目，文献的信息被传递给读者，一个款目传递一种文献的某一信息，而一套文献目录则传递一大批文献的信息。因此，文献目录实际上是传递文献信息的媒介。文献目录传递文献信息的容量取决于目录的种类、目录的形式及读者的使用能力。目录种类越多，传递的信息量就越大；目录形式越先进，传递的信息量就越大、速度就越快；读者使用能力越强，检索速度就越快、效果越佳。

现代图书馆的编目工作流程通常包括接收新书和资源、预编目处理、详细编目、分类和标签制作、数据库维护、质量控制等步骤。在接收新书和资源时，需要核对书目信息与订单信息，确保资源准确入库。预编目处理包括对书籍进行初步分类和标记。详细编目阶段则根据国际编目标准（如 MARC 标准）创建或更新书目记录。随后，根据图书馆的分类系统为书籍分配分类号并制作标签。最后，将编目数据输入图书馆的数据库系统，定期进行质量控制和维护，以确保数据的准确性和一致性。具体而言，编目工作内容可以归纳为以下几个方面：

（一）接收新书和资源

编目部门首先接收由采访部门购买的新书和其他资源。这包括各种类型的书籍、期刊、电子资源和视听材料等。接收时，工作人员需要核对书目信息与订单信息，确保所接收的资源与订购的内容一致。这一步骤对于确保资源准确入库至关重要。

（二）预编目处理

新书到达后，进行预编目处理，包括对书籍进行初步分类和标记，为后续的详细编目工作做准备。预编目处理是编目工作的重要一环，为确保详细编目的准确性和效率打下基础。

（三）详细编目

详细编目阶段，编目部门的工作人员根据国际编目标准（如 MARC 标准）创建或更新书目记录。这一步骤是编目工作的核心，涉及图书的标题、作者、出版社、出版年份、ISBN（国际标准书号）、主题词、分类号等信息的详细记录。详细编目不仅要确保信息的准确性，还要考虑到其在图书馆分类系统中的合理性和读者检索的便捷性。

（四）分类和标签制作

根据图书馆采用的分类系统（如杜威十进制分类法或国会图书馆分类法），为每本书分配一个分类号。接着制作并贴上相应的标签，这些标签包括分类号、条形码、图书馆标志等。这一步骤对于图书的归类、管理和用户的检索都非常关键。

（五）数据库维护

将编目数据输入图书馆的数据库系统中，使得这些数据可以通过图书馆的在线目录被用户检索到。这不仅要求准确录入数据，还需要保证数据的一致性和及时更新，以适应图书馆资源的不断变化。

（六）质量控制

定期对编目数据进行审查和更新，以确保数据的准确性和一致性。质量控制是确保图书馆资源管理有效性的关键环节，涉及对编目错误的纠正、信息的更新和改善等。

三、编目部门工作创新的必要性

（一）文献资源形态及知识传递方式的改变

随着信息技术的发展，文献资源的类型已经不再局限于传统的图书和期刊，而是包括了各种数字资源、网络资源等，未来还将可能出现的更新的资源形态，这些都给以纸质编目为主的传统编目工作带来了挑战，增加了编目工作的复杂性和难度。这些变化对编目人员也提出了新的要求，编目人员不仅要熟悉传统的文献资源，还需要掌握新的数据格式和信息组织方法。例如，对于数字资源，编目人员需了解如何处理电子书、数据库、在线期刊等的元数据，以及如何在图书馆系统中有效地整合这些资源。此外，编目人员的信息技术素养、计算机和大数据能力也需要不断提升，以适应新技术的应用和发展。此外，随着开放获取（OA）运动的兴起，越来越多的学术资源可免费获取，图书馆编目工作需要对 OA 资源进行有效识别、分类和集成，确保这些资源在图书馆系统中可被有效检索，创新工作方法以适应新型资源的收集、组织和提供。

（二）读者阅读行为的改变

移动互联网和智能手机等技术的发展极大地影响了人们的阅读行为，使阅读逐渐走向移动化。新媒体催生了音频化、视频化阅读并得到快速发展，各种以音频、视频形式展现的知识平台成为新的知识接受方式。这些变化使得读者的检索行为也发生了变化，他们希望能够更简便、更个性化地获取所需信息甚至是分享、共享这些信息，如除了传统的书目数据外，读者还想要包括书籍的评论、摘要、相关链接等内容，以增加资源的可发现性、指引性和分享的精确性。然而传统编目方式比较侧重格式和规则，因此这对图书馆编目工作提出了新的挑战：如何使图书馆的书目数据能够更好地满足读者新的搜索需求，如何使书目数据能够更好地融入读者的移动和多媒体阅读习惯。这要求编目人员在编目过程中不仅关注规则和格式，还要关注读者的实际需求和使用习惯，使书目数据更具实用性、吸引力和易用性。

（三）编目工作边缘化

随着图书馆购置的文献数量增加和联机合作编目的发展，编目外包和书商提供增值服务成为趋势。这一变化在提高编目效率和降低成本方面带来了好处，但同时对编目工作的质量和地位带来了挑战。外包商编目人员的业务水平参差不齐，片面追求速度，导致书目数据库的质量难以保证。此外，编目外包动摇了编目工作在图书馆业务中的地位，让决策层认为编目仅是熟练工作，导致许多编目岗位被削减或撤销。然而，图书馆的书目数据库仍需要持续地建设和维护，编目人员在对外包商的数据进行审核校对时可能需要花费更多的精力。这些变化要求编目人员不仅要有高水平的专业技能，还需要具备更好的数据审查和管理能力，以维护书目数据的质量和标准。

（四）跨界合作需要标准统一化

在当前图书馆界，跨界合作和资源共享成为一种日益增强的趋势。这对图书馆的编目工作提出了新的挑战。在跨界合作中，统一的编目标准，确保不同图书馆系统间的编目标准和实践的一致性至关重要，因为它确保了不同图书馆之间资源信息的兼容性。例如，当两个图书馆采用相同的分类系统（如国会图书馆分类法）和编目规则（如MARC21格式），它们之间的资源共享和信息交流就会更加顺畅。然而，实现这一点并非易事，特别是考虑到不同图书馆可能有不同的编目传统、资源类型和用户群体。因此，编目人员需要不断更新知识和技能，以适应新的标准和实践。

另外，跨界合作还对图书馆之间具备和建立有效的通信和协调机制提出了要求。这就意味着图书馆之间需要定期举行会议、研讨会和培训，以共享编目资源和经验。例如，图书馆可以共同组织编目研讨会，分享关于处理特殊材料或使用新技术的经验。这不仅有助于提高个别图书馆编目工作的质量，还能够促进图书馆间的理解和信任。

随着跨界合作的深入，图书馆间的资源共享变得复杂。这不仅包括实体书的共享，还包括电子资源、数字档案、特殊藏品等的共享。这些资源的编目通常比传统图书复杂，涉及更多的技术要素和版权问题，因此，编目工作需要扩展其范围，涵盖更多种类的材料。

此外，技术进步，尤其是信息技术的快速发展，为图书馆间的协作带来了新的机遇和挑战。例如，通过利用云计算和大数据技术，图书馆可以在更大范围内共享资源和数据。然而，这也要求编目人员具备处理和分析大数据的能力，以及了解云计算平台的运作方式。

面对这些挑战，图书馆需要不断创新和调整其编目工作，以确保在更广泛的合作和共享网络中保持其服务的效率和质量。

四、编目部门工作创新的实施

（一）引入先进的编目技术和工具

现代图书馆应积极引入先进的编目技术和工具，如自动化编目系统、人工智能（AI）辅助的元数据生成工具等。这些技术可以帮助编目人员更高效地处理大量的书目数据，同时保证数据的准确性和一致性。例如，自动化编目系统可以自动提取书的关键信息并生成初步的书目记录，大幅减少编目人员的手动输入工作。另外，引入这些技术也可以帮助编目人员更好地处理电子资源和数字资源，这是传统编目方法所不具备的。

图书馆还可以利用云技术和应用程序编程接口（API）将编目工作与其他图书馆系统和网络资源无缝集成。例如，通过 API，图书馆可以自动从出版商或数据库提供商处获取书目数据，减少手动输入工作量。同时，云技术也使得远程编目成为可能，增强了图书馆工作的灵活性和可扩展性。

最后，图书馆可以自主开发和利用开源编目工具，为图书馆提供更多的灵活性和自定义选项。这些工具通常成本较低，而且可以根据具体需求进行调整和优化。图书馆可以利用这些工具来自动化某些编目任务，如自动生成标准化的书目记录，或者整合和管理不同来源的元数据。

（二）加强与其他机构的合作与管理

图书馆之间可以采用协作式编目（Cooperative Cataloging），协作式编目是一种多个图书馆共同参与的编目方法。在这种模式下，图书馆间可以共享书目数据，避免重复工作，提高编目的效率。例如，通过国家或区域性的图书馆网络，可以共享编目记录，减少单个图书馆的编目负担。此外，协作式编目可以加速新书目的添加和更新，使图书馆用户能够更快地访问到最新资源。在全球范围内，图书馆之间可以通过共享元数据和协作编目来提高效率和质量。例如，通过加入国际编目数据库（如 OCLC WorldCat）和参与全球编目协作项目，图书馆同样可以共享书目记录，减少重复工作，并从其他图书馆的专业知识中受益。这种协作不仅提高了编目工作的效率，还有助于保持数据的统一性和标准化。

随着编目工作的外包趋势，图书馆还可以加强与外包供应商的合作与管理。这包括与供应商建立良好、稳定的合作关系，同时确保外包工作的质量和效率。图书馆可以通过提供培训和指导来提高外包商的编目质量，同时设置严格的质量控制标准和评估机制。这不仅能提高外包编目的效率和质量，还能使图书馆编目人员有更多精力去开展研究类工作，如参考咨询和用户服务。

（三）从图书馆本位转向用户本位的编目

编目工作应从图书馆本位转向用户本位，更多地从用户的角度考虑书目数据的组织和提供方式。这意味着编目人员需要研究用户的信息需求和检索习惯，借鉴搜索引擎的信息组织方式。例如，编目人员可以在书目记录中添加用户感兴趣的信息，如摘要、评论和相关链接，使书目数据更加丰富和易于检索。此外，图书馆还可以利用用户反馈来不断优化和调整书目数据的组织方式，使其更符合用户的需求。

随着社交媒体的兴起，图书馆可以探索将用户生成内容（UGC）集成到编目工作中，甚至鼓励用户参与编目。例如，图书馆可以鼓励读者在社交平台上对书进行评论和评分，将这些信息集成到书目数据中。这种方法可以提供丰富和动态的内容，同时增加用户参与和互动。它还可以帮助图书馆更好地了解读者的兴趣和需求，从而提供更个性化的服务。此外，图书馆可以利用众包编目（Crowd Sourcing Cataloging）和社群协作来提高编目工作的效率和质量。通过建立一个开放的平台，允许用户、志愿者或专业社群参与编目过程，例如对特定领域的书进行分类和标注。这种方法不仅能够减轻图书馆工作人员的负担，还能够汇聚更多领域知识，提高编目数据的丰富性和准确性。

为了更好地满足用户的检索需求，图书馆还可以探索将编目信息以可视化和交互式的方式展示。例如，通过开发交互式的在线目录，使用户能够通过各种维度（如主题、作者、出版时间等）来探索和发现资源。这种方法不仅增加了用户体验的趣味性，也使得信息的检索变得直观和高效。

（四）编目工作向研究型、专家型转变

随着编目工作走向深入和复杂化，编目人员需要转变为研究型、专家型。这要求编目人员不仅要熟悉图书馆自动化管理系统和书目数据，还要具备较强的科研能力和专业知识。编目人员可以利用自己的专业优势从事与文献资源相关的参考咨询和用户服务工作。此外，编目人员还需要积极关注国际图书编目界的发展动态，学习最新的编目理念和知识，注重新技术在编目工作中的应用。

（五）实施动态编目

动态编目（Dynamic Cataloging）是指不断更新和优化书目数据以适应变

化的用户需求和技术发展的一种方法。这种方法强调编目工作是一个持续的、动态的过程，而不是一次性完成的任务。例如，随着用户需求的变化和新技术的应用，编目人员可以定期对现有的书目审查和更新记录。同时，实施质量控制机制，监督和审核编目工作，包括随机抽查编目记录、定期检查编目员的工作质量以及响应用户反馈。图书馆应定期评估动态编目的效率和准确性，并根据评估结果进行改进。这有助于不断优化编目工作流程，提高资源管理的效率和质量。通过这些措施，图书馆可以有效地实施动态编目工作，确保其资源得到有效管理和利用。

第四节　现代图书馆流通部门工作创新

一、流通的定义和作用

"流通"一词通常有以下两个主要含义：一是货物或货币等在市场上交易的过程。这是流通作为一个经济术语的常见含义，指的是商品、货币等在市场中流动、交换、买卖的过程。二是信息、物品等在人群或社会之间传递的过程。这一含义强调了信息、物品等的传递和交流，通常用于描述信息或资源的传播和交换。在图书馆和信息服务领域，"流通"一词通常用于指代图书馆资源的借阅、归还、续借等流通业务，表示图书馆资源在读者之间的借阅和传递过程，这与第二个含义相关。

流通部门是图书馆中的一个关键部门，它是图书馆内负责处理借还书籍、管理图书流通的部门，这包括了借书、还书、续借、催还等各种与读者借阅行为相关的任务，是图书馆工作的一个重要环节，直接关系到图书馆服务的高效性和用户满意度。流通部门也负责管理图书馆的读者信息系统。这包括维护读者注册信息、借阅记录、逾期记录等，以确保读者信息的准确性和安全性。流通部门可能涉及处理罚款、处理遗失图书、通知催还等工作。这有助于维护图书馆馆藏的完整性和秩序优良，促进良好的图书流通管理。

流通是图书馆运作中不可或缺的一部分。第一，流通工作有利于提供高效的读者服务。流通部门的存在和工作有助于提供高效的读者服务。流通可以使读者方便地借阅和归还图书，节省时间和精力。第二，流通工作有利于维护图书馆馆藏。流通部门负责管理图书的流通，包括检查图书的状态、维护书本的完整性、处理遗失或损坏的图书等。这有助于维持馆藏的数量和质量。第三，流通工作监督图书借阅和归还情况。流通部门可以监督图书的借阅和归还情况，及时发现逾期未还的情况，并采取相应的措施。这有助于减少图书丢失和滞留的情况。第四，流通工作有利于提供统计和分析数据。流通部门可以提供有关图书借阅和使用情况的统计数据，有助于图书馆管理层了解读者需求和图书馆服务的效果，从而进行决策和改进。第五，流通工作有利于保护读者隐私。流通部门负责管理读者信息系统，需要保护读者的隐私和数据安全。这有助于建立读者信任，确保其个人信息的保密性。第六，流通工作促进图书馆管理的信息化和自动化。流通部门通常使用图书馆管理系统来处理流通任务，促进图书馆管理的信息化和自动化，提高工作效率。

二、流通部门工作内容

（一）图书流通管理

这部分工作主要包含入库新书的接收、检查、分配、上架、保管、清点等，确保新购图书按照正确的分类放置在书架上，保证图书的逻辑排列，使读者能够依据检索信息，如分类、作者或标题等，轻松、准确找到这些新资源，保证后续流通工作的顺利进行。此外，流通部门负责图书的剔旧和注销工作，确保图书馆的藏书始终保持新鲜。

图书流通还包括了图书的外借与归还管理。流通部门负责维护和更新借阅记录，确保图书能够被顺利借出和及时归还。这一过程涉及的不仅是图书实体的流转，还包括图书流通的跟踪和管理，工作人员需要监控图书的借阅状态，确保图书的安全和完好，避免丢失或损坏，提高效率并减少图书流通错误率。

图书的流通还包括了馆际互借，这项服务使得图书资源能够在不同图书馆之间被广泛利用，满足不同读者的需求。流通部门在这一过程中需要负责协调和管理馆际借阅请求，确保资料的安全传递和及时归还。

（二）图书维护与管理

图书维护与管理也是流通部门的职责之一。这包括定期检查实体图书的状态，确保它们处于良好的可供借阅、流通的状况，如果发现破损，需进行必要的修补、磁条维护、保养以及剔旧、注销等，确保图书馆藏书的完整性及时效性。例如，当工作人员在日常检查或在读者反馈中发现图书存在标签损坏、条码模糊、书页撕裂或破损等问题时，需要立即采取行动进行修补。包括更换或修复损坏的书标和条码，确保它们能够被图书馆管理系统准确识别；对于书页的损害，可能需要进行精细的修补工作，如使用专用的纸张和胶水进行修补，以恢复书页的完整性。对于散装的书和磁条脱落等情况，流通部门也需采取措施进行集中处理，这可能涉及对书重新装订或更换封面，以及重新贴上磁条和进行重新编码。在处理这些问题时，工作人员需要细心谨慎，以防对图书造成进一步的损坏。此外，流通部门还需定期对图书馆藏书进行全面检查和筛选，以识别并处理那些可能被忽视的损害问题。通过这种定期维护，可以显著延长图书的使用寿命，同时保持图书馆资源的高质量标准。

图书馆流通部门还负责对珍贵文献进行开发、利用和管理，这包括对珍贵文献的鉴别、分类和专门保护措施的制定。珍贵文献通常包括罕见书、手稿、古籍以及具有历史、艺术或科学价值的文档。对这些文献的管理要求精确和细致，以确保它们的完好无损。

流通部门在图书维护方面对实体图书的修补，也体现了图书馆对其藏书质量的重视和对阅读文化的尊重。这些努力确保了图书馆能够持续为读者提供高质量的服务和资源，同时促进图书馆作为知识传播中心的可持续发展。

（三）书库管理

为了保持书库的整洁有序，工作人员还需定期进行书库管理，包括对书架的定期整理和清洁、书的上架和下架工作以及对书库空间的整体规划和维护等。工作人员需要对书库进行定期巡视和监测，保证图书的可访问性和书架的整洁有序，营造更加舒适和吸引人的良好阅读环境，在这个过程中，如果发现任何潜在的问题，如不适当的存储条件、安全隐患或损坏的设施，流通部门还负责鉴别并解决。书库管理还涉及对特殊藏书区域的特别照顾，比如珍稀书、特集或者参考资料等。这些区域可能需要更加精细的管理和特殊保护措施，设置访问权限、特别的湿度和温度环境条件等，以确保这些珍贵资源的安全和长期保存。

随着技术的进步，书库管理也可以利用现代化工具和系统来提高效率。例如，使用电子追踪系统来监控书的流通情况，或者采用自动化的存取系统来优化书库空间。

（四）读者服务

在读者服务方面，流通部门的任务是为读者提供高质量的服务，包括指导和辅助他们检索，找到所需的图书和资源，解答关于图书馆使用的疑问，并提供相关的指导等。

流通部门的读者服务还包括进行图书的宣传推荐、导读咨询。这项工作不只是关于图书的简单介绍，而是一个全面的、互动的过程，旨在提高图书的可见度，激发读者的阅读兴趣，同时也帮助读者更好地了解和利用图书馆资源。图书宣传推荐包括对最新购入的书或特定主题的书进行特别展示，以及可以突出展示那些可能被忽视但极具价值的图书。这种宣传不仅限于文本介绍，还包括书刊展评、视频介绍、作者访谈、读者评论等多种形式，以吸引更广泛的读者群。导读咨询则是一个更为个性化的服务。流通部门的工作人员将根据读者的兴趣和需求提供推荐书目，为读者提供了特定主题或类型的书单。为了更有效地进行导读咨询，工作人员需要具备广泛的图书知识和对读者需求的敏感度。此外，流通部门还可能组织各种阅读促进活动，如读书会、作家见面会或主题讲座，以鼓励读者参与和探索图书馆的资源。这些活动不仅提供了一个交流和分享阅读体验的平台，也是推广图书和阅读文化的有效方式。

读者服务还包括组织定期的图书馆使用培训或图书使用辅导课程，活动形式可以包括在图书馆内外张贴告示、举办教育活动、在线发布相关信息，甚至在学校和社区中开展外展活动，以帮助读者更有效地利用图书馆资源，教育读者爱护图书和遵守图书馆规章制度，如教育读者勿在书页上做标记、保持书的整洁、按时归还图书等，提升读者的自觉意识和责任感，确保图书馆的资源得到妥善的利用和维护，同时维持图书馆的秩序和高效运作。对于违反借阅规定的，例如逾期归还、图书损坏或丢失等情况，流通部门辅助采取恰当的措施来应对这些违规行为，如罚款、暂停借阅权或其他措施。

此外，工作人员针对特定的用户群体（如儿童、老年人、残障人群）提供定制化服务，满足他们的特殊需求。

（五）数据管理与报告

数据管理与报告是图书馆流通部门的另一项关键工作。这涉及收集、统计、分析图书馆资源的使用数据，如借阅率、读者阅读偏好、文献利用率等，并及时反映读者的意见和要求。这些数据对于图书馆的管理决策和服务改进至关重要，通过分析这些数据，图书馆可以更好地了解哪些资源受欢迎，从而进行有效的采购和资源配置。

三、流通部门工作创新的必要性

（一）读者需求多样性

随着社会的发展和信息技术的进步，读者对图书馆服务的需求变得日益多样化，这不仅体现在对传统纸质图书的需求上，更扩展到了电子书、在线数据库、多媒体资源等领域，他们希望能够随时随地访问图书馆的资源，不仅限于实体空间，还希望通过 App 或者小程序等途径可以快捷访问，因此，传统的图书流通服务已经逐渐不能满足读者的需求。这种多样化的需求变化要求图书馆流通部门进行创新，提供远程咨询服务，甚至开发个性化推荐系统等更为广泛、深入、定制化的服务，以适应不断变化的用户行为和期望，满足读者的需求，增强图书馆的吸引力和读者的忠诚度。

（二）管理要求科技化

信息技术的迅猛发展为图书馆管理带来了重大变革。科技化已成为现代图书馆流通部门管理的必要趋势。从自动化借还系统到智能化的图书管理软件，再到利用大数据分析图书流通趋势，科技化的管理手段不断提高图书工作的效率。

科技化管理意味着图书馆工作人员需要具备更多的技术知识和操作技能。他们不仅要熟悉传统的图书馆学知识，还需要了解和运用最新的信息技术，比如数据库管理、网络资源检索等。此外，科技化管理还涉及对用户隐私和数据安全的保护，这也是现代图书馆流通部门在管理过程中必须重视的问题。

（三）图书资源网络化

网络化已成为图书资源发展的主流方向。在这个过程中，图书馆流通部门的角色和职责发生了显著变化。网络化不仅意味着将实体藏书数字化，更包括了构建全面的电子资源系统，如电子书、在线期刊、学术数据库等。

图书资源的网络化使得读者能够通过互联网远程访问这些资源，极大地拓宽了图书馆服务的范围和影响力。它为图书馆提供了一个向全球用户开放的平台，同时也带来了版权、资源更新、数据安全等新的挑战。流通部门在这一过程中扮演着关键角色，不仅需要管理和维护这些网络资源，还需要不断评估和引入新的资源，以保持图书馆资源的前沿性和相关性。

随着社交媒体的兴起，图书馆流通部门也需要创新工作方式，利用这些平台进行宣传和服务推广，以适应时代发展的需要。通过社交媒体，图书馆不仅可以提升其在公众中的存在感，还可以与读者建立更直接的沟通和互动。例如，通过发布新书信息、组织在线阅读促进活动或互动讨论，可以有效吸引和维护读者群体。社交媒体还为图书馆提供了一个快速反馈和意见收集的渠道，有助于流通部门更好地理解和满足读者的需求。

四、流通部门工作创新的实施

（一）推行高效的集成技术

近年来，数字化与自动化已成为创新发展的重要方向。图书馆流通部门可以引入自动化流通管理系统，这种技术集成首先体现在自动化的借还书系统上，包括自助借还机的广泛应用，以及自动化归还和分类系统的实施。这些系统通过减少人工操作，显著提高了借还书的效率，同时减轻了工作人员的负担。例如，图书归还后，自动分类系统可以直接将图书分送到相应区域，无需人工干预。将自助借还机与智能推荐系统结合，不仅可以实现图书的快速借还，还可以根据用户的借阅习惯和偏好，即时推荐相关图书和其他资源。此外，利用人工智能（AI）和机器学习技术，图书馆可以提供更加精准和个性化的查询服务，如通过语音识别和自然语言处理技术，用户可以通过语音命令进行图书检索，提升了查询的便捷性和准确性。

流通部门还可以集成智能辅助服务，如聊天机器人，用于回答用户的常见问题，例如图书的位置、借阅状态等。这些服务可以集成到图书馆的网站或移动应用中，使用户即使在非工作时间也能获得必要的帮助。进一步地，这些智能系统可以学习用户的偏好，为他们提供个性化的图书推荐。

电子标签和 RFID 技术的优化使用可大幅提高工作效率。通过在每本书上安装 RFID 标签，图书馆可以快速进行库存盘点，同时减少图书遗失的风险。此外，RFID 技术可以与图书馆的安全系统结合，如通过设置门禁系统来防止未经授权的图书外借。

（二）优化用户交互体验

1.个性化的用户服务

在图书馆流通部门中，提升用户体验首先需要从个性化服务入手。这包括根据用户的历史借阅记录和偏好提供定制化的图书推荐。流通部门可以利用数据分析工具来识别用户的阅读趋势，并据此推送相关主题或作者的新书信息。此外，流通部门还可以开发用户个性化的阅读路径和学习计划，帮助用户有效地利用图书馆资源。

2.提高服务效率和质量

第一，提高服务效率。自动化的借还书流程，可以大幅度减少用户的等待时间。例如，通过改进自助借还系统和优化图书归还流程，设立自助借还机和智能归还箱，可以确保用户在借还书时更加便捷。此外，定期培训员工，提高他们的专业知识和服务技能，让用户在任何时间方便快捷地完成借阅和归还，减少排队等待的时间，也是提升服务效率的关键。

第二，提升服务质量。为了更好地提升流通服务质量，解决读者借阅过程中可能遇到的问题，图书馆可以设置流动巡视岗位。这些巡视岗位可以提供及时准确的信息服务，有效处理错架和乱架等问题，以防止后期统一管理时出现困难，流动巡视岗位还有助于监督读者行为，确保借阅秩序。优化咨询工作也是提升流通服务质量的重要一环。图书馆可以提供好书推荐服务，以满足读者多样化的阅读需求。为了更深入地了解读者需求，流通部门应积极与其他部门合作，建立长期合作关系，共同提供更好的服务。此外，提高图书馆工作人员的素质至关重要，他们应具备专业素养和技术能力，以提高咨询服务的质量。对图书馆工作人员素质的教育培训应包括计算机知识、网络技术、心理学知识和礼仪等方面，以提高工作人员的综合素养和能力，这样才能更好地为读者提供咨询服务。

第三，创新服务方式。流通部门可以通过创新流通服务方式来提升服务质量，例如，引入增强现实和虚拟现实技术，为用户提供沉浸式的阅读和学习体验。通过这些技术，用户可以在虚拟环境中浏览书架，甚至体验与图书内容相关的互动场景。流通部门还可以通过互动式教育和支持来提升用户体验。举办线上和线下的用户培训课程，教导用户如何有效利用图书馆资源，例如使用电子资源、搜索技巧和信息素养等。同时，通过线上论坛、问答系统或社交媒体平台，为用户提供即时的咨询和帮助，可以极大地增强用户对图书馆服务的满意度。创新的用户参与机制，例如，创建或举办读者俱乐部、作者见面会和文化活动，增加用户对图书馆的参与感和归属感。此外，鼓励用户参与图书馆的决策过程，如图书采购和服务改进，也能显著提高用户满意度。

第四，收集用户反馈并持续改进。积极收集和响应用户反馈是流通部门不断改进服务的关键。通过调查问卷、用户访谈和反馈箱等方式收集用户意见，可以帮助图书馆了解用户的需求和不满之处。基于这些反馈，流通部门可以持续改进服务流程和内容，确保服务始终符合用户的期望和需求。

（三）强化互动流通合作

流通部门可以通过新媒体或在线平台加强与用户的互动。例如，通过发布最新图书信息、活动通知和阅读指南，以及创造互动话题和阅读挑战，可以建立起活跃的读者群体和互动关系，这不仅提高了用户参与度，也为图书馆创造了更多与用户相互了解的机会。流通部门还可以探索跨界合作与资源共享，与其他图书馆、教育机构和文化组织的合作是扩大服务范围和资源共享的有效方式。这种跨界合作可以包括资源共享、联合采购和共同举办活动，以满足用户多元化的阅读和学习需求。流通部门可以创新服务，举办体验活动，作家交流会或专题讲座等方式增强用户互动。同时，举行如历史文献展览或当地艺术家作品展示等互动展览，可以吸引更多社区成员参与图书馆的活动。

（四）培养员工创新意识

图书馆应为流通部门员工提供定期的创新和专业技能培训，这包括最新的图书馆管理系统培训、数字资源管理技能培训、客户服务技巧以及创新思维训练。例如，举办研讨会或工作坊，邀请图书馆行业的优秀先锋人物来分享他们的经验和见解。这样的培训可以帮助员工了解当前图书馆领域的新趋势和技术，激发他们的创新思维。

将员工纳入图书馆的决策过程也是培养创新意识的一个重要步骤。员工对日常运营的见解和建议往往非常宝贵。图书馆管理层可以通过定期的会议或意见征集来鼓励员工提出改进流通部门工作的创意和策略。这种参与感可以激励员工积极思考，提出创新的解决方案。

创造一个支持创新的工作环境对于激发员工的创新意识至关重要。这包括提供必要的资源和时间，提供可以试错的成长机会，让员工探索新的工作方法和技术。例如，图书馆可以设立一个"创新实验室"，供员工尝试新技术和工作流程。在这样的环境中，员工被鼓励尝试新事物，并从失败中学习，并不会因为失败扣减绩效或者工资等，这样一个容错的环境更有利于推动创新。对于那些提出有助于改进服务或流程的创新想法的员工，图书馆应当给予相应的激励和奖励。这不仅能够表彰他们的努力，还能激励其他员工积极参与创新活动。奖励机制可以是表彰、奖金或额外的个人发展机会。

促进流通部门与图书馆内其他部门之间的合作也有助于培养创新意识。通过跨部门的项目或团队工作，员工可以从不同的角度了解图书馆的运作，这有助于激发新的想法和解决方案。例如，流通部门的员工可以与信息技术部门合作，共同开发提升用户体验的新系统或应用。

（五）构建高端化流通服务空间

当面临信息技术快速发展和读者知识获取方式多元化的挑战时，图书馆的流通部门必须积极打造高端化的流通服务空间，以适应不断变化的需求。为此，流通部门可以采取一系列策略，以构建多功能和高端的服务环境。

第一，可以重新规划流通服务空间，将其细分为不同的功能区域，如高频借阅图书陈列区、某一主题陈列区、辅导书陈列区和新书陈列区等。这种有针对性的规划可以提高图书馆的资源利用效率，使读者容易找到所需的资料。同时，为了提高空间的舒适度，可以通过改造环境，如提供充足的照明、优雅的家具、观赏植物以及宜人的色彩，为读者创造愉悦的学习和阅读环境。

第二，流通部门可以加强服务设备的配置，包括电子图书阅读机、扫描仪、自助借书机、图书自助消毒机等。这些设备将提供读者提供便利，使他们更加方便地获取和处理图书资料。此外，信息化时代，图书馆应该全面覆盖免费 WiFi，以满足读者在馆内使用移动设备的需求，促进信息的无缝获取。

第三，构建文化创意空间是图书馆打造高端化的流通服务环境的重要组成部分，它为读者提供了丰富的文化体验，同时促进了文化创意的参与和发展。文化创意空间可以作为文化交流与展示的平台，在此举办各种文化和艺术活动，如艺术展览、历史文化展示、文学讲座等，图书馆可以与本地艺术家、作家和创作者合作，展示和推广他们的作品，为当地的文化创意产业提供支持，促进文化创意产业的发展。同时，活动会吸引具有同样兴趣但不同背景的读者，鼓励不同文化背景的人分享和表达他们对于同一兴趣的观点，促进文化交流和对话，帮助他们建立同频但有意义的社交网络。文化创意空间也可以用于组织创意活动和工作坊，图书馆可以根据馆藏书的内容和主题，安排相关的创意工作坊、手工艺课程、音乐表演等活动，鼓励读者积极参与创意过程，这有助于释放读者的创造力，提高他们的技能水平，培养兴趣爱好，使读者通过艺术的形式加深对书的理解，让图书馆空间更具吸引力和读者黏性。

构建多功能、高端化的流通服务空间需要图书馆不断观察读者需求，不断跟随时代发展的步伐，不断进行创新，这样图书馆才能提高服务质量，为读者提供更好的知识获取体验，使读者更好地适应信息化时代的挑战，从而推动知识传播和学习的进步。

第八章　现代图书馆服务创新案例

第一节　国外图书馆服务创新案例

一、麻省理工学院图书馆

（一）图书馆概况

麻省理工学院（MIT）图书馆以其特有的文化、使命和愿景在全球学术界占有一席之地。尽管其物理空间相对有限，仅提供 1 317 个阅览座位，但图书馆在服务学生、教师和社会方面展现出巨大的潜力和影响力。2018 年的数据显示，MIT 有 11 466 名学生，这意味着图书馆的阅览座位与学生比例约为 1∶8.7，揭示出其服务面对的挑战和需求。

MIT 图书馆不仅仅是为校园内的师生提供服务，还将自己定位为知识的未来推动者。其官方网站上有这样一句话："知识的未来决定于图书馆，未来将始于图书馆。"这充分展现了该图书馆对知识传递和创新的重视。图书馆不仅是知识的收集和储存地，更是知识传播和创造的重要场所。

MIT 图书馆的愿景是创造一个持续、平等且有意义地获取信息的世界，这体现了其对激励人类进步的重视。其使命是通过构建一个能创造、分享、使用和保存信息的环境来应对全球性挑战，促进世界的公平。这些愿景和使命体现了图书馆对知识创造和全球公平的郑重承诺。

图书馆的价值观更是体现了其对社会责任的深刻理解和承担。开放透明的原则鼓励终身学习和知识的自由共享；因好奇而生的探索精神激发创新和对挑战的应对；社会公平与关怀的核心则在于为所有社会成员提供平等服务，尤其是关怀弱势群体，实现社会公平。

总体来看，MIT 图书馆不仅仅是服务于校园的图书馆，它的定位远高于此，具有全球视野和社会关怀的情怀。它力求通过平等获取和共享知识，更好地为全人类服务，展现出世界一流大学图书馆的影响力和责任感。

（二）图书馆组成

麻省理工学院图书馆由五个特色分馆和一个档案特藏中心构成，各自承担着独特的角色，并共同支撑着学院的学术和文化活动。

1. 贝克（Barker）分馆

贝克分馆是为了纪念詹姆斯·M. 贝克而命名的。他不仅是国际商业界的领袖，还是多语言使用者和麻省理工学院的教授。该馆以工学类书为主，涵盖了航空航天、环境、计算机科学等 15 个学科。设有 248 个阅览座位和 15 个研讨空间，还包括一个配备现代化设备的媒体空间。

2. Dewey 分馆

Dewey 分馆以 Davis R. Dewey 的名字命名，他是 MIT 经济学的知名教授。这个分馆主要收藏管理和社会科学类书，并提供 311 个座位和 12 个需预约的研讨空间，是学习和讨论的理想场所。Hayden 分馆为纪念校友、投资家和慈善家 Charles Hayden 而建，以人文科学藏书为主。这是馆中座位最多的分馆，拥有 498 个阅览座位和 3 间无需预约的研讨空间，空间设计以宽阔的视野和大阅览桌为特点。

3. Lewis 音乐分馆

Lewis 音乐分馆最初是 Hayden 大楼的音乐厅，在 1996 年被单独设立。主要收藏音乐类相关文献，如书、CD、DVD 和音乐期刊。它不仅是资料收集地，也是音乐会和演出的举办场所。共有 77 个座位和几个研讨空间，还提供数字钢琴供用户使用。

4. Rotch 分馆

Rotch 分馆为纪念建筑家 Arthur Rotch 而建，这个分馆主要收藏与建筑、艺术和城市规划相关的书。它以安静的学习空间、大圆桌和有趣的建筑结构为特色，共有 183 个阅览座位，但没有设置研讨空间。

5. 档案特藏中心

作为 MIT 的"记忆工程"，这个中心收集和保存与学院历史、人物及各类正式和非正式资料相关的内容，如毕业论文和教师出版物。

这些分馆和特藏中心不仅为不同学科领域的学生和教师提供专业资源，也反映了 MIT 图书馆的人文关怀和学术追求。每个分馆都以对学校或图书馆有重大贡献的校友命名，这不仅传承了学校的历史，也彰显了校友的优异品质，同时为学生提供了互动和交流的空间，这些研讨室是学生交流的重要平台。通过这样的组成，MIT 图书馆在支持学科发展的同时，也在构建校园文化和促进知识共享方面发挥着重要作用。

（三）图书馆特色服务和资源

1. 全天候"24×7"阅读空间

麻省理工学院图书馆的"24×7"阅读空间是其特色服务之一，提供了全天候的学习和研究环境。这项服务在三个分馆中有各自的特色和功能。

Barker 分馆的"24×7"阅读空间：这个空间可容纳 90 位学生，配备了先进的自助复印机、扫描仪、打印机和电脑，满足学生的各种学习需求。特别考虑到学生可能的夜间学习需要，图书馆还提供了自动售货机，售卖各类零食、冷热饮料。为了方便学生，还设有淋浴室，确保长时间学习的学生能够保持精神饱满。Barker 分馆的标志性特点是其艺术圆屋顶，这一建筑结合了 20 世纪初的手工艺和 21 世纪的科技，圆屋顶上的透明天窗能够采集自然光线，为学习空间提供了充足的光照。

Dewey 分馆的"24×7"阅读空间：这个空间可以容纳 22 位读者，同样配备了淋浴室和饮料自动售卖机，为深夜学习的学生提供了便利。Dewey 分馆的"24×7"阅读空间以其安静和舒适的学习环境而闻名，为管理和社会科学学生提供了理想的研究环境。

Hayden 分馆的"24×7"阅读空间：这个空间可以容纳 26 名读者，配备了标准的打印和复印设施，还特别设有咖啡、小吃和冰激凌自动售卖机，以及淋浴室。该分馆还特设了两个"24×7"开放的研讨空间，配备黑板，非常适合夜间小组学习和讨论。

为了有效管理这些"24×7"阅读空间，图书馆采取了独特的入口管理策略。白天正常开放时段使用一个入口，闭馆后则关闭，而专门的"24×7"入口位于图书馆外部，使得学生即使在闭馆后也能进入这些阅读空间，但无法进入其他区域。这种设计在确保学生能够随时进入学习空间的同时，也保护了图书馆的安全。

这些"24×7"阅读空间的设置充分体现了麻省理工学院图书馆对学生学习需求的深刻理解和支持。这些空间不仅提供了灵活的学习环境，还通过其独特的设计和管理方式，为学生提供了一个既舒适又安全的学习环境。此外，图书馆还通过定期的维护和升级，确保这些空间能够满足现代学生的需求。从设施的现代化到为学生提供便利设施，每一项服务都体现了图书馆对于提升学术环境和促进学生福祉的承诺。这一服务不仅突出了图书馆在学术支持和资源保护方面的角色，也彰显了其作为学术中心的重要地位。

2. 小组学习空间服务

麻省理工学院图书馆提供的小组学习空间 (Group Study Space) 服务，是其特色之一，旨在满足学生和教职工的团队合作与学习需求。这些空间不仅配备了现代化的学习工具和技术设施，还通过精心设计的规则和预约系统，确保了其高效和公平的使用。

小组学习空间能容纳 4 至 12 人，旨在促进学生之间的互动和合作，同时提供多媒体支持，提供了电脑、DVD 播放器、LCD 电视、黑白板、窗帘和激光笔等一系列电子设备和学习用具，支持多种学习和讨论需求。麻省理工学院图书馆除了 Rotch 分馆，其余的四个分馆均设有小组学习空间，避免小组讨论带来的噪声问题，Rotch 分馆是因其开放式建筑结构而未设立此类空间。

图书馆为这些空间提供了两种预约方式——网上预约和通过刷校园卡预约，系统还提供预约取消功能，以应对学生的变动需求。同时，通过这样的预约系统，图书馆能够更好地管理空间使用，避免无效占用。

图书馆还制定了一系列使用规则以确保公平和有效的使用，包括限制服务对象（仅供麻省理工学院的教职员工和在读学生使用）、遵循"先来先到"的使用原则、给予两人以上小组优先使用权、对使用时长的限制（最长 3 小时），以及对预约提前期的限制（不超过 30 天）等。为方便学生快速找到空闲的小组学习空间，麻省理工学院还开发了 QuickRoom 软件。用户安装此软件后，可即时查找校园内当前空闲的小组学习空间和教室，提高了空间利用效率。

对于参与人数较多的小组讨论，Dewey 分馆提供了专门的杜威指导空间 Dewey Instruction Room，这里可容纳 10 至 20 人。这个空间的预约要求严格，最多只能提前 5 天预约，且需要通过邮件预约并获得图书馆工作人员的批准才可以使用。

这些小组学习空间的设置，不仅在物理空间上为学生提供了合作学习的环境，还通过技术手段和严格的管理规则，确保了这些空间的高效和公平使用。特别是在如今团队合作日益成为学术和研究的核心部分的背景下，这些设施对于促进学术交流和支持教学活动尤为重要。图书馆通过这些服务，不仅加强了其在学术支持和资源保护方面的角色，也为学校的学术发展提供了重要支撑。

3. 文献传递服务

麻省理工学院图书馆提供的网络文献传递服务（Web-Doc Delivery Service）是其特色服务之一，旨在方便校内外读者远程获取电子期刊、毕业论文、研究成果等文献资源。此服务通过一个用户友好的在线平台实现，使得读者能够方便快捷地访问和下载所需的学术资料。

网络文献传递服务主要涵盖电子期刊、毕业论文、技术报告和工作论文等多种类型的文献资源。这些文献资源的广泛覆盖，确保了学生、教师及研究人员能够获得必要的学术支持。当读者需要使用此项服务时，他们可以通过在线填写特定的文献传递服务申请表来申请所需文献。根据文献的不同类型，如期刊会议论文、毕业论文、技术报告等，读者需填写不同的申请表，确保了申请的针对性和高效率。图书馆工作人员会根据读者提供的电子邮件地址发送一个包含下载链接及其对应下载密码的邮件。这种方式不仅保证了文献传递的效率，也确保了文献资源的安全性和专有性。提供给读者的下载链接具有 30 天的有效期限，在此期间，读者最多可以通过该链接下载文档 5 次。这一规定既保障了读者充分访问和使用所需文献的机会，又有效防止了资源的过度使用或滥用。尽管网络文献传递服务为读者提供了极大的便利，但需要注意的是，这项服务是收费的，收取的费用用于维护服务的高效运行和确保文献资源的更新与维护。

总体来说，麻省理工学院图书馆的网络文献传递服务提供了一个高效、安全且用户友好的平台，使得校内外读者能够方便地获取广泛的学术资源。通过在线申请、安全下载和有期限的资源访问，这项服务不仅增强了图书馆在学术支持方面的功能，也体现了其对于促进知识共享和学术研究的承诺。尽管服务是收费的，但它所提供的便捷性和资源丰富性让付费显得值当。

4. 学科咨询服务

麻省理工学院图书馆提供的学科咨询导航服务是其特色之一，这项服务旨在帮助学生、教师和研究人员更有效地获取和利用学术资源。这项服务通过专业的学科咨询馆员、综合的资源列表以及嵌入课程的项目支持，为用户提供了全方位的学术支持。

图书馆会预先列出每个学科的文章、新闻、数据等文献资料，方便读者查找。这些列表不仅节省了读者寻找资料的时间，也确保了信息的准确性和及时性。同时，图书馆为不同学科设置了对应的专业学科咨询馆员，这些馆员不仅精通各自领域的知识，而且了解相关学科的最新动态和发展趋势。他们能够为读者提供针对性的咨询服务，帮助他们更有效地查找和利用专业文献资料。

学科咨询导航服务还与特定课程紧密结合。例如，在 2018 年春季学期的项目评估与管理课程中，图书馆提供了一个专门的链接入口，方便学生和教师查阅访问相关图书、学术文献、新闻网站等资源。这种服务不仅支持了学生的学习和研究，也增强了教师的教学效果。除了提供学科资源，图书馆还提供了一系列科研学习所需的方法和工具。包括引文分析工具（如 EndNote 和 Zotero）、数据管理工具等。这些工具对提高学校的科研效率至关重要，帮助研究人员有效管理和引用数据，从而促进他们的学术工作。

以上可以看出，麻省理工学院图书馆的学科咨询导航服务在帮助学生和教师获取和利用学术资源方面发挥着重要作用。通过专业的咨询、资源的预整理、课程项目的支持和科研工具的提供，这项服务大大提高了学术研究的效率和质量。图书馆通过这些服务不仅强化了其在学术支持和资源提供方面的角色，也体现了其对促进学术交流和研究的重视和承诺。

5. 教学服务

麻省理工学院图书馆除了为学生提供多样的服务，也为教师提供了大量的知识支撑，课程教学资料服务就是其中一项重要服务。这项服务涵盖了从收集到提供易于访问的课程相关资料的全过程，确保了教学活动的高效进行。

当教师确定了课程所需的图书等相关资料后，图书馆会努力收集书单上的所有书，为这些课程教学资料设立专门的收藏专区。这不仅方便了学生查找和借阅相关资料，也保证了教学资源的准确、便捷和完整性。

对于纸质的教学资料，图书馆设置了实体专区，同时在图书馆主页上提供了查询服务，方便读者快速定位所需资料。对于电子版课程读物，麻省理工学院开发了 Stellar 平台，这个学习和课程管理平台收集了每门课程相关的阅读资料，学生可以通过个人账户登录系统查看教师推荐的课程读物。

鉴于课程教学资料通常需求量较大，图书馆制定了特殊的流通规定，这些规定包括借阅期限（通常为 2 小时），续借规定（在没有其他预约的情况下，最多可续借 3 次），以及归还规定（必须在借书地点归还）。为了鼓励及时归还，图书馆对逾期归还的读者设定了超期罚款，每小时 2 美元。这种罚款规定有助于保障图书的高效流通，让更多的学生能够及时获得所需资料，确保每位师生都有平等、快捷的机会访问和使用这些重要的教学资源。

通过这些服务，麻省理工学院图书馆不仅提高了教学资源的可访问性，也确保了教学资源的合理利用和高效管理。这一服务体现了图书馆对教学支持的重视，同时展现了其在资源配置和管理方面的专业性，为教学提供了便利。

二、斯坦福大学图书馆

（一）图书馆概况

斯坦福大学图书馆最初是仅有 3 000 余册藏书和 100 余名读者容量的图书馆，如今已经发展成为一个综合性的学术资源中心，不仅在空间规模和藏书数量上有大量增加，而且在服务质量、数字化程度和社区影响力等方面也取得了显著进步。图书馆拥有超过 20 个现代化的分馆、2 492 个各类数据库，覆盖了历史、文化、计算机、地球科学、教育、工程、法律、政治、语言、公共卫生、化学等多个学科多个领域，满足了不同学科的研究需求。例如，斯坦福大学商业管理分馆收藏商科及管理资源，Lane 医学分馆以收藏医科资源的电子书、数据库、视频、诊所诊断等资料为主，Branner 地球科学及地图分馆收藏地球、能源或环境科学方面的资料，Harold A.Miller 海事生物分馆位于霍普金斯海洋站，主要收藏渔业、水生物、海洋生物方面的书，SLAC 国家加速器分馆收藏可用于光子、粒子、天体物理、环境安全等方面的相关研究的资料等等。这些数据库的丰富资源为斯坦福大学的师生在教学和科研上提供了巨大支持。这些资源的全面性和高质量展现了斯坦福大学作为世界一流大学图书馆的实力，为斯坦福大学师生的教学和科研活动提供了有力的支撑，学生可以利用这些数据库进行文献检索、资料收集，而教师和研究人员可以利用这些数据库进行深入的学术研究，发表高质量的学术论文，这也成为斯坦福大学学术成就的重要基础。

（二）图书馆分馆

斯坦福大学图书馆目前拥有超过 20 个现代化的分馆，这些分馆一些是按学科分类设立，满足学科领域的特定需求，如 Bowes 艺术建筑分馆、商业管理分馆、Branner 地球科学及地图分馆、Cubberley 教育分馆、音乐分馆、法律分馆和 Terman 工程分馆等，按学科设立的方式确保了每个学科领域都能得到专业和深入的支持。一些分馆是为了支持特定的实验室或研究所而建立，如胡佛研究分馆主要支持胡佛研究所的研究工作，而 SLAC 国家加速器分馆是为了支持美国能源局下属的 SLAC 国家加速器实验室的研究。一些分馆，如 Lathrop 分馆，就是为了迎合学生的学习需求而建立的，丰富了学生的学习体验和学术资源的可及性。一些出于图书馆内部的运营和存储需求而设立的分馆，如四个备用书分馆，这些分馆主要用于收藏流通较少的图书和报纸，起到正常流通书库的缓冲作用。

（三）图书馆特色服务和资源

1. Lathrop 分馆特色

斯坦福大学的 Lathrop 分馆以其高度专业化的教学支持和先进的设施而闻名，致力于提升教学和学术研究的质量。这个分馆不仅仅是一个传统的学习空间，而且是一个集多功能教学、技术创新与协作交流于一身的先进教育中心。

Lathrop 分馆具有多样化的教室设计，大体上可以分为两种类型的班级教室：标准教室和高级教室。标准教室配备了视听设备，如智能面板控制系统、投影仪和投影幕布等，同时还提供可移动座椅和桌子，以适应不同的教学需求和讨论需求，但是使用完毕之后，需将桌椅摆放到原位。高级教室不仅设备先进，还特别设计了适用于小组协作和互动活动。

教学新技术实验室旨在通过新技术的应用优化教学过程，为教师提供了一个实验和学习新技术的平台。实验室内设有小组会议室、咨询室以及音频和视频录音制作室，支持教师在各方面提升教学质量。新技术实验室可以提供的服务包括教学技术咨询、课程辅助设计、媒体制作和资源支持在内的多种服务。这些服务帮助教师在课程设计、视听材料制作和教学资源获取等方面获得专业支持。此外，作为特色项目和活动，iPad 学习项目是该实验室的一个典型案例，通过鼓励使用 iPad 的教师分享教学经验，研究 iPad 如何提高教学效果。此外，该实验室还定期举办学术技术博览会，邀请来自多所大学的教师分享如何将学术技术融入教学，以提升教学质量。

Lathrop 分馆的数字语言实验室（Digital Language Lab）是另一大创新和特色服务，这是一个专门为促进多语言学习而设计的设施，其主要目的是提供一个综合的语言学习环境，以增强学生的多语言交流能力。该实验室于 1999 年由美国总统基金支持成立，并由图书馆与学校语言中心共同建设。自成立以来，它极大地改变了学校的外语教学方式，通过电脑软件、在线测评和学习场景的创设，使外语教学更加专业和有效。首先，数字语言实验室提供了一系列全面的学习资源和设施，包括音频和视频刻录服务，以及丰富的国外语言数字资源。这些资源旨在支持学生对各种语言的学习。实验室还可以提供一个虚拟的跨文化交流环境，使学生能够在模拟的现实场景中练习和提高他们的语言能力。这种互动式的学习方式有助于学生更好地理解和运用所学语言。为了进一步支持语言教学，实验室还提供了各种语言能力测试，如口语水平诊断测试和个人阅读能力测试等。这些测试有助于学生评估自己的语言学习进度和水平。

此外，Lathrop 分馆是一个全天候图书馆，它特别设立了一个 24 小时学习空间，以方便读者随时进行学习。这个学习空间配备了必要的学习设备，包括电脑、投影笔记本接口以及桌椅等，为读者提供了一个方便、舒适的学习环境。

Lathrop 分馆的这些特色服务和设施展示了斯坦福大学在教育创新和教学质量提升方面的努力。通过提供高标准的教室环境、先进的技术实验室以及多元化的教师支持服务，Lathrop 分馆成为教学创新和学术交流的重要平台，促进了教育质量的整体提升。

2. Bowes 艺术建筑分馆特色

斯坦福大学的 Bowes 艺术建筑分馆拥有一个显著的特色服务——视觉资源中心（Visual Resource Center，VRC），专门为校内的师生提供丰富的数字图库资源，大大促进了学术研究和教学的多元化。

VRC 的主要职能是搜集并管理数字图像资源，截至 2019 年，这些资源包括超过 12.4 万份珍贵的数字图片和 25.8 万份幻灯片。这些图片和幻灯片涵盖了从美国艺术到中国艺术、建筑、摄影等多个领域，为艺术和建筑学科的教学与研究提供了丰富的视觉资料。

为了提升资源的可检索性和使用便利性，VRC 实施了精确而周全的分类体系。资源被分为 17 个主题类别，如 1900 年前后的美国艺术、中国古代和近现代艺术，为了使用方便，又按照具体课程需求进行了资源分类，如视觉艺术导论、从史前到中世纪等课程类目，图书馆的主页上详细展示了这些分类，使用户能够轻松地按主题或课程查找所需资料。这样的分类不仅使教师和学生能够根据特定的艺术时期或地区快速找到所需的图片资源，也便于他们根据课程内容快速获取相关的视觉材料。值得一提的是，视觉资源中心还提供了与藏品相关度较高的研究内容，促进了用户对资源的理解和应用。

总体来说，Bowes 艺术建筑分馆的 VRC 通过其丰富的数字图像资源、精确的分类体系和对用户友好的信息检索方式，有效支持了斯坦福大学艺术和建筑学科的教学和研究。这个资源中心不仅为师生提供了宝贵的、视觉丰富的学习和研究资源，而且提高了教学和研究的效率。

3. 商业管理分馆特色

斯坦福大学商业管理分馆帮助读者更好地查询数据，开发了 FINData 工具，它类似于一个元搜索引擎，是一个专为经济数据分析设计的高效工具。并且分馆为此建立了专门的网站平台，使获取经济数据变得更加便捷和直观。

FINData 工具的主要功能在于其能够快速检索和提供广泛的经济数据，这些数据被细致地分类成四个主要类别：公司个体类数据（如公司财务、养老金、盈利状况、风险投资等）、财经市场类数据（包括市场交易、债券、股票、共同基金、商品、期权等）、公司治理类数据（涵盖公司并购交易、上市 IPO、公司高管情况等）以及国家经济类数据（包括国家经济指标、进出口状况、资金供给等）。这样的细致分类不仅使得用户能够根据特定的需要快速找到所需的信息，也为市场分析和宏观经济研究提供了丰富的资源。

数据分析是商业管理的关键内容，但 FINData 工具的搜索结果的数量和质量依赖于其数据源的权威性和可靠性。因此，该工具选择了权威数据机构的公开数据和图书馆购买的数据库作为主要数据源，涵盖了 31 个数据源，如 Audit Analytics 数据库以审计类数据为主，覆盖超过 15 万审计师和 1 万家公司的数据，Bureau of Economic Analysis 数据库包括了美国国家经济计划、消费、投资、进出口等方面的权威数据。当用户输入关键词后，该工具能够自动在这些数据库中进行检索，使得数据查询变得准确、快捷。

斯坦福大学商业管理分馆提供的 FINData 工具，体现了该分馆对于满足学术研究和商业分析需求的深刻理解。它不仅为用户提供了一个高效、全面的经济数据查询平台，而且通过精确的数据分类和丰富的数据源，提升了数据检索的质量和效率。此外，该工具的用户友好界面和详尽的数据库介绍使得它对于不同经验水平的用户都非常友好和易于使用。总而言之，FINData工具是一个极具价值的资源，为经济学和商业管理的学习和研究提供了支持。

4.特色还书服务

斯坦福大学图书馆在校园各处设置了具有自动还书功能的还书箱，这一举措提升了还书的便捷性，使读者可以轻松归还图书。然而，对于课程专区的书，学生和教师需要亲自前往图书馆还书。这种策略的主要考虑在于促进课程专区书的高效流通。由于课程专区书的需求量较大，若通过还书箱归还，可能会延长书从归还到再次上架的时间。直接在图书馆还书可以加快这一流程，确保这些高需求的书能够更快地被其他需要的读者借阅。这一措施体现了图书馆在确保资源有效利用和满足大量读者需求方面的细致考虑。

如果想借的图书尚未被归还，斯坦福大学图书馆推出了两种创新的图书预约方式：Recall 和 Hold，以优化读者的等待借阅体验。迫切需要某本书的读者可以采用 Recall 模式，这种模式允许读者在需要的书被借出时，通过系统发出预约，一旦预约成功，当前书的持有者归还期限将自动缩短至一周，意味着当前该书的借阅者需在一周内归还书，归还后，预约者会收到通知，并需要在一周内完成借阅手续。相较之下，Hold 服务则不会缩短当前图书借阅者的图书归还日期，读者实际上是为借阅这本书在排队等候，一旦图书归还成功，图书馆同样会通知预约者在一周内来领取书。这两种服务模式充分考虑了不同读者的需求。对于急需某本书的读者，Recall 模式提供了一个快速获取的途径。而对于那些对特定书的需求不那么迫切的读者，Hold 模式则提供了一种灵活的选择。这种双模式服务体现了斯坦福大学图书馆在满足广泛读者群体需求方面的细致入微，展现了其高度的用户导向和服务精神。

斯坦福大学图书馆的逾期罚款制度是根据借阅期限的长短灵活调整的。借期短的书，特别是以小时计算借期的图书，通常会有更高的罚金。同时，对于那些有着着急需求的预约书，例如 Recall 模式下预约的图书，图书馆实施了更严格的罚款政策，这是为了鼓励及时归还，确保这些资源能够有效流通以及保证读者的图书获取效率。而对于那些借期较长的图书，图书馆展现出更大的宽容度，有时其至不会对逾期不还的情况收取罚款。这样的罚款体系平衡了资源共享与个别读者对特定书的特殊需求，体现了图书馆在资源管理和用户服务之间的双重考量。

5.社会化服务

斯坦福大学图书馆资源面向社会公开，为持有各种有效身份证件的社会读者提供了每年最多 7 天的免费学习机会，这些有限证件包括护照、军官证、永久居民卡以及其他由官方签发的身份证件。

对于那些希望在图书馆享有更多学习时间和借阅书籍的社会读者，斯坦福大学图书馆为他们提供了付费会员这一通道来满足他们的需求。成为付费会员后，社会读者可以借阅最多 25 本书籍。然而，需要注意的是，付费会员不享有访问图书馆电子数据库的权限。斯坦福大学图书馆在收费方面对不同类别的读者采取了差异化策略，出于对校友群体的特别照顾，校友读者在成为图书馆会员时收取的费用会低于普通社会读者。

6.其他特色服务

斯坦福大学图书馆承担着支援师生科研活动的重要职责，它提供了全面的研究支持服务来履行这一使命。这些研究服务覆盖了从专业的研究辅助到信息搜索工具的推荐，以及设立专门的研究专员来协助研究课题或课程的相关需求等各种服务。例如，交叉学科数字研究中心由专业的技术专家、软件开发者、研究员组成，为人类学、社会科学以及相关领域研究提供研究和教学支持。Spotlight 数字展览服务允许读者创建个人数字内容的数字展览，满足了读者个人展览的需要等等，这些特色服务种类繁多、有趣充实，它们为师生们的研究能力和知识储备提供了丰富有力的支撑，这里不再一一陈述。此外，图书馆定期举办专题讲座、研讨会以及文化展览活动，旨在增强该校的研究和文化氛围。

三、哈佛大学图书馆

（一）图书馆概况

哈佛大学图书馆作为全球最大的学术图书馆之一，其藏书量惊人，大约拥有 2 040 万册图书、18 万个联合目录、4 亿份手稿文献、1.24 亿个存档网页，以及 5.4 TB 的原生数字档案和手稿。这一庞大的且在不断增长的藏书量，很大一部分得益于众多个人和机构的慷慨捐赠①。

　　起初，哈佛大学图书馆设于旧学院大楼内，在 1676 年至 1764 年间搬迁至哈佛大厅。不幸的是，在 1764 年 1 月 24 日，一场大火摧毁了图书馆的藏书和科学仪器，被借出的部分书成了图书馆仅有的幸存藏书。大火后，学校迅速建立了新的哈佛大厅，并收集了超过 1.5 万册图书以重建图书馆。后来随着藏书量的增加，原有的空间逐渐变得不敷使用，图书馆于是在 1841 年迁至戈尔大厅。到了 1912 年，戈尔大厅的空间同样变得不够用，后来哈佛大学图书馆开始施行分馆的藏书和服务，超过 70 个独立的分馆每一座图书馆都拥有独特鲜明特征，2012 年，哈佛大学图书馆经过一系列的改革，整合了分馆，促进了全校范围内的资源有效利用。下面我们介绍几个比较著名的分馆。

（二）图书馆分馆

1.威德纳分馆

　　威德纳纪念图书馆作为哈佛大学图书馆系统的核心和旗舰馆，拥有特殊的历史背景。哈佛大学 1907 届毕业生哈里·埃尔金斯·威德纳不幸离世，他的母亲埃莉诺·埃尔金斯·威德纳遵从了儿子的遗愿，将他的书捐赠给哈佛大学，并资助修缮了这座图书馆。威德纳自哈佛本科时期便开始藏书，对 19 世纪的经典文学作品特别感兴趣，他的藏书包括珍贵的手稿、第一版图书及原创插图等。在短暂的 27 年生涯中，威德纳积累了超过 2500 册的珍稀藏书，成为图书馆不可或缺的部分。

2.哈佛燕京图书馆

　　哈佛燕京图书馆作为西方最大的东亚图书馆，是哈佛大学中国研究的关键基础设施。这座图书馆的历史始于 1879 年，当时汉语首次成为哈佛的常规课程之一。1897 年，一批波士顿的中国贸易商邀请了中国学者到哈佛讲授中文，并购买了首批中文书，开启了哈佛东亚文献收藏的历程。

---

　　①　彭佳.研究型大学的图书馆馆藏资源建设研究：基于案例的分析[D].上海：上海交通大学，2007.

随着哈佛东亚课程的扩展，图书馆的藏书也日益丰富。1914年，两位日本教授向图书馆捐赠了日本重要的出版物，启动了日文藏书的收集。1928年，中文和日文藏书从威德纳图书馆迁移至新成立的中日图书馆，并由裘开明担任图书管理员，负责编目工作。最初，中日图书馆主要收集中文和日文的人文科学文献，随着时间的推移，馆藏范围逐渐扩大。

到了1965年，中日图书馆更名为哈佛燕京图书馆，以体现其馆藏的多样性。1976年，图书馆的管理权移交给哈佛大学图书馆。截至2018年，哈佛燕京图书馆的藏书超过150万册，其中不乏珍贵的特殊藏品，许多已经数字化，可在HOLLIS平台上查阅。哈佛燕京图书馆的发展历程和馆藏丰富性，充分展示了其在东亚研究领域的重要地位和贡献。

3. 勒布音乐分馆

哈佛大学勒布音乐图书馆自1956年作为音乐系图书馆正式对外开放以来，已经成为哈佛大学音乐教学材料的核心收藏地。图书馆的初期藏书主要源自威德纳图书馆自1870年起收集的27 725册音乐类图书。除此之外，图书馆还包括自1898年音乐系开始收集的超过8 000份乐谱，以及来自《纽约时报》知名音乐评论家和编辑奥尔德里奇的私人收藏。奥尔德里奇作为一个热衷的音乐收藏家，贡献了大量的音乐书和乐谱。

随着时间的推移，勒布音乐图书馆的藏书量迅速增长。到了1968年，图书和乐谱的数量已经达到了65 000册，唱片收藏量超过6 000张。然而，图书馆最初的空间规划并未能预见到这样快速的增长，导致空间扩展成了迫切的需求。1972年，随着毗邻的Fanny Peabody Mason音乐大楼的建设，图书馆的空间问题得到了一定程度的缓解。到了1978年，勒布音乐图书馆由于其馆藏和服务内容的持续扩张和日益复杂化，成为哈佛大学图书馆系统的一个分馆。馆藏资源广泛涵盖了西方音乐史、音乐学、音乐理论、流行音乐、爵士乐以及世界音乐文化等多个方面。面对众多变化，勒布音乐图书馆始终坚守其使命：在一个舒适和友好的研究环境中，向用户提供丰富的资源和珍贵的历史文化遗产。

4. 多若尔分馆

多若尔图书馆作为美国历史最悠久的图书馆，其成立可追溯到1866年，是乔治·皮博迪遗产的一部分，附属于新皮博迪博物馆，最初命名为皮博迪博物馆图书馆，后来该馆才更名为多若尔图书馆。

多若尔图书馆专注于收集涵盖民族学、考古学和人类学相关领域的文献资料。作为全球最大且最全面的人类学文献收藏馆，其馆藏尤其专注于美洲原住民相关的资料。图书馆的主要藏品包括中美洲考古学、民族学和语言学的原始资料，特别是关于玛雅语言、西班牙殖民时期文学、民族志学和考古学的笔记，以及哈佛大学和其他研究机构学者的未发表学术手稿。其中，最著名的是关于中美洲的 Bowditch-Gates 系列文献。

5. 法恩美术分馆

法恩美术图书馆作为哈佛大学研究全球艺术和建筑历史的重要资源中心，自 1895 年福格艺术博物馆成立起就为教师、艺术博物馆工作人员、学生、研究人员和历史学家提供服务。1927 年，哈佛大学建造了新的福格博物馆建筑，其中包括教室、保护实验室、绘画工作室和研究图书馆，以展示艺术品。1962 年，为满足空间扩展需求，威德纳图书馆中的艺术相关藏品被转移至福格博物馆，并与福格博物馆图书馆合并，后更名为法恩美术图书馆。这个新成立的图书馆迅速成为美国最大的艺术研究文献收藏馆之一，并成为其他机构建立艺术图书馆的范例。

法恩美术图书馆的发展经历了几个重要的里程碑事件。1978 年，东方系的 Rubel 亚洲研究收藏加入其中；1979 年，图书馆成为阿迦汗伊斯兰建筑项目的两个文献中心之一；1991 年，图书馆扩建至福格博物馆大楼东侧的 Werner Otto Hall；1999 年，哈佛大学推出了公共图像目录视觉信息访问服务，法恩美术图书馆开始为教师提供数字图像教学资源；2009 年，福格博物馆大楼翻新期间，图书馆暂时迁至 Littauer 中心和 Sackler 大楼；2017 年，Sackler 大楼翻新期间，数字图像和幻灯片系列暂时搬至拉蒙特图书馆。

6. 霍顿图书分馆

霍顿图书馆，作为哈佛大学珍贵书籍、手稿以及文学和表演艺术档案的核心收藏地，有着悠久的历史。起初，它是哈佛大学戈尔大厅内的一间贵重物品保藏室，1915 年，这些收藏被转移到威德纳图书馆。1938 年，哈佛大学图书馆馆员凯斯·德威特·梅特卡夫提出建议，认为应为这些珍贵的藏品提供更多的空间和更佳的储存条件。于是，霍顿图书馆于 1942 年正式建成并开放。

自 1942 年起，霍顿图书馆的收藏得到了精心的分类和保管，按照时期和主题进行独立存放。它的藏品涵盖了如下多个领域：现代书和手稿、早期书和手稿、哈佛剧院文献等。现代书和手稿主要关注 1800 年以来的欧洲和美洲文学、历史手稿、图书、照片和流行文化资料，还包括阿拉伯语、印度语手稿及有关俄国革命、出版历史、音乐和哲学的文献。早期书和手稿分为两类：一类是 1600 年至 1800 年的书、手稿和印刷物，覆盖大西洋世界历史、欧美文学、数学、物理科学和图书历史等领域；另一类是公元前 3000 年至公元 1600 年的西方语言和文化文献，包括阿拉伯语、印度语、波斯语和叙利亚语手稿。哈佛剧院文献则涵盖了英美戏剧、芭蕾舞、歌剧、音乐等视听资料，以及罕见的书、手稿、图像和非正式文献。

7. 哈佛地图收藏室

哈佛地图收藏室是美国同类馆藏历史最悠久、规模最大的图书馆之一。美国人桑代克购买了 Christoph Daniel Ebeling 图书馆，这个图书馆内珍藏了约 5000 张地图。后来，桑代克慷慨地将整个图书馆捐赠给哈佛大学，这成了哈佛地图收藏室的奠基之作。随后，哈佛地图收藏室通过购买和捐赠两种方式积累了丰富的地图资源，不断扩大其馆藏。哈里·埃尔金斯·威德纳纪念图书馆于 1915 年开放为哈佛地图收藏室提供了更多的储存空间。1957 年，该地图收藏室又增加了大约 90000 张地图，这些地图展示了世界各地的区域情况，使得馆藏的范围更加全球化。

时至今日，哈佛大学地图收藏室已经拥有超过 40 万张地图、6000 本地图册和 5000 本参考书，馆藏品类包括纸质地图、地理空间数据、GIS 技术和地图制作软件等，为研究和教学提供了丰富的宝贵资源。并且图书馆的馆员们擅长协助用户寻找他们所需的地图，提供给用户有关空间思维方法的指导。

值得一提的是，哈佛地图收藏室已对成千上万的地图进行高清扫描处理，使用户可以在线获取高分辨率图像。许多扫描件也可以通过 Old Maps Online 平台获得。用户可以在 HOLLIS 搜索中键入关键词"哈佛地图馆藏数字地图"来获取包含不同地点地图的列表。这一举措为用户提供了方便的途径，以便更轻松地探索这些宝贵的地理信息资源。

（三）图书馆特色服务和资源

1.特色学习空间

哈佛大学图书馆致力于提供多样化的学习和空间服务，以满足不同用户的需求。这些学习空间被精细划分，涵盖了各种容纳人数、噪声水平和用途的要求，以确保用户能够快速找到适合他们学习和研究的地方。这些空间有独立的卡座，也有小组讨论空间，有低声交谈空间，也有有声讨论空间，用户可以通过访问图书馆主页上的"寻找空间"链接来轻松筛选和查找适合自己需求的空间，同时，用户可以根据多个标准进行筛选，包括是否可预约、空间类型、特征、噪声级别、座位数量和所在分馆等。这些特征还包括是否有咖啡厅、充电站、复印机、扶手椅、储物柜、活动家具以及是否允许携带食物等。这些详细的分类帮助用户迅速找到适合他们需求的学习环境。

为了提高学习空间的有效利用率并维护使用秩序，大部分学习空间要求提前预约。这些学习空间的主要服务对象是哈佛大学在校师生，他们可以通过电话、电子邮件或预约系统来预订学习空间。例如，科伯特科学图书馆的小组讨论空间有特定的预约要求，如仅供 2 人以上的用户使用的空间、每次最长使用时间为 3 小时、最多可以提前预约 14 天等。此外，多媒体制作空间的使用也有特殊规定，需要用户先完成 30 分钟的培训课程，并在周一至周五上午 9：00 至下午 5：00 之间预约。

在预订学习空间时，用户需要提前至少一周发送电子邮件，提供相关信息，包括要预订的多媒体制作空间、项目简介、使用时间、特殊设置需求以及技术要求。这些规定和服务措施旨在确保学习场所的高效使用，并保障学习者的需求得到满足。

2.多种科研支持服务

哈佛大学图书馆提供多种科研支持服务，以满足用户的需求。这些支持方式包括在线聊天、现场咨询、FAQ 查询、研究指南查找和同伴帮助等多种方式。用户可以通过在线聊天与图书馆馆员实时交流，服务时间为工作日上午 10 点至下午 5 点。如果用户在规定时间之外联系工作人员，工作人员会在下一个工作日回复用户。此外，用户也可以亲临各个图书馆咨询台，获得现场服务。

图书馆提供了多样化的研究指南，涵盖不同课程和研究领域，以满足用户的需求。此外，用户可以寻求来自同伴研究员、图书馆联络员和图书馆研究员的科研支持服务，这些支持服务有不同的层次和专业知识。

同伴研究员是经过培训的本科生，由图书馆馆员进行培训和指导。他们可以提供多方面的帮助，包括解释图书馆服务、基础研究支持、个性化研究帮助等。同伴研究员可以将用户引荐给具有相关专业知识的图书馆员，提供每周简报，以及提出关于学术诚信问题的建议。

图书馆联络员是专门帮助学生和教师充分利用图书馆研究服务的专家。他们可以根据用户的需求，提供深入的研究支持和专业知识，协助用户找到所需的资料，制定研究策略，并帮助用户与领域专家联系。对于讲师，图书馆联络员还可以为他们的学生提供课堂教学支持，包括设计研究任务、提供数据库和统计资源等。

3. 开放式节约服务

为了便于访问和借阅，图书馆的特殊收藏和档案对所有研究人员都是开放的，但是如果你是校友，无论当前从事的行业与学校的学术研究是否相关，哈佛大学都是欢迎校友来访哈佛大学图书馆的，不过，需要注意的是，每个分馆都制定了不同的权限要求，因此校友在访问前最好先登录各分馆的主页，详细了解相关信息。对于来到图书馆现场使用的读者，哈佛大学图书馆为其提供了许可的电子资源，以支持他们的研究、教学和私人学习。获取图书馆电子资源的第一步是申请"哈佛钥匙"（Harvard Key）。一旦获得了"哈佛钥匙"，校友可以登录图书馆系统，从中获得部分电子资源。尽管许可协议和版权法在某种程度上限制了哈佛大学图书馆向校友提供完整的在线图书馆访问权限，但图书馆一直在不断努力扩展校友可以访问的电子资源数量，通过数字化项目、开放获取倡议以及其他努力，以满足用户的需求。

哈佛大学图书馆还会在校园内举办丰富多彩的活动，例如电影放映、表演、旅游、研讨会和展览等。这些活动对公众免费开放，以充实他们的校园体验，用户可以在图书馆的主页上查看最新的活动信息。

　　由于分馆众多，读者可以提交自己所需要图书的信息并选择取书的图书馆，图书将会在 1 ~ 4 个工作日内被送到指定的图书馆。如果在查阅资料过程中，读者没有在哈佛大学图书馆的馆藏系统中找到所需文献，那么可以利用常青藤大学之间的免费直接借阅（Borrow Direct）服务。如果还是找不到所需文献，哈佛大学图书馆还可以提供馆际互借服务，图书馆馆员将会在全球范围内的图书馆为用户查找所需文献，并力求提供文献复印本。一般情况下，通过馆际互借申请的文献可以在数小时内送达哈佛大学图书馆，但也有一些文献可能需要两周时间。此外，在哈佛图书馆的许多分馆，读者还可以借用一些基本设备，如耳机、笔记本电脑充电器等。一些分馆还提供媒体制作设备，如三脚架、SD 卡、相机和 VR 设备等，以满足用户的多样化需求。

四、哥伦比亚大学图书馆

（一）图书馆概况

　　哥伦比亚大学图书馆是北美三大学术研究型图书馆之一，以丰富的学术资源著称于世。该图书馆系统包含 22 个特色分馆，收藏超过 450 种语言的文献资源，涵盖 4000 多年的人类思想发展历史。其总藏量位居美国第八，包括 1300 万册各类手稿、珍本书、缩微版图书、地图、视听材料、期刊和广泛的电子资源。图书馆有 350 多名员工，每年接待 400 万实体访客和约 2000 万虚拟访客。

　　图书馆的历史可以追溯到 1754 年的国王学院图书馆。独立战争期间，在战争中图书馆的许多藏品未能保存。战后，国王学院转变为哥伦比亚学院，图书馆馆藏逐渐丰富。1883 年，哥伦比亚学院图书馆经历了一次重大的变革。图书馆委员会提出了一份具有里程碑意义的报告，建议对图书馆进行结构性重组，提高了图书收购的预算。这一年，图书馆迎来了一位新的馆长——麦尔威·杜威（Melvil Dewey），他是一位充满活力且很有组织能力的人物。杜威对哥伦比亚学院图书馆进行了一系列创新变革，包括行政结构的调整、编目系统的优化、服务质量的提升以及馆际互借范围的扩大。他特别强调根据学院课程需求和专业发展来指导图书馆的馆藏收购策略。在杜威的领导下，

1887 年哥伦比亚学院成立了首个图书馆管理学院，这个学院的成立不仅反映了图书馆行业对专业化教育的需求，而且也预示着图书馆事业向更高水平的发展，标志着图书馆专业教育的正式确立。杜威的功绩还在于他发明了杜威十进制图书馆分类系统，这一系统至今仍是全球最普遍采用的图书馆分类法。杜威于 1931 年 12 月 26 日去世，他的贡献和影响力至今在图书馆界中广为人知。

哥伦比亚学院于 1896 年升级为哥伦比亚大学，之后馆藏资源继续丰富和扩大。2011 年，哥伦比亚大学联合纽约公共图书馆和纽约大学发起了曼哈顿研究图书馆计划（MaRLI），积极探索合作收藏的发展，并在近年与多个机构建立合作，通过协议系统化地收集馆藏，避免重复，形成完整系列，扩大馆藏的访问量与使用量，服务于广泛的用户。

（二）图书馆分馆

哥伦比亚大学由主馆和 22 个分馆组织构成。这些分馆主要分为三个类别：人文与历史、科学与工程、社会科学，包括了如东亚图书馆、音乐与艺术图书馆、巴特勒图书馆和口述历史中心等知名机构。

哥伦比亚大学图书馆珍藏着众多重要的特色馆藏，如普林普顿和史密斯学校教科书与中世纪手稿藏书、美国铸字工人协会藏书、洛奇希腊和罗马作家藏书、恩格尔英美文学藏书、菲尼克斯文学和旅游藏书、塞利格曼经济史藏书、爱泼斯坦摄影史藏书、斯宾诺莎哲学藏书等。这些丰富多样的馆藏不仅展示了图书馆的学术深度，还为研究者提供了宝贵的资源。

1. 东亚图书馆

哥伦比亚大学东亚图书馆收藏丰富、典籍繁多，其馆藏范围涵盖中国、日本、韩国及其他东亚国家。藏书以汉藏与日韩文为主，主要涉及人文科学和社会科学领域。这些藏品中，中文文献以历史、哲学和传统文学为主，1902 年，图书馆收藏了《古今图书集成》，为中文藏书奠定了基础，此外，馆内还设有特藏阅览室，存放珍贵的书和重要的档案文献，尤其是关于中国历史和家族史的资料。到了 1927 年，图书馆开始集聚日本文献，其中包括约 5 000 卷来自日本宫内大臣的资料。日文文献则侧重于文学、历史和哲学，1931 年，哥伦比亚大学的韩国学生捐赠了首批韩文文献，韩文文献则主要集中在历史和文学领域。1961 年，图书馆从纪念图书馆迁至法律图书馆旧址。1966 年，中文及日文系更名为东亚语言及文化系，图书馆相应更名为东亚图书馆。多年来，东亚图书馆的馆藏根据不同语言分类采用不同的分类法进行编目，直到 1967 年，图书馆开始将所有新的西方语言文献按照美国国会图书馆分类系统编目。

2. 巴特勒图书馆

巴特勒图书馆是哥伦比亚大学中最大的图书馆之一，拥有超过 200 万册文献，主要涉及人文学科领域，特别是历史、文学、哲学和宗教方面的藏书丰富。图书馆特别收藏了 1974 年以前的政府文件以及古希腊、古罗马研究相关文献。1934 年，巴特勒图书馆替代了旧有的罗氏纪念图书馆，成为新的图书馆中心。这座图书馆建造耗资 400 万美元，由建筑师詹姆斯·甘布尔·罗杰斯设计，他也设计了耶鲁大学斯特林纪念图书馆。图书馆入口处装饰着耶鲁美术学院尤金·萨维奇创作的雅典娜壁画。图书馆以尼古拉斯·默里·巴特勒之名命名，以纪念他在 1902 年至 1945 年间的校长任期。

巴特勒图书馆主要支持哥伦比亚大学的教育和研究项目。在不影响其主要使命的前提下，也服务于国内外社会需求。进入和使用图书馆的权限主要限于哥伦比亚大学的师生、校友和捐赠者，其他人员可有限访问部分资源和享有部分服务。2010 年，巴特勒图书馆完成了一系列空间改造工程，包括屋顶、正面和阅览室的扩建与翻新，以及通信、空调、采暖、消防、安全和照明系统的全面升级。这些改造使巴特勒图书馆成为学习和研究的理想场所，为哥伦比亚大学的教学和科研提供了强大支持。

3. 口述历史中心

阿兰·内文斯，历史学家兼记者，于 1948 年创立的哥伦比亚大学口述历史中心，因其在国际上首次建立口述历史档案而备受推崇，被国际学术界公认为现代口述历史学的起点。该中心是美国最大的口述历史资料收集机构之一，至今已收集了超过 1 万次的采访记录，这些资料主要包括个人传记和集体项目两大类。

口述历史中心具有独特性，因其研究领域不局限于特定地区或学科。最初，采访重点放在政府的杰出领导人身上，即历史上的"大人物"。随着时间的推移，中心的收藏范围扩大到慈善、商业、广播、出版、电影、医学、科学、公共卫生、法律、军事、建筑和艺术等领域的知名人士。该中心设在巴特勒图书馆的珍贵书和手稿特藏室，对所有人开放，无需预约即可访问。用户可以通过其在线门户网站搜索文献，根据项目、标题和主题进行检索。在线目录提供了关于文献的限制信息和访谈文献的可用性，如果记录显示文献为"已关闭"或"需权限"，则需提前联系中心进行安排。部分访谈受访者隐私保护或历史记录用途的限制，可能存在访问限制，但大多数访谈文献是向公众开放的。

口述历史中心不仅是哥伦比亚大学开展和管理口述历史项目的学术机构，还积极进行对外宣传和交流，致力于提升口述历史在国内外的学术地位。如今，它与哥伦比亚口述历史协会和研究中心合作，已成为全球领先的口述历史研究、交流和教学中心之一。

4.音乐与数字图书馆

音乐与艺术图书馆的藏品丰富，包括6万多件印刷资料、2万多份音乐专著和乐谱、多种格式的音视频材料和具有学术价值的微观文献数百种。馆中特色收藏涵盖早期音乐理论作品、学术性乐谱版本以及19世纪歌剧声乐乐谱。此外，馆内还珍藏了350多位当代作曲家的作品及录音。图书馆提供丰富的数字音频资源以支持课程需求，为艺术学院电影系的研究生项目提供大量故事片DVD。由于空间限制，部分藏品存放于哥伦比亚大学图书馆的远程储藏库中。此外，图书馆设有数字音乐实验室，提供一系列数字音频创作和使用设施，支持音乐教学活动。实验室配备5台多功能电脑智能终端、专业音乐硬件和软件，包括雅马哈数字钢琴、扫描仪等，便于读者进行音乐的演奏、创作、录制、扫描、记录、编辑、编程和分析。实验室在图书馆正常工作时间开放，但提前15分钟关闭，禁止携带食物和饮料进入，团队或小组创作时需保持安静，使用音频设备时需佩戴耳机。实验室采用先到先得的使用方式，不接受预订。

（三）图书馆特色服务和资源

1.跨馆借阅服务

哥伦比亚大学、巴纳德大学和联合神学院的现任教师、学生及教职工可通过直接借阅服务从包括哈佛大学、斯坦福大学和普林斯顿大学在内的 12 所大学图书馆中借阅文献资料。此服务不仅限于这些大学的资源，还扩展至全球研究型大学中心的文献藏品。该服务允许读者借阅包括纸质书、乐谱、DVD 和 CD 在内的各种资料，尤其是那些哥伦比亚大学图书馆尚未收藏的。

2.版权服务

2008 年，哥伦比亚大学图书馆成立了版权咨询服务中心。该中心的设立旨在帮助教师和学生在研究、教学以及学术交流中合理利用学术资源，帮助教师和学生了解和管理自己的版权，同时协助大学在策略上处理和解决版权相关问题。服务中心成立以来，一直在为学术界提供版权方面的知识培训。2014 年秋季，Rina Elster Pantalony 被任命为版权咨询办公室的主任，她的加入为办公室带来了丰富的版权管理经验。Pantalony 为图书馆制定了一项三年战略计划。版权咨询服务中心的使命是促进对版权和版权管理实践的认识、理解和尊重，创造有利于版权保护、获取和学术交流的良好环境。任务包括提升哥伦比亚大学师生的版权意识、为大学专业人员提供版权支持、为大学领导提供战略性的版权建议，确保哥伦比亚大学在国内外版权议题上保持领先地位。

3.残疾人服务

哥伦比亚大学为了更好地服务残疾人用户，设立了专门的残疾人用户服务处。这一服务中心旨在为残疾人用户提供便捷和高效的图书馆资源访问服务。当残疾人用户遇到图书馆某些区域的访问障碍时，他可以向服务处的协调员提交所需图书的详细书目信息。提交后，所需的图书将在 1 至 2 个工作日内送达残疾人用户指定的分馆。此外，残疾人用户还有权指定一名代理人来办理图书借阅，从而简化借阅流程。续借图书的过程也可以被简化，通过电话即可轻松完成。

为了满足残疾人用户的特殊需求，哥伦比亚大学提供了额外的设施支持。

例如，在巴特勒图书馆，残疾人用户如果因残疾原因需要使用储物柜，可以先在残疾人服务处登记，并提供必要的医疗文件作为支持证明，确保残疾人用户在图书馆的体验既方便又安全。哥伦比亚大学通过这些服务和设施的提供，致力于为残疾人用户创造无障碍和包容的学术环境。

4. 特色学习空间

哥伦比亚大学的学生可以利用在线平台系统预约学习空间或特定房间进行小组合作学习、演示练习等活动。学习空间设计得非常灵活，以适应不同学习需求和风格，按功能不同分为几个区域，包括深夜学习区、讨论区、安静学习区、小组学习区和带窗户的研讨室。这些区域均针对不同的学习场景设计，以优化学习体验。

特别是在期中考试和期末考试期间，哥伦比亚大学的几个分馆会延长开放时间，以便提供更多的深夜学习空间。例如，巴特勒图书馆的 23 楼和 24 楼在春季和秋季学期期间专门设置了讨论区，这些区域可供学生小组讨论和合作学习。此外，安静学习区提供一个无干扰的环境，适合需要高度集中精力的学习活动。小组学习区则更加适合团队合作和互动式学习。带窗户的研讨室则提供了舒适、光线充足的环境，有助于提高学习效率和舒适度。整体上，这些设施和服务强调了哥伦比亚大学对满足学生学习需求和提高学习效率的承诺。通过提供各种类型的学习空间，大学旨在支持学生的学术研究和个人发展，确保他们能够在合适的环境中最大限度地提高学习效果。

5. 政府资料查询服务

哥伦比亚大学自 1882 年起一直担任联邦文件的保管机构，被国会指定为美国政府文件的存放地。这意味着根据公共法律，公众可以访问在此收集的政府文件。但哥伦比亚大学图书馆并未设立独立的美国政府文件收藏中心，而是将这些文件根据主题分散存放于校园内不同的图书馆中。尤其是 1976 年以前的国会文件，读者可以通过巴特勒图书馆参考部门的卡片目录来识别和查找。并且自 1976 年起，大多数政府发布的纸质文件存储于异地的存储设施中，系统记录中会显示这些文件的具体存放位置，读者可根据请求进行调取、查阅。随着数字化的兴起，纽约州的文件已经被扫描并上传到网络上，公众可以通过纽约州图书馆的目录系统进行查询和下载。对于 1996 年之前印刷的文件，既可以通过系统进行查询，也可以通过卡片目录查找。

截至 2012 年，哥伦比亚大学图书馆的在线目录中收录了大约 97 万条有关美国政府文件的记录、1 万多条与纽约市政府相关的文件记录，以及 225 个与法律规定相关的政府数据库。除此之外，图书馆还提供了对联合国和其他国际组织发布的部分文件的访问。雷曼图书馆作为特别的存储点，保管了 1983 年至 1994 年间纽约州文件的缩微胶片。这些丰富的政府文档资源为相关的研究人员提供了重要的历史资料，使哥伦比亚大学在政府信息公开工作方面发挥着关键的作用。

6. 图书馆管理奖项

哥伦比亚大学图书馆负责管理和颁发几个历史悠久且备受尊崇的年度学术奖项，包括班克罗夫特奖（the Bancroft Prize）、爱德华·肯尼迪戏剧奖（the Kennedy Prize）和图书馆研究奖（the Libraries Research Awards）。这些奖项在学术界享有极高的声誉。

班克罗夫特奖自 1948 年在哥伦比亚大学设立，由杰出的历史学家、图书管理员和哥伦比亚大学讲师弗雷德里克·班克罗夫特遗赠。这一奖项被广泛认为是历史学领域重要的学术奖之一。根据班克罗夫特遗嘱的规定，每年会有两位作者因其在美国历史（包括传记）和外交研究方面的杰出著作而获得此奖。

爱德华·肯尼迪戏剧奖则于 2012 年设立，每年颁发给一部新的戏剧或音乐剧。该奖项旨在通过戏剧探索美国的历史，基于对历史的理解，鼓励公众参与对话并处理当代重大问题。这个奖项对于推动民主运动具有重要意义，并附带 10 万美元的现金奖励。关于奖项的详细信息、历届获奖者和申请流程，都可在官方网站上查询到。

图书馆研究奖则鼓励和表彰在图书馆研究领域的创新和卓越成就。这些奖项共同体现了哥伦比亚大学图书馆在促进学术研究和表彰学术成就方面的重要作用。通过这些奖项，哥伦比亚大学图书馆继续为学术界提供支持和鼓励，激励学者们在各自领域做出更多贡献。

第二节 国内图书馆服务创新案例

一、内蒙古图书馆

内蒙古图书馆历史悠久，其起源可追溯到清代，是全国 12 个百年省级图书馆之一。但是随着互联网的兴起和大数据时代的到来，内蒙古图书馆也与其他公共馆一样面临着转型和服务提升的困境，读者常常抱怨不能及时借到所需图书或畅销书，致使到馆借阅的读者以及借阅率显著下降。

内蒙古图书馆的"彩云服务"项目是图书馆面对困境进行的服务方式的一次创新跨越。这一服务模式始于 2012 年，当时，诺贝尔文学奖得主莫言的作品阅读量和借阅量激增，图书馆的馆藏无法满足读者的借阅需求，这一特殊情况深刻地暴露出图书馆馆藏资源的局限，但是由于经费有限，图书馆面临两难的选择。

当时的图书馆解决读者阅读增长需求的途径仅仅局限在为读者提供买书途径、方便读者自己买书这样的辅助读者解决阅读需求方面。2014 年，李晓秋馆长利用"世界读书日"之际，举办了图书销售月活动，包括新华书店在内的多家书店参与了这项活动，由图书馆提供场地，供书商和读者交流，读者自己买书，满足阅读需求。但由于入馆读者数量有限，销售效果并不理想，书商也表示，这项活动费时费力，但收效甚微，压根没卖出几包书。

李晓秋馆长陷入了沉思：如何才能使用有限的经费，真正买到读者想读的书来满足读者的借阅需求呢？经过反思和与读者及书商的交流，一个颠覆性的想法出现在李晓秋馆长的脑海：想要把钱花在刀刃上，为什么不让读者自己挑选书，由图书馆来支付费用呢？正好 2017 年我国提出了要重点扶持革命老区、民族地区、边疆地区、贫困地区的公共文化服务建设。于是，李晓秋馆长结合国家对文化建设的重视和图书馆的专项采购经费，提出了"彩云服务"的创意，即让读者自行挑选书，由图书馆负责支付费用。

2014年5月，内蒙古图书馆正式推出了"我阅读，你买单，我的图书馆我做主"的"彩云服务"。持有内蒙古图书馆读者证的读者可以在任一联网的图书销售单位借阅图书，图书馆则负责与销售单位结算费用。通过这种方式，图书馆将新书的采购权交给读者，实现了服务与需求的直接对接，通过自主研发的"一体化服务管理平台"提升服务效能。此平台实现了联合编目、资源共享、图书外借等基于云服务的功能，将图书馆和书店转变为服务终端，有效克服了传统购书方式的局限性，节约成本、缩短了等待时间。

2016年6月27日，这项服务获得了美国图书馆协会（ALA）颁发的"国际图书馆创新项目主席大奖（Presidential Citation for International Innovation）"，成为内蒙古图书馆的一个骄傲时刻。据介绍，"彩云服务"名称中的"彩"代表"众采"，即由读者群体决定图书采购，"云"则代表依托互联网云技术的三方数据平台。

光荣的背后是无数的艰辛。"彩云服务"在前期技术开发中面临和克服了众多技术性挑战。图书馆和书店属于不同领域，各自拥有独立的管理系统，因此内蒙古图书馆的首要任务是将这两个系统连接起来，实现数据共享。通过双方的协商，书店同意向内蒙古图书馆开放部分数据。但即使这样，进行这样一个大规模的软件系统开发，仅依赖内蒙古图书馆网络中心的工作人员远远不够。因此，内蒙古图书馆采取了向社会购买服务的创新方式，聘用了许多社会上经验丰富的编程专家，这些专家曾为世界知名的公司如微软和苹果开发过软件系统，而且并不隶属于任何IT公司，这些核心编程人员被集结在一起后，历时3个月，共同完成了平台的开发和整合工作。最终，编程人员与内蒙古图书馆的计算机网络部门一起，整合书店数据系统与图书馆书目和读者数据，成功开发出了"一体化服务管理平台"。在这个平台上，每当书店上架新书，相应的书目数据都会自动上传到"彩云服务"，使读者能够第一时间了解到书店的新书。对于持有内蒙古图书馆读者证的读者来说，他们只需在书店完成"选书""图书下单""图书入编"这三个简单的步骤，就能在书店办理完借书手续。当读者将书店借出的图书归还给图书馆后，工作人员会通过"图书入藏"和"订单结算"两个环节，将图书合理归入馆藏流通中，而图书的购买费用由图书馆与书店定期结算。

"彩云服务"不仅为读者提供了更便捷的借阅体验，是图书馆服务方式的一次创新，也是内蒙古图书馆对于阅读推广和文化服务的重要探索。通过这一服务，图书馆成功地将读者、书店和图书馆紧密连接起来，形成了一个有效、便捷的文化服务体系，数据共享和自动化处理使得馆藏信息得以更迅速更新，读者可以获取到最新出版的图书，阅读成为一种更加畅快的体验，图书馆和书店的合作也加强了双方的联系，合作便捷和高效，共同为读者提供更多可能性，促进了知识的传播和共享，极大地促进了公共阅读文化的发展。这个成功的合作案例，也为其他领域的合作提供了宝贵的经验和启示。

"彩云服务"在取得良好社会效果的基础上，内蒙古图书馆进一步拓展了其线上服务功能。他们推出了"彩云服务"手机应用程序和微信公众号，更好地融入人们的日常生活。现在，这一服务平台已经成为自治区最大的图书借阅和交流平台，这个平台提供"全城搜书"和"书店扫书"两大功能。全城搜书允许用户搜索图书馆、书店和交换的图书，提供多种获取方式，包括预约和直邮。书店扫书功能允许用户通过扫描图书的 ISBN 号来查询该书是否可以在书店免费购买。平台还提供热门图书推荐和好评图书推荐，以帮助读者发现受欢迎和高评价的图书，并且允许读者查看附近 10 公里内其他用户的所有图书，包括图书馆借阅和交换的图书。用户可以直接联系其他用户以实现馆外转借或通过预约、收藏、见面等方式进行图书交换。

自 2014 年启动"彩云服务"项目以来，内蒙古图书馆新增了超过 5 万名持证读者，持证读者数量翻了一番，新书的流通率达到 100%。这一举措显著提升了读者的满意度，为内蒙古图书馆的现代化发展和社会效益增长做出了积极贡献。

二、杭州图书馆

杭州图书馆一直致力于引入一种广泛普及且社会化的信用体系，以替代现有的图书馆用户管理系统，从而扩大注册读者的范围。于是，在 2008 年杭州图书馆新馆开馆之际，杭州图书馆与杭州市市民卡公司合作，在杭州市市民卡功能的基础上增设了图书馆的借阅功能，只要读者拥有杭州市市民卡，就可以将其作为阅读凭证，在杭州图书馆总服务台出示，无需支付额外的手续费和押金，开通即可享受所有资源服务。但是这时的杭州市民卡的图书借阅功能仅限于杭州主城区，并且需前往市民卡中心大厅及各服务厅开通办理，还是有诸多不方便之处。于是，2014年4月23日的"世界读书日"之际，杭州图书馆再次携手市民卡公司，将图书馆业务系统与市民卡公司的管理系统进行无缝对接，服务范围将扩展至包括主城区以及其辖下的七个区（县）（萧山区、余杭区、桐庐县、淳安县、建德市、富阳区、临安区）的整个大杭州地区。读者只需凭市民卡即可直接借阅图书，新颁发的市民卡直接具备图书借阅功能，无需再进行升级。在信用体系的支持下，市民卡取代了借阅证，同时取消了办卡押金，杭州图书馆的注册读者数量大幅度增加。

　　虽然本地市民可以借助市民卡轻松享受图书馆的服务，但对于外来人群，仍需要烦琐的手续。为了应对这个问题，杭州图书馆积极探索利用芝麻信用（芝麻信用是蚂蚁金服旗下的全资子公司，是一家第三方征信机构，可以通过云计算和机器学习等先进技术客观呈现个人和企业的商业信用状况。并且芝麻信用是将信用有形化和量化，以分数的形式呈现，以促进社会信用和秩序建设）的特点，在2017年4月23日，与蚂蚁金服合作推出了"信用借还图书"服务，将芝麻信用作为图书馆借阅证办理的标准。只要读者的芝麻信用积分达到600分，就可以绑定其支付宝账号，并通过支付宝的风险考核标准来激活其借阅功能。此举将个人的身份证号作为个人借阅证号，实现了无需交纳押金和办理其他烦琐手续的借阅服务。同时，杭州图书馆还与嘉图公司和图创公司合作开发了"互联网＋图书馆"解决方案，读者可以通过支付宝扫描读者的借阅证实现无需纸质证件的便捷借还或者关注支付宝生活号，享受城市服务窗口的图书馆服务，这一系列举措使任何用户都能随时在线上就能实现图书借阅，在服务推出的6个月时间内，杭州图书馆使用芝麻信用积分注册读者多达5.4万余人，被借阅的图书超2万册。

　　2017年年末，杭州图书馆主办了第二届"2017公共图书馆信用服务论坛"。27家公共图书馆的共同签署了《公共图书馆信用服务杭州宣言》，推动公共图书馆在资源的共存、共建、共管和共享方面的合作，携手建立一个平等、开放、协作和共享的公共图书馆发展共同体，以实现读者资源和图书馆资源的共享。

三、深圳图书馆

深圳图书馆于1986年建立，当时建筑面积仅1.3万平方米，随着经济和文化的快速发展，原有的图书馆设施逐渐无法满足日益增长的市民文化需求，图书馆在各个方面都面临着巨大挑战。第一大挑战就是建筑面积，深圳图书馆日接待读者数有3 000至5 000人次，经常一座难求。为此，深圳政府于1993年开始建设新馆，目标是建立一个国内一流、国际先进的大型综合性图书馆。新图书馆的面积是旧图书馆的4倍，但面积的增大，意味着要进行大规模的文献资源购置，同时意味着巨大的文献流通量和服务需求，为了减轻图书馆员工作压力，同时更好地服务读者，图书馆迫切需要采用更高效、智能的文献流通管理方式来管理新馆。利用深圳的高科技企业资源，图书馆努力寻求技术创新，最终决定采用RFID（无线射频识别）技术，RFID标签无须人工操作，通过扫描感应即可自动向识读器发送标签信息，从而实现处理的自动化。尽管当时国内外应用RFID技术的图书馆不多，且RFID技术成本高昂、技术安全性存疑等，深圳图书馆通过广泛调研和团队讨论，最终还是决定在馆内全面实施RFID技术，以提高服务效率和质量。深圳市政府对此给予了大力支持，不仅增加了图书馆的经费，还将图书馆建设提升到城市发展战略层面。2004年，图书馆成立了专门的RFID项目课题组，负责技术应用的制定与实施。经过深入研究和国际调研，课题组确认了深圳图书馆实施RFID技术的可行性，决定依托技术优势，全面应用RFID技术，高效地服务广大读者。

然而，应用RFID技术需要将原图书标签更换成RFID标签。在距离深圳图书馆新馆开放仅剩数月的紧要时刻，深圳图书馆面临着一个艰巨的任务：上百万册图书需要完成标签转换的工作。尽管面临重重困难，深圳图书馆坚决不退缩，勇往直前，毅然决定加班加点进行标签转换。由于加工设备不足，深圳图书馆积极与技术供应公司协商，额外借用了6台设备，采用外包形式雇佣编外人员充足人手，在经过了两个月的日夜奋战后，深圳图书馆终于在新馆开放前基本完成了馆藏资源标签的转换工作。深圳图书馆新馆于2006年10月开放，馆藏资源达到100万册，包括60万册阅览区图书和40万册保障本，成为国内首家全面应用该技术的公共图书馆。

与其他图书馆不同的是，深圳图书馆的 RFID 应用领域不仅局限于图书的借还流程，它充分利用 RFID 技术的独特特点，结合馆内实际情况，打造了一个综合功能体系，开发了融合多项管理流程的 RFID 文献智能管理系统，创新地应用于自助借还、文献定位、馆藏清点、归架管理等环节。

在自助借还方面，深圳图书馆采用了基于 RFID 技术的自助借还设备，实现了快速安全的文献借还。读者无需逐册扫描条形码，免除了消磁和上磁的工作，所有借还流程都由读者自主操作，无需馆员干预，既保护了读者的隐私，又大大提高了图书流通效率。在新馆开放的首个月，深圳图书馆已经有52% 的借还操作由自主借还机完成，而在 2007 年后，这一比例更是持续增长，超过了 80%。

深圳图书馆还在文献定位方面进行了创新。传统的图书馆通常采用基于文献分类号的线性排架体系，这对于不熟悉分类法的读者来说，很难找到所需文献的存放位置。为解决这一问题，深圳图书馆借鉴了内华达大学图书馆立体书库的经验，首创了一种利用 RFID 标签对每一层书架进行编码标识和定位的架位管理方式。这意味着每一层书架上的图书都可以精确定位，读者可以轻松找到所需文献。此外，图书馆采用便携式扫描设备，随时进行整架巡检，纠正错架文献，有效解决了开架阅览中的文献定位不准确和整架困难等问题。这种新的排架方式使得排架工作更加灵活和高效。

在过去，图书馆馆藏清点依赖于条码系统进行文献管理，这种方法虽在理论上可行，但实际上是劳动密集型的，并且易于产生干扰，影响图书馆的日常运作，并且深圳图书馆的开放式设计并不支持封闭特定区域来进行清点。然而，通过采用 RFID 技术，这一过程得到了极大简化。馆员可以直接通过手持 RFID 读取器扫描书架，快速而准确地完成清点，从而显著提高了工作效率和数据质量。这种方法不仅减轻了工作人员的负担，还减少了对图书馆环境的干扰。

随着新馆的开放和借阅量的显著增加，归架工作也变得更加繁重。尽管自助借还机减轻了一部分还书负担，但归架仍是一个挑战，尤其是考虑到图书馆的空间设计并未考虑大型自动化设备。此外，读者经常在阅读后随机放置图书，导致图书错放或乱放。面对这些挑战，深圳图书馆基于 RFID 技术研发了一种小型移动式文献归架设备——智能书车。这种设备能有效管理错架和乱架问题，显著提高了文献管理的智能化和效率。

以上，我们可以看到，深圳图书馆的 RFID 技术应用不仅在图书借还流程中实现了自助借还，还在文献定位和排架方面带来了创新。这些应用大大提高了图书馆的服务效率，为读者提供了便捷的阅读体验，为其他图书馆在RFID 技术应用方面提供了有益的借鉴。

四、温州少儿图书馆

温州少儿图书馆积分制的兴起和发展，是对传统管理方式的一种创新和改进。在这个过程中，当时的胡海荣馆长发挥了关键的作用。传统上，图书馆依赖罚款来规范读者行为，如对逾期归还、损坏或丢失图书的处罚。这种方法虽然在理论上可行，但实际上增加了图书馆的工作负担，同时可能影响读者对图书馆的积极态度和正面评价，特别是对于未成年读者，罚款大部分时候不会起到应有的警示作用。胡馆长从儿童喜爱的积分制游戏中汲取灵感，提出了将积分制应用于图书馆管理的想法。这种做法不仅减轻了罚款带来的负面影响，而且有效地激发了儿童的阅读兴趣。积分制在温州少儿馆的实施，将图书借阅和参与活动转变为一种积极的、有奖励的体验。随着积分的增多，儿童可以获得不同等级的称号，如"小读者""小书友"等，甚至可以用积分兑换礼物。这种方法不仅促进了儿童对阅读的兴趣，还帮助他们培养了良好的阅读习惯和图书保护意识。

为了提升图书馆服务的质量，增强小读者们的阅读体验，温州少儿图书馆对积分制进行了一系列创新的步骤和调整。首先，胡馆长和团队对国内实施积分制的少儿馆进行了深入调研，从而在充分了解其操作模式的基础上，结合温州少儿馆的特点，设计了一套具有本馆特色的积分体系和运行模式。这一创新步骤是对现有做法的反思和对更优服务模式的追求。然后，为了实现积分制的高效运行，温州少儿馆与图创公司合作开发了一个全新的积分系统。这个系统与图书馆现有的 interlib 系统无缝对接，有效地支持了图书馆的积分管理、活动管理和读者管理。这种技术上的创新不仅提升了图书馆的运营效率，还为读者提供了更好的使用体验。关于积分规则的调整，温州少儿馆采取了灵活且富有策略的方法。例如，设定了积分扣除的上限，以防止因逾期还书而造成的过度扣分。同时，为规避读者恶意刷取积分的行为，馆方调整了积分获取的规则，如借书至少需经过一天后才可获得积分，最大借阅量为 10 册，当天能够获得的最大积分也就是 10 分，以鼓励真正的阅读行为。积分设置方面，温州少儿馆为每位读者设定了原始积分，并根据积分的高低来确定读者可借阅的图书数量和优先权。读者的小读者阅读完一本书，还可以写读后感，在经过图书馆员评审之后，根据写作的质量可以获得相应的积分。

同时，利用积分的扣减来规范读者的行为。如果读者没有按时归还图书，每册图书每天将扣除 1 分，但每天的总扣除不会超过 50 分。对于污损图书的行为，除了需要赔偿之外，还将扣除 10 分；而对于遗失图书的情况，除了赔偿外还需要扣除 20 分，此外，违反借阅室规则的行为每次将扣除 5 分。如果分数低于负 100 分时，账户就会被冻结，在冻结期内，该读者将不能借阅图书。然而，图书馆提供了一条路径来恢复这些权益：读者可以通过参与馆内的其他活动来积累积分。一旦积分重新累积到大于 0 分，读者证会自动解冻，恢复其正常的使用功能。此外，如果冻结期满，读者证也会自动解冻。这种设置不仅作为违约行为的一种抵扣机制，而且还鼓励读者通过参与更多活动来增加他们的积分，进而获得更多的借阅和参与机会。

为了更好地引导和分流读者，馆方创新地将活动分为两种类型：一类是参加即可获得积分的活动，另一类是需要支付积分才能参加的活动。这种差异化的设计旨在平衡读者对活动的兴趣与参与度，确保资源的有效利用。但活动的积分登记和统计是烦琐的工作，占用大量人力和物力。为了提升读者体验并优化图书馆的运营效率，馆方采取了一些创新的方法和技术应用。面对参加活动时大量读者集中使用积分导致的系统响应缓慢问题，图书馆采取了一种新的积分增加方式，专门印制了充值卡，分发给参加活动的读者，使读者能在活动结束后通过网上自行完成积分的充值。这种自助式的积分充值方式大幅度改善了读者的参与体验，同时也提高了图书馆的工作效率。为了增强小读者们的成就感和参与动力，图书馆为每位读者提供了一份详细的积分明细。这份清单上记录了读者通过阅读和参与活动所累积的积分，从而给小读者们带来了显著的成就感，成为他们进一步积极阅读和参与活动的重要动力。

五、嘉定区图书馆

（一）建筑服务空间全覆盖

上海市嘉定区图书馆全域服务的故事开始于 2006 年，当时的嘉定区正处于一个文化转型的关键时刻。随着该区村民物质生活水平的提升，村民对阅读的热情也随之高涨。然而，他们很快发现，现有的公共文化服务体系并不能满足村民们日益增长的阅读需求。为了解决这一问题，嘉定区图书馆与华东师范大学信息学系合作，深入区内城乡各级图书馆进行了全面的调研和走访。调研中，他们发现了公共文化服务体系中的许多空白点。特别是居住在边远地区的农村居民、外来务工人员以及行动不便的残疾人等群体，他们对文化资源的渴望迫切，但难以得到满足。为了解决这些问题，嘉定区图书馆制订了一个计划——"百姓书社"。"百姓书社"项目的推进方案首先在安亭马陆、工业区等 6 个街镇的 8 个点进行了试点。这个项目由嘉定区文广局主办，具体实施则由嘉定区图书馆负责。政府投入资金用于配置文献资源、书架、报刊架和桌椅等硬件设施。图书馆则负责统一采购、编目和配送图书，每半年更新 300 册图书。每个书社都必须提供至少 500 册图书、10 种报纸、15 种杂志以及多媒体资源，以满足日常服务的需求。

由于人力、财力和物资资源的紧张，嘉定区图书馆创造性地引入了志愿者服务体系。他们通过基层管理人员的推荐，吸引了许多退休教师、退休干部等拥有文化情怀的人士和企业。这些志愿者不仅无偿提供房屋用于布置"百姓书社"，还承担了运营管理职责，负责日常事务的开展。并且馆方深刻认识到，由于百姓书社资金、人力和物力的局限性，依靠传统图书借阅服务作为日常运营的主要业务可能并不可行。因此，他们决定扬长避短，转而将重点放在以活动服务为主的运营管理上。嘉定区图书馆积极支持"百姓书社"开展各类专家讲座和学习活动。这些活动不仅仅局限于读书讨论，还包括法律宣传、疾病预防等与公民生活紧密相关的主题。通过这样的方式，"百姓书社"成了政府工作宣传的新平台，有效地促进了政策在基层的传播和执行。"百姓书社"还积极策划自发性的特色活动。例如，在朱振芳百姓书社，朱振芳女士会在中国传统节日组织丰富多彩的庆祝活动，邀请周边居民参与表演，以此增进邻里关系。这样的活动不仅强化了书的社交功能，还拉近了社区居民之间的关系，为上海新农村的文化交流建立了重要平台。凭借这些成绩，"百姓书社"被多次评为嘉定区优秀书社，在2016年被选为公共文化服务标准化建设的试点。与此同时，嘉定区图书馆也高度关注特殊群体的文化权益，特别是外来务工人员。自2005年底以来，图书馆在马陆镇的永盛公寓、澄城公寓和江桥镇的幸福村等外来务工人员集中居住地建立了"外来建设者读书俱乐部"。这些读书俱乐部后来纳入到"百姓书社"体系，成为其重要组成部分。图书馆为每个读书俱乐部提供了丰富的藏书和电子阅览设备，并定期更换新书和报刊，使这些俱乐部成为集阅读、培训和文化活动于一身的综合性文化生活空间。

在政府的支持和指导下，"百姓书社"不仅解决了文献资源品种少的问题，更重要的是，为基层建立了实实在在的文献服务能力。到了2007年，"百姓书社"被列入了区政府的文化建设实事项目，并进一步向全区13个街镇推广，成为嘉定区首批基层特色文化活动载体。这一经验也为嘉定区"农家书屋"的迅速推进提供了宝贵的借鉴。在2009年底的全国"农家书屋"建设工作中，嘉定区图书馆在业内引起了广泛的关注和好评，成为一个成功的案例，展示了如何通过公共图书馆服务，满足基层人民的文化需求，同时促进了整个区域的文化发展和提升。

随着嘉定城乡一体化的不断推进，该区域经历了显著的城乡结构变化和人口分布调整。这些变化对公共图书馆服务网络提出了新的挑战和需求。为了更好地适应这些变化，实现镇级图书馆的有效统一管理，嘉定区图书馆在2013年提出了一种创新的管理模式——"直管模式"。"直管模式"的核心在于将分馆纳入嘉定区图书馆的管理体系之下，从而实现文献资源的共建共享。这种模式的实施意味着嘉定区图书馆对分馆的管理和运营将更加直接和集中，能够确保服务质量和资源配置的一致性。基于这种模式，嘉定区图书馆构建了一个市—区—镇—村四级的公共图书馆服务网络。这一网络不仅覆盖了嘉定区的城乡各个角落，还通过资源共享和统一管理，大大提升了服务效率和图书馆资源的利用率。通过"直管模式"，嘉定区图书馆成功实现了服务网络的有效延伸。从中心到基层，点与线相连，编织成了一个全面的服务网络，实现了图书馆建筑服务空间全覆盖。

（二）社会公共空间全覆盖

在嘉定区图书馆全域空间覆盖的进程中，社会力量的广泛参与起到了关键性的作用。这种合作模式，源于多年来嘉定区图书馆与社会各界的深入协作，形成了一个多元化的资源集结点，为图书馆提供了稳定而丰富的支持。采取了包括法人治理结构改革、建立合作联盟、跨界合作等多种措施。这些措施旨在在合法合规的框架下，平衡文化服务与社会力量的利益诉求，从而实现公共文化服务的优化和提升。这种多元化的社会力量参与，使得嘉定区图书馆的服务空间边界得以拓展到社会公共空间。这不仅为图书馆的运营注入了新的活力，还为未来的发展拓宽了道路，展示了公共图书馆在社会文化建设中的新角色和新功能。

嘉定区图书馆为提升其运行效率和服务质量，着手进行了法人治理结构的改革。2016 年 9 月，图书馆成立了首届理事会，其中包括来自不同社会领域的专家、读者代表、主管单位代表及图书馆工作人员等。理事会的多元组成和全面客观的"决策监督"职能，为图书馆带来了全方位的视角和专业知识，从而推动了"全域服务"理念的实施，这成为嘉定区图书馆在"十三五"期间的主要发展方向。嘉定区图书馆在服务点的扩展和运营上也创新性地实践了社会力量的参与方式。例如，图书馆的分支机构"书房"采取了社会化合作模式，鼓励和引导社会力量通过各种形式深度参与书房的建设和服务。这包括投资建设设施、参与书房的运营管理，以及承接政府公共文化服务的购买等。

据统计，在 30 个书房中，超过一半由各类企业提供建设场地或投资建设。70% 以上的书房采用了社会主体全委托的运行方式。部分街道和镇甚至与社会主体签订了绩效考核协议，确保服务效能和建设标准。社会力量的资本投入不仅用于书房的建设和装修改造，还涵盖了服务设备的采购和经营管理服务等方面，有效融合了政府和社会的公共文化建设资源。

此外，嘉定区图书馆还重视与教育部门的合作，共同推进"文教结合"的工作。通过构建"市级—区县—学校"三级学生综合素质评价实践基地网络，图书馆不仅丰富了自己的服务功能，还提升了服务能级。例如，为不同年级的学生提供了针对性的阅读引导和培养阅读兴趣的活动，为幼儿园大班制作动画宣传片、为小学生设计阅读课程、为初中生开设专题课程等，这些举措有效地将图书馆的资源和服务延伸到校园内外，为广泛的学生群体提供了学习和成长的机会。

嘉定区图书馆通过这些措施，不仅加强了与社会力量的合作，还拓展了公共文化服务的范围和深度。这种社会化服务的全覆盖模式，不仅提升了公共图书馆的服务质量，也为社区居民和学生提供了更丰富的文化资源和学习机会，促进了公共文化服务的全面发展。

（三）网络空间的全覆盖

随着信息技术的迅速发展，嘉定区图书馆积极响应这一趋势，融入了以网络化、数字化、智能化为特征的深度信息时代。在公共文化服务硬件设施基本建成的基础上，借助不断成熟的互联网和计算机技术，嘉定区图书馆迎来了技术创新和服务创新的新机遇。

2012 年，嘉定区启动了公共文化数字服务平台的建设工作，到 2014 年底，上海市首个公共文化服务云平台"文化嘉定云"正式上线运营。这个平台通过应用云计算等先进信息技术，实现了区级图书馆、文化馆、博物馆、美术馆和街镇文体服务中心的文化资源的高度整合。用户通过网站、手机 App、微信、微博等多渠道访问，"文化嘉定云"提供了从远程数字阅读到虚拟场馆体验，再到特色资源获取、文化活动预告、公共设施预订、线上交流展示等一系列一站式文化服务。

嘉定区图书馆在构建网络数字空间方面取得了显著成就，实现了全域共享。通过"文化嘉定云"，图书馆不仅扩展了其服务范围，还增强了服务效率和便利性。这一平台的"网上图书馆"功能，由嘉定区图书馆负责建设，已成为其不可或缺的重要组成部分，为用户提供了从图书借阅、文献阅览到资料检索的一站式服务。

"文化嘉定云"还整合了专业数据库供应商和上海市中心图书馆、嘉定区图书馆等信息资源数据库，极大地丰富了阅读和学习资源。通过这个平台，读者可以随时随地通过互联网检索和阅览丰富的文献资料，包括电子图书、数据库信息、教学教辅课件、音乐曲目等多种资源。

嘉定区图书馆通过"文化嘉定云"创新地构建了线上虚拟服务与线下实体服务相结合的新型服务模式，实现了公共文化服务与互联网的深度融合，这一模式有效地改进了服务链中的低效环节，并拓展了公共图书馆的传统服务范畴。在这个平台上，嘉定区图书馆及其街道和分馆提供了网上预约读书活动和服务场馆预订的功能，让公众能够轻松浏览并选择自己感兴趣的讲座、展览、竞赛等文化活动。这种自主选择、自助预约和领票的方式日益受到公众的青睐，逐渐取代了原有的组织群众参加文化活动的传统模式。如今，"文化嘉定云"平台的日均页面访问量高达 30 万次，注册会员数量超过 18 万。这种线上线下相融合的 O2O 模式，不仅是对传统图书馆服务的一种颠覆性创新，更大幅提高了公共图书馆的服务效益和资源利用效率。通过这种创新的服务方式，嘉定区图书馆不仅提高了公共文化服务的便捷性和可达性，还为图书馆服务创造了新的业态，增强了图书馆在数字时代的吸引力和影响力。

嘉定区图书馆在推进其全域服务方面展现了卓越的成果和不懈的努力。其服务范围覆盖建筑服务空间、社会公共空间和网络数字空间，形成了一个全面且多元的公共文化服务体系。嘉定区图书馆并未止步于此，而是持续拓展新的需求群体和服务网点，坚持普遍均等的服务理念。目前，嘉定区拥有 1 个区级总馆、12 个街镇分馆、30 个"我嘉书房"、100 家"百姓书社"和 110 个农家书屋。这种线上线下相结合、阵地服务与流动服务相互补充的模式，加上社会力量的持续参与和社会资源的不断引入，展示了嘉定区图书馆可持续发展的活力和潜力。全域覆盖、全域服务、全域均享的服务模式，不仅体现了嘉定区图书馆对普惠文化服务的追求，也展现了其在创新公共文化服务全域模式方面的新理念和新路径。随着社会的变迁和信息技术的进步，嘉定区图书馆正不断改变传统的服务思路，通过创新服务内容、方式和手段，以适应时代发展的需要。

六、绍兴电视图书馆

绍兴市作为中国历史文化名城，拥有丰富的历史文化遗产和名人资源。然而，随着城市的扩张，居住在偏远乡镇的居民和行动不便的老年人发现使用传统图书馆服务变得困难，同时，年轻人因工作和家务繁忙也难以亲临图书馆。这种情况迫使绍兴图书馆思考如何普及和高效地发挥其社会功能和价值。

绍兴市自2000年以来在数字电视方面发展迅速，大多数家庭拥有两个以上的机顶盒，而且有线电视已实现城乡全覆盖。中广有线绍兴分公司作为数字电视平台运营商，已开始提供数据广播和视频点播等服务，在绍兴，市民已习惯于收看电视节目，特别是许多老年人，他们虽然可能不擅长使用智能手机和计算机，却能熟练操作电视机。这种易用性和便捷性显著提升了用户在家远程使用图书馆服务的体验。当国家图书馆周和平馆长指出绍兴数字电视的发展优势后，启发了绍兴图书馆利用这一优势传播图书馆服务的想法，电视图书馆建设正好可以解决摆在图书馆面前的难题，于是在2006年，绍兴图书馆启动了电视图书馆项目，将业务重心逐渐向电视服务转移，众多新兴服务如电视网站和"绍兴学习"等虚拟频道相继推出。2011年，文化和旅游部为推动数字图书馆建设，向绍兴市拨款150万元，这极大地推动了电视图书馆项目的发展。2013年，绍兴电视图书馆被列为国家公共文化服务体系示范项目，并成为绍兴市政府十大民生实事工程之一及智慧城市建设的重要内容。

有了资金的支持，电视资源成了摆在当时需要解决的问题的关键。绍兴图书馆通过自建、购买和合作等多种方式丰富内容资源。经过8年努力，绍兴电视图书馆内容日益丰富，形成了自身的特色和体系。

目前，读者可以通过多个窗口进入电视图书馆，如智慧绍兴、教育读书等，并且可以通过电视享受多种服务。例如，可以查询图书馆藏书、续借图书；观看讲座视频、学习政治业务知识；享受少儿国学、英语学习及中小学课程辅导；欣赏戏曲和珍贵书画；浏览自然遗产、文化遗产及非物质文化遗产图片等。

在众多图书馆资源中，绍兴电视图书馆自建资源栏目是其一大亮点。例如，"我的图书馆""电视阅读""听书频道"等栏目可以满足读者在家中通过电视、计算机或智能手机查阅图书馆资源、办理图书续借手续、阅读图书和杂志。同时，"精彩讲座"栏目通过录制图书馆的现场讲座并将讲座内容上传至电视栏目，突破了时间和空间的限制，允许观众随时随地观看，并可根据个人兴趣多次重复观看。在"书影时光"栏目，观众可以主动选择观看改编自中外名著的电影和名人名家的读书故事。绍兴作为越剧和绍剧的发源地，拥有众多戏剧爱好者，"戏曲曲艺"栏目展示了京剧、越剧等多种戏曲节目。还有一些重点栏目，如"绍兴记忆"栏目，提供具有地方特色的内容，绍兴菜制作过程以及名人传记片等，这些内容不仅反映绍兴的历史和文化，而且具有重要的保存价值。

参考文献

[1] 黎香秀. 大数据环境下高校图书馆信息服务创新研究 [M]. 长春：吉林大学出版社，2023.

[2] 陈雪. 知识服务理念下的高校图书馆创新与发展探究 [M]. 北京：新华出版社，2023.

[3] 朱建军. 高校图书馆服务与育人职能研究 [M]. 长春：吉林文史出版社，2023.

[4] 田原. 高校学术研究成果丛书 新媒体时代高校图书馆创新服务研究 [M]. 北京：中国书籍出版社，2023.

[5] 南春娟. 媒体融合环境下高校图书馆工作研究 [M]. 北京：北京工业大学出版社，2023.

[6] 张志国. 现代图书馆管理与服务创新研究 [M]. 长春：吉林出版集团股份有限公司，2023.

[7] 胡琦，韩波. 智慧时代图书馆空间服务创新研究 [M]. 郑州：郑州大学出版社，2023.

[8] 高翔. 智慧图书馆建设与阅读服务创新 [M]. 长春：吉林人民出版社，2023.

[9] 黄百川. 邻里图书馆公共文化服务创新的佛山实践 [M]. 北京：国家图书馆出版社，2023.

[10] 郑巧苓，马艳哲. 公共图书馆创新服务模式与建设研究 [M]. 北京：中国纺织出版社，2023.

[11] 施静华，蔡迎春. 图书馆服务创新案例赏析 [M]. 北京：国家图书馆出版社，

2023.

[12] 王华伟. 新媒体背景下公共图书馆服务创新研究 [M]. 长春：吉林科学技术出版社，2023.

[13] 储节旺. 第四届安徽省高校图书馆服务创新大赛案例汇编 [M]. 合肥：中国科学技术大学出版社，2023.

[14] 靳志军，刘绍荣. 河北省图书馆服务创新优秀案例汇编 [M]. 石家庄：河北人民出版社，2023.

[15] 李玮. 数字图书馆建设路径与服务模式创新研究 [M]. 吉林出版集团股份有限公司，2023.

[16] 汤文亮，项峻求，桂玉杰. 基于大数据分析的高校图书馆信息服务创新研究 [M]. 长春：吉林出版集团股份有限公司，2023.

[17] 张璐. 大数据时代高校图书馆管理与服务创新发展研究 [M]. 北京：中国商业出版社，2023.

[18] 广东省立中山图书馆，中山大学国家文化遗产与文化发展研究院. 公共图书馆管理运行机制改革创新 [M]. 北京：国家图书馆出版社，2023.

[19] 王婷婷，聂加娜. 公共图书馆精细化管理与服务 [M]. 北京：中国商业出版社，2023.

[20] 韩波. "互联网+"背景下图书馆服务应用研究 [M]. 郑州：郑州大学出版社，2023.

[21] 胥文哲. 西安图书馆 [M]. 天津：天津大学出版社，2017.

[22] 褚树青. 杭州图书馆 [M]. 天津：天津大学出版社，2017.

[23] 牛根义. 现代图书馆评价研究 [M]. 武汉：武汉大学出版社，2018.

[24] 汤利光. 图书馆哲学引论 [M]. 长沙：湖南人民出版社，2018.

[25] 王余光，霍瑞娟. 图书馆讲坛工作 [M]. 北京：朝华出版社，2017.

[26] 李明. 高校图书馆阅读推广研究 [M]. 北京：朝华出版社，2019.

[27] 杨秀臻. 图书馆知识管理与服务研究 [M]. 天津：天津科学技术出版社，2018.

[28] 陈珊珊. 高校图书馆创新服务实践与指导研究 [M]. 成都：电子科技大学出版社，2018.

[29] 王敏，吕巧枝.图书馆服务创新与育人 [M].北京：中国农业出版社，2019.

[30] 张理华.大数据时代高校图书馆信息服务创新研究 [M].北京：北京理工大学出版社，2019.

[31] 李蕾，徐莉.图书馆管理策略与阅读服务创新研究 [M].长春：吉林人民出版社，2021.

[32] 庞余良，董恩娜，温颖.数字化图书馆建设与阅读服务创新 [M].吉林人民出版社，2021.

[33] 谭晓君.图书馆管理与服务创新研究 [M].天津：天津科学技术出版社，2018.

[34] 王秀琴，郑芙玉，浮肖肖.高校图书馆管理创新研究 [M].长春：吉林人民出版社，2021.

[35] 杨琳.高校图书馆管理与阅读服务模式创新 [M].长春：吉林人民出版社，2019.

[36] 宋兆凯，张广越，杨培颖，等.沧州图书馆 [M].天津：天津大学出版社，2017.

[37] 段宇锋，金晓明.中国公共图书馆创新案例 [M].上海：上海交通大学出版社，2020.

[38] 于红，李茂银.高校图书馆管理与服务创新研究 [M].长春：吉林人民出版社，2019.

[39] 陈三保.新形势下图书馆服务与创新 [M].昆明：云南科技出版社，2018.

[40] 程静，鲁丹，陈金传.技术视角下高校图书馆创新实践 [M].上海：上海社会科学院出版社，2021.

[41] 刘乐乐，杜丽杰，张文锡.图书馆管理与服务 [M].长春：吉林人民出版社，2018.

[42] 杨静，冀萌萌，李寒.高校图书馆知识产权信息服务研究 [M].呼和浩特：内蒙古科学技术出版社，2021.

[43] 谢薛芬.浅谈高校图书馆工作 [M].杭州：浙江工商大学出版社，2018.

[44] 师美然，张颖，张雯.图书馆创新与现代管理研究 [M].长春：吉林人民出版社，2019.

[45] 赵枫. 大学阅读与图书馆信息服务 [M]. 长春：吉林人民出版社，2018.

[46] 张路. 大数据时代高校图书馆信息服务创新研究 [M]. 长春: 吉林人民出版社，2019.

[47] 傅春平. 公共图书馆智慧服务的探索与实践 [M]. 广州：世界图书出版广东有限公司，2020.

[48] 李雪. 面向基层图书馆分众阅读服务设计的用户阅读画像构建与应用研究 [D]. 武汉：华中师范大学，2021.

[49] 李永明. 高校图书馆知识服务中用户参与的激励机制研究 [D]. 南京：南京农业大学，2019.

[50] 朱书阳. 公共图书馆法人治理对服务能力促进效应研究 [D]. 镇江：江苏大学，2017.

[51] 叶翠. 数字时代出版机构与图书馆知识服务融合研究 [D]. 武汉：武汉大学，2017.

[52] 宋旅黄. 图书馆与馆配商的合作效益研究 [D]. 武汉：武汉大学，2017.

[53] 陈一. 我国图书馆转型风险研究 [D]. 武汉：武汉大学，2017.

[54] 李昆. 新媒体环境下图书馆学科服务团队知识共享研究 [D]. 长春：吉林大学，2016.

[55] 宋志强. 我国高校学生图书馆焦虑及其影响因素研究 [D]. 天津：南开大学，2014.

[56] 黎春兰. 图书馆云服务质量的模型及保证研究 [D]. 武汉：武汉大学，2013.

[57] 万华. 社会网络环境下图书馆知识社区研究 [D]. 武汉：武汉大学，2013.

[58] 赵艺芳. 图书馆服务的创新探究 [J]. 卷宗，2021（17）：206，208.

[59] 李智祥. 图书馆服务创新的思考 [J]. 中文信息，2021（5）：53-54.

[60] 王幸远. 图书馆采编服务创新 [J]. 消费导刊，2020（39）：296，298.

[61] 黄冬霞，白君礼，罗红彬. 图书馆服务创新主体研究 [J]. 图书馆，2022（5）：43-47，53.

[62] 顾懿德. 试论图书馆服务创新 [J]. 卷宗，2020（33）：150-151.

[63] 王金. 少儿图书馆服务的创新 [J]. 办公室业务，2020（23）：177-178.

[64] 李光瑞. 图书馆管理与服务创新 [J]. 中国高新科技，2020（13）：56-57.

[65] 康涛.高校图书馆学科化服务创新实践[J].文化产业，2023（23）：78-80.

[66] 达彩霞.公共图书馆文旅融合服务创新[J].文化产业，2023（22）：19-21.

[67] 高燕霞.高校图书馆流通部服务创新研究[J].办公室业务，2023（18）：190-192.

[68] 刘孟莹，黄紫涵.公共图书馆的智慧建设及服务创新[J].内蒙古科技与经济，2023（13）：137-139.

[69] 崔芳，彭美玲.智慧时代的高校图书馆服务创新研究[J].佳木斯职业学院学报，2023（9）：55-57.

[70] 郭雨朦.图书馆知识服务创新的实践与探索[J].产业与科技论坛，2023（5）：236-237.

[71] 邹红.推进图书馆服务创新[J].卷宗，2021（13）：186.

[72] 黄紫涵，刘孟莹，李德昌.基于服务创新四维度的公共图书馆服务创新思考[J].江苏科技信息，2023（8）：58-60.

[73] 郝彩弘.树立"互联网+"思维，创新图书馆服务[J].文化产业，2023（13）：97-99.

[74] 汪燕.公共图书馆阅读推广服务创新探讨[J].文化产业，2023（11）：106-108.

[75] 张悦.公共图书馆服务创新路径[J].中国信息化，2021（8）：135-136.

[76] 钟慧敏.高职院校智慧图书馆建设与服务创新[J].产业与科技论坛，2023（7）：253-255.

[77] 韦金华.图书馆文化服务创新建设研究[J].文化产业.2023（5）：79-81.

[78] 林芳.高校图书馆阅读服务的改革创新[J].赤峰学院学报（自然科学版），2023（3）：61-63.

[79] 赵廷霞.公共图书馆的读者服务工作创新分析[J].中文信息，2023（3）：73-75.

[80] 王光梅."互联网+"思维下图书馆的服务创新研究[J].科技风，2023（1）：142-144.

[81] 徐红勤.高校图书馆服务区域经济社会创新[J].文化产业，2023（17）：127-129.